하나님과 기도하며 대화하기 원하는 분의 책

하나님과 기도하며 대화하기

강요셉지음

성도의 운명을 바꾸는 최고의 축복

인생의 최고의 축복은 하나님과 대화하는 것이다.

성령

하나님과 기도하며
대화하기

성령

들어가는 말

필자는 기도하며 하나님의 음성을 듣지 못하고, 하나님의 뜻을 알고 순종치 않고, 내 멋대로 살았더라면 지금 방황하는 신세가 되었을 것입니다. 다행하게도 하나님의 음성을 듣고 순종하여 인생을 방황하지 않고 살아가고 있습니다. 성도가 하나님의 음성을 듣는 것은 생사의 문제입니다. 성도가 하나님의 음성을 듣지 못한다는 것은 죽은 것이나 다름이 없습니다. 성령님이 주인되지 못하여 성령의 역사를 따르지 못하기 때문입니다. 어느누구 직분을 불문하고 성령이 역사하는 성도는 하나님의 음성을 듣게 되어 있습니다.

우리가 가정생활을 할 때 자녀가 부모와 대화하며 부모의 말을 듣고 행동하면 가정이 평안하고 자녀가 복을 받게 됩니다. 부부간에도 마찬가지입니다. 대화가 있는 부부는 불화가 없습니다. 마찬가지로 성도는 하나님이 자녀라고 합니다. 자녀이기 때문에 하나님의 음성을 듣고 순종해야 합니다. 누구나 하나님을 주인으로 생각한다면 하나님의 음성을 들으려고 하고, 하나님의 뜻을 알았으면 순종할 것입니다. 하나님은 하나님의 일을 하기 위해서 사람을 부르실 때 순종을 잘하는 사람을 불러서 사용하십니다.

이삭이 부모 말에 순종을 잘했습니다. 사기꾼이라고 하는 야곱도 어머니 말에 순종을 잘했습니다. 요셉도 아버지 말에 순종을 잘했습니다. 다윗도 아버지의 말에 순종을 잘했습니다. 순종을 잘했다는 것은 항상 부모에의 말씀에 귀를 기우리고 순종하려고 대기 했다는 것입니다. 하나님은 지금도 부모에게 순종을 잘하는 사람을 찾고 계십니다. 부모의 말에 순종을 잘하는 것이 바로 하나님의 말씀에 순종을 잘하는 것이기 때문입니다. 제가 이 책을 쓴 것은 첫째로 제가 하나님의 음성을 듣고 방황하지 않았기 때문입니다. 둘째로 하나님의 자녀는 하나님의 음성을 들어야 살기 때문입니다. 셋째로 하나님의 음성을 듣는 중요성을 많은 분들에게 전해서 음성 듣는 귀를 열게 하기 위해서입니다.

넷째로 우리 그리스도인들이 하나님의 음성을 듣고 순종하여 형통의 복을 받으면서 이 땅의 삶을 살아가게 하기 위해서입니다. 다섯째로 하나님의 음성을 듣고 순종하여 이 책을 읽는 모든 그리스도인들이 영원한 천국에 입성하게 하기 위해서 그동안 제가 하나님의 음성을 들은 체험과 하나님의 음성을 듣는 훈련을 통해서 체험한 원고를 종합했습니다. 책을 출판하게 되었습니다. 이 책을 통하여 많은 분들이 하나님의 음성을 듣는 귀가 열리기를 소원합니다.

주후 2019년 1월 20일
충만한 교회 성전에서
저자 강요셉목사.

세부적인목차

1부 주님과 기도하며 친밀하게 대화해야 할까

1장 기도할 때 음성으로 응답주시는 하나님

(시 18:1-3)"나의 힘이신 여호와여 내가 주를 사랑하나이다. 여호와는 나의 반석이시요 나의 요새시오, 나를 건지시는 이시오, 나의 하나님이시오, 내가 그 안에 피할 나의 바위시오, 나의 방패시오, 나의 구원의 뿔이시오, 나의 산성이시로다. 내가 찬송 받으실 여호와께 아뢰리니 내 원수들에게서 구원을 얻으리로다"

하나님께서는 부르시고 응답하고 나오는 사람을 성령으로 친히 인도하십니다. 말씀과 성령으로 직접 대화하시면서 영적으로 자라게 하십니다. 하나님의 형상으로 바뀌어 하나님의 음성에 온전하게 순종하는 사람을 통하여 자신을 나타내십니다. 이는 성경에 나오는 아브라함, 야곱, 모세, 여호수아와 갈렙, 엘리야, 다윗 등을 신앙의 여정을 보면 이해할 수가 있습니다. 모두 하나님이 직접적인 음성을 통하여 완전한 하나님의 사람으로 자라게 하십니다. 하나님은 하나님의 사람으로 자라게 하기 위하여 첫째로 택한 사람을 부르십니다.

둘째로 부름에 순종한 사람이 예수님을 주인으로 영접하게 합니다. 교회에 출석하여 예배드리고 기도하면서 성령으로 세례 받게 하십니다. 성령께서 자신을 보게 하십니다. 자신의 상태를 보게 하면서 자범죄를 회개하게 하십니다. 동시에 마음의 상처를 치유 받게 하십니다. 말씀과 성령으로 혼과 육체를 영적으로 변화시키십니다. 하나님은 직접적인 음성을 통하여 성도들과 영적인 관계를 열어 가십니다. 셋째로 하나님의 권능으로 귀신을 물리치게 하십니다. 동시에 영적인 눈을 여십니다. 영적인 세계가 존재하고 있다는 것을 인정하게 하십니다. 넷째로 영-혼-육의 문제에 봉착하게 하여 기도하며 하나님을 찾아서 해결하게 하십니다. 자신이 영-혼-육의 문제를 해결하려다가 자신의 힘과 세상 방법으로는 영-혼-육의 문제를 해결할 수가 없다는 것을 스스로 깨닫게 하십니다.

하나님께서 알려주시는 방법으로 문제를 스스로 해결하게 하시면서 권능 있는 성도가 되도록 하십니다. 기도할 때 성령으로 직접적으로 대화하시며 응답 주시어 영-혼-육의 문제를 해결하면서 하나님께 의지하는 성도가 되게 하는 것입니다. 의지한다는 것은 하나님께 기대는 것이 아니고, 문제의 해결방법을 하나님께 질문하여 하나님께서 일려주시는 방법으로 문제를 해결한다는 뜻입니다. 이렇게 성령으로 인도하시면서 혼과 육이 완전하게 성령의 지배를 받게 하십니다. 성도가 성령으로 전인격이 지배를 받으니 세상에서 천국을 누리고, 아브라함의 복을 받으면서 하나님의 군사로서 사명을 감당하면서 살아가는 것입니다.

그러므로 혼과 육이 성령으로 장악당하여(자신이 죽어 없어져서) 영이신 하나님과 대면하면서 인생을 살아가도록 하십니다. 그래서 바울이 나는 날마다 죽노라고 하는 것입니다. 다섯째로 하나님의 음성을 듣고 수족같이 온전하게 순종하면서 하나님의 도구로서 세상을 살아가게 하는 것입니다. 하나님은 부르심에 순종한 성도들을 하나님의 말씀에 온전하게 순종하여 수족같이 움직이면서 하나님의 뜻을 수행하는 일꾼이 되게 하십니다. 그러다가 세상을 떠나면 영원한 천국에 들어가는 것입니다. 그러므로 하나님의 부름을 받아 순종하고 나왔다면 축복의 행로에 들어선 것입니다.

필자는 사면초과에 걸려있을 때 하나님께 기도하여 하나님께서 알려주신 응답대로 순종하여 기적적으로 난공불락의 요새에서 탈출했던 체험이 있습니다. 하나님께 지속적으로 성령으로 기도할 때 사면초과의 현실 문제를 해결할 수 있는 기발한 응답(레마)를 주셨습니다. 응답 '레마'대로 순종했더니 여기까지 진전이 되도록 인도하셨습니다. 사면초과에 걸려있을 때 하나님께서 응답하실 때까지 질문하며 기도해야 합니다. 하나님은 살아계십니다. 하나님은 그의 음성으로 자녀들을 사면초과에서 건져내십니다. 믿음을 가지시기를 바랍니다.

그런데 알아야 할 것은 잠간~ 잠간~ 기도하여 하나님의 음성을 듣지 못합니다. 필자는 어떤 때는 3일을 주야로 기도하여 음성을 들었습니다. 어떤 때는 초저녁부터 기도를 시작하여 새벽 4시경에 응답이 오는 경우도 있었습니다. 성령의 임재가 끊어지지 않도록 화장실을 가든지, 길을 걸어가든지, 차를 타고 가든지, 내 안에 주인으로 계시는 하나님을 찾았습니다. 성령의 임재가 끊어지면 다시 기도를 시작해야 했기 때문입니다. 많은 목회자와 성도들이 음성을 듣고 행동에 옮겼는데 정반대의 현상이 일어났다고 하소연 합니다.

그것은 자신이 온전하게 성령의 지배와 장악 속에 들어가지 못하여 성령의 온전한 인도를 받지 못한 연고입니다.

자신의 인간적인 요소가 성령의 완전하게 지배 속에 들어가지 못한 연고입니다. 쉽게 말한다면 자신의 육성이 욕심이 성령으로 제거되지 않은 연고입니다. 자신이 성령으로 덜 바뀌었기 때문입니다. 완전하게 성령의 사람으로 다시 태어나지 않았기 때문입니다. 필자는 이를 인간적인 요소들이 성령으로 '걷혔다 제거됐다'고 표현합니다. 필자는 내 안에 계신 하나님으로부터 성령의 권능과 예수님의 평안이 흘러나오고 영적인 상태에 들어가기 위하여 1년 이상 월-화-수-목 성령으로 내면을 치유하는 시간으로 사용했습니다. 그렇게 해도 수준이 안 되어 의자 위에서 7개월 이상 기도를 했습니다. 위자 위에서 기도를 하는 것은 잠을 자지 않기 위해서입니다. 물론 성령의 이끌림에 의한 깊은 영의기도를 하기 위해서입니다.

음성은 영적인 상태에서 들리기 때문입니다. 기도하는 방법은 배꼽아래에 의식을 두고 숨을 들이쉬고 내쉬면서 지속적으로 하나님을 찾는 것입니다. 기도를 상당히 오랜 시간해야 영적인 상태에 들어갈 수가 있습니다. 필자는 지금도 30분 이상 성령의 인도가운데 기도해야 온전하게 성령의 임재와 지배 속으로 들어갑니다. 성령의 임재 안에 들어가서 문제를 가지고 하나님께 질문하면서 기도합니다. 계속 질문하면서 기도하면 이생각저생각이 떠오릅니다. 계속 기도하다가 갑자기 기발한 지혜가 떠오릅니다. 이것이 하나님의 '레마' 응답입니다. 그런데 행동에 옮겼을 때 보증의 역사가 일어나야 합니다. 한 가지 알아야 할 것은 자기 생각가지고 하나님의 음성을 들으려고 하지 말라는 것입니다. 지금하고 있는 일이 되어가고 있으면 그것이 하나님의 뜻입니다. 세상을 살아가다가 기근을 만날 수도 있습니다. 기근은 이삭시대에도 왔습니다. 기근이 찾아오면 기도하여 해결하려고 해야지 하나님이 뜻이 아니라고 다른 일을 생각하면 안 된다는 뜻입니다. 예를 든다면 어떤 일을 하다가 일이 안 되어 다른 일을 했습니다. 다른 일이 되어가고 있으면 그 일을 하면서 하나님께 영광을 돌리면 된다는 것입니다. 꼭 최초 안 된 일을 다시 하려고 애쓰지 말라는 것입니다. 꼭 안 되던 일을 다시하려고 하나님의 뜻을 구하는 것은 자신의 생각일 수가 있고, 자신이 최초 안 되던 일 할 때 하나님의 뜻을 잘못이해 하고 일을 시작했을 수가 있다는 말입니다. 절대로 최초 하나님께서 원하시는 일을 했다면 중간에 포기하지 않습니다. 하나님께서 원하시는 일을 했다면 어찌하든지 일을 계속하도록 역사하셨다는 것입니다. 절대로 다른 사람(신령한자)이 무엇해야 한다는 개인적인 말에 묶여서 불필요한 고통을 당하지 말아야 합니다. 하나님께서 그 일을 하도록 했다면 일을 지속할 수 있도록 역사하십니다. 괜히 시간 낭비하며 억지 부르지 말아야 합니다.

그리고 성령의 이끌림을 받는 기도를 하여 영적인 상태가 되면 자신에게서 어떠한 영적 현상이 일어나는지 깨달아야 합니다. 필자의 체험으로는 분명하게 영적인 상태가 되면 자신에게서 지금까지 느끼고 체험하지 못한 현상이 일어나게 되어있습니다. 성령하나님께서 살아계시기 때문입니다. 이 책을 계속 읽어가노라면 정확하게 깨달아 알고 음성을 들을 수 있게 될 것입니다.

크리스천이 하나님의 음성을 듣고 행하면서 살아가야만 하는 이유는 이렇습니다. 예수를 믿을 때 옛 사람은 죽었습니다. 갈라디아서 2장 20절에 보면 "내가 그리스도와 함께 십자가에 못 박혔나니 그런즉 이제는 내가 사는 것이 아니요, 오직 내 안에 그리스도께서 사시는 것이라. 이제 내가 육체 가운데 사는 것은 나를 사랑하사 나를 위하여 자기 자신을 버리신 하나님의 아들을 믿는 믿음 안에서 사는 것이라" 이제 하늘의 사람인 의인으로 다시 태어났습니다. 하나님은 로마서 8장 13-14절에서 이렇게 말씀하십니다. "너희가 육신대로 살면 반드시 죽을 것이로되 영으로써 몸의 행실을 죽이면 살리니, 무릇 하나님의 영으로 인도함을 받는 사람은 곧 하나님의 아들이라" 하늘의 사람은 성령의 인도를 받으면서 살아계신 하나님과 대화하며 음성을 직접 들으면서 살아야 합니다. 이제 영이신 하나님의 직접적인 음성(레마)을 듣고 행해야 합니다.

이를 쉽게 이해하려면 율법을 생각하면 쉽습니다. 구약시대에 율법은 유대인들에게 주어졌습니다. 하나님을 만나서 음성을 들으면 죽기 때문에 율법을 지키면서 살아가라는 것입니다. 율법은 하나님의 음성을 듣지 못하는 사람에게 필요한 것입니다. 그런데 율법에 메이지 않고 자유로웠던 사람이 있습니다. 그 사람은 모세입니다. 모세는 하나님과 대면하며 음성을 통해 대화하던 사람입니다. 죄인이 아니었다는 것입니다. 죄인이 아니기 때문에 하나님과 대면해도 죽지 않은 것입니다. 하나님은 민수기 12장 8절에서 이렇게 말씀하십니다. "그와는 내가 대면하여 명백히 말하고 은밀한 말로 하지 아니하며 그는 또 여호와의 형상을 보거늘 너희가 어찌하여 내 종 모세 비방하기를 두려워하지 아니하느냐" 모세는 의인이라 하나님과 대화하면서 음성을 듣고 순종합니다. 예수를 믿어 원죄가 사해진 우리 역시 의인입니다. 로마서 5장 19절 하반 절에서 "한 사람이 순종하심으로 많은 사람이 의인이 되리라" 말씀하셨습니다. 의인은 이제 기록된 말씀 안에서 살되, 필요시에는 성령을 통하여 직접적인 계시(레마)를 듣고 행해야 합니다. 영이신 하나님이 살아계시기 때문입니다. 예수를 믿어 성령으로 거듭난 성도가 살아계신 하나님과 교통하려면 음성을 들어야만 할 것입니다.

첫째, 하나님을 바르게 알자. 하나님은 영이시며 살아계신 하나님입니다. 하나님을 아는 것이 참 지혜요 지식입니다. 하나님을 안다는 것은 체험함으로 아는 것입니다. 하나님은 지혜와 능력이 많으신 자이시며 온 세상의 창조주시요 섭리자이십니다. 특히 그는 우리의 구원자이십니다. 세상에는 많은 환난이 있고 강포한 일들이 있지만, 그는 우리의 반석, 우리의 요새, 우리의 방패, 우리의 높은 망대, 우리의 피난처, 우리의 구원자이십니다. 우리는 살아계신 하나님을 체험함으로 알아야 합니다. 하나님을 바르게 알아야 합니다. 하나님은 어떠한 일이 있어도 우리를 떠나가시는 하나님이 아닙니다. 우리가 어려울 때 사람은 다 떠나고 찾는 사람이 없으나 하나님은 절대로 떠나지 않고 함께 하십니다.

필자는 교회를 개척하여 교회가 성장하지 않아 받은 퇴직금은 다 날아가고, 어렵고 힘이 들었습니다. 우리 가족은 교회 뒤에 방을 두 개 만들고는 사람들 눈에 띄는 것이 부끄러워 추석 연휴에 이사를 했습니다. 제일 마음이 아팠던 것은 당시 초등학교 6학년이었던 딸이 이 좋은 아파트를 두고 왜 교회로 들어가느냐며 우는 것이었습니다. 정말 아버지로서 가슴이 찢어지게 아팠습니다. 이제는 영락없이 교회 안에서 이대로 살다가 죽을 것만 같았습니다. 다 큰 딸들을 그 황무지와도 같은 유흥가와 향락이 판을 치는 곳에서 살게 한다는 것에 너무 마음이 아팠습니다. 친척이나 아는 사람은 한 사람도 찾아오지 않았습니다. 개척교회는 망한다는 큰 교회 목사님들이 공공연하게 설교시간에 말했기 때문입니다.

2000년도 11월로 기억이 납니다. 제가 하도 힘이 들어서 새벽에 사모 외에 아무도 오지 않은 새벽기도 시간에 하나님에게 기도를 드렸습니다. 하나님 어떻게 해야 합니까? 어떻게 해야 합니까? 하고 계속적으로 물어보니까, 분명하게 들리는 음성으로 "앞으로는 영성이다. 21세기에는 영성이다. 영성! 영성! 영성!" 그래서 영성이라, 영성은 내가 신대원 다닐 때 조직신학 교수님이 이단이라고 했습니다. 그때 가정 사역을 하시는 교수님이 치유에 관한 책을 나누어 주셨는데 다 돌려주라고 해서 돌려 준 생각이 났습니다.

여기서 한 가지 알고 지나갑니다. 우리가 영적으로 깊이 들어가지 못하게 하는 것이 세 가지가 있습니다. 첫째 마음의 상처입니다.

상처는 태아에서부터 현재까지의 모든 비정상적인 사건시고로 당한 마음의 응어리를 말합니다. 이 상처가 영적인 것이 침입하여 우리를 영적으로 깊이 들어가지 못하도록 방해 합니다. 둘째는 자신의 잘못된 자아입니다. 자아는 지금까지 세상을 살아오면서 보고 들은 모든 것입니다. 학교에서 배운 것이 자아가 되기도 합니다. 교회에서 터득한 내용이 자아로 작용하기도 합니다. 교회의 헌법이 자아가 되기도 합니다. 잘못된 말씀 공부도 자아로 작용할 수 있습니다. 셋째는 가계의 혈통을 타고 대물림되며 역사하는 영적인 문제입니다. 세대의 죄악이 자손 3-4대까지 영향을 미칩니다. 그래서 하나님이 이 세 가지를 부수어 드리기 위하여 연단하고 단련하시는 것입니다.

그래서 그때 교수님의 말씀이 저의 머리에 남아 자아가 된 것입니다. 그러나 저는 제가 직접 알아보겠다하고 인터넷을 들어가 영성이라고 임력 어를 임력했더니 한 영성원이 나왔습니다. 그래서 자료들을 하루 종일 읽어 보니 제 수준으로는 이단성을 발견할 수가 없었습니다. 그래서 그곳에 전화를 했습니다. 여성분이 전화를 받는데 아주 친절하게 안내하여 주었습니다. 매주 목요일 날 여전도 회관에서 집회가 있다는 것입니다. 그래서 사모를 대동하고 같습니다. 목요일 날 가서 강의를 들었습니다. 그랬더니 우리 사모의 반응이 아주 좋았습니다. 자기가 듣고 싶은 말씀이었는데 여기서 듣는 다고 아주 좋아했습니다. 집회가 끝나고 상담하실 분들은 상담하러 오시라고 하면서 앞에 있는 건물 이층으로 오라고 했습니다. 그래서 가슴도 답답하고 어찌할 바를 잘 모를 때라 순서를 기다리다가 목사님의 상담을 들어보니까 저보고 마음이 아주 답답하다고 하셨습니다. 맞습니다. 어떻게 해야 합니까? 여기 있는 테이프를 빌려다가 계속 보면서 영성의 눈을 뜨라고 하셨습니다. 그래서 사모에게 테잎을 빌려 가지고 해서 한 보따리를 들고 와서 그것을 보고 들었습니다. 처음에는 무슨 말인지를 모르다가 차츰 들리고 익숙 되어 갔습니다. 하나님의 음성을 듣고 순종하다가 보니 여기까지 이른 것입니다.

둘째, 우리는 사면초과에도 오직 기도하자. 우리가 하나님께 기도하면 하나님께서 레마(응답)를 주시어 우리의 원수들에게서 구원을 받게 하십니다. 우리가 환난 중에 기도하면 하나님께서 마음의 성전에서 우리의 기도를 들으실 것입니다. 우리에게 우리보다 힘쎈 강한 원수와 미워하는 자들이 있을지라도 하나님께서는 우리를 건져내어 주실 것입니다. 그러므로 오직 기도해야 합니다.

성경에 말씀하는 사면초과나 환란에 해당되는 경우는 사람이 만들거나 자신의 실수로 이루어지는 경우를 말하는 것이 아닙니다. 즉 본인이 무지하거나 욕심을 부렸거나 감정을 제대로 조절하지 못하고 환란을 당하는 것을 말하는 것이 아닙니다. 성경에서 말씀하시는 환란이란 성도가 저항할 수도 없이 그냥 마땅히 받아들여야 될 상황을 말합니다. 거부하거나 본인이 잘못이라고 자책할 필요가 없다는 말입니다. 도리어 환란을 거부하고 외면하는 것이 더 수상합니다. 참으로 신앙을 받게 된 자라면 복음으로 들이닥치는 환란을 구원의 필수코스로 생각해야만 합니다. 즉 환란이 없다는 게 도리어 문제가 되는 겁니다.

구약에는 욥이라는 분이 나옵니다. 당해도 너무 당한 사람입니다. 그것도 적들에게서가 아니라 자신이 잘 섬긴다고 평소에 생각했던 그 하나님에게 당한 사람입니다. 그리고 하나님은 살피십니다. 그렇게 당해도 과연 하나님에게 대드는지 아니 대드는지를 말입니다. 인간의 입장에서는 '사랑의 하나님'이 이런 식으로 자기 백성을 다루는 데에 대해서 이해가 되지 않습니다. 하지만 그 '사랑'이라는 것을 수정할 필요가 있었던 것입니다. 사랑은 인간 편에서, 인간 사회에서 통용되는 그런 사랑이 아닙니다. 진정한 사랑은 차라리 '미움'입니다. 미움을 받아야 될 자라는 인식이 반드시 선행되어야 하고 거기에 합당한 체험이 이루어져야 합니다. 성도는 환란을 통해서, 세상 돌아가는 것에 자기 뜻을 집어넣을 수 없다는 사실에 직면하게 됩니다.

사람이란 스스로 자기 뜻을 철회 못하고 하나님께서는 하나님의 뜻을 철회할 생각이 없습니다. 이 둘의 이질적인 상황이 마주치면서 인간은 울게 됩니다. 환란은 자기 붕괴를 야기 시킵니다. 하지만 그 와중에서 성도는 미처 본인이 예상 못한 희망을 발견하게 됩니다. 자신이 기대하지도 않는 세계가 자신을 기다리고 있었던 사실을 감격하고 놀라게 됩니다. 하나님의 손길을 발견합니다. 필자도 하나님의 손길을 발견하여 여기까지 이르렀습니다.

필자는 원래 군인이었습니다. 군대를 천직으로 생각하면서 살았습니다. 그런데 그것이 마음대로 되지를 않았습니다. 워낙 강직하여 아부를 못하고 실력으로 군 생활을 하려니 그렇게 쉽지 않았습니다. 이제 군 생활을 접어야할 시기에 도달한 것입니다. 그런데 주변에서 모두 목사가 되라는 것입니다. 심지어는 같이 근무하던 장교들도 목사가 되어야 한다는 것입니다. 저는 정말 머리가 돌 것만 같았습니다. 멀쩡한 사십이 넘은 사람에게 목사가 되어야 한다고 이 사람 저 사람이 하니 정말 돌아 버릴 것 같았습니다. 제가 마음을 정하게 된 것은 어느 권사님이 하시는 말씀입니다. 권사님이 말씀하시기를 집사님 같은 분이 저 김해에 살고 계시는데요, 그분이 목사가 되어 하나님의 일을 하라는 하나님의 소명을 거역하다가 지금 병이 들었는데 그것도 간에 암이 걸려 3개월밖에 살지 못한다고 하니까 지금에야 목회를 하겠다고 하는데 집사님 그분이 살아서 목회를 할 것 같습니까?

자기가 아무리 기도를 해보아도 살지를 못한다는 것입니다. 집사님도 그런 경우를 맞이하지 마시고 손을 들고 하나님의 일을 하겠다고 작정하세요, 거부하다가 병들어 고통당하다가 죽는 것보다 나을 터이니까요? 그 이야기를 듣고 집에 돌아와 누워있어도 "귀에서 자꾸 병들어 죽지 말고 목사가 되어라. 병들어 죽지 말고 목사가 되어라. 병들어 죽지 말고 목사가 되어라." 그래서 일단 하기로 마음을 먹고 "다른 사람들의 소리를 듣고 내가 방향 전환을 나는 할 수가 없다. 내가 직접 하나님의 음성을 들어야 하겠다." 생각하고 금식을 하며 하나님의 음성을 듣기로 했습니다. 그러나 실상은 목사가 되기 싫은 것을 마찬가지 이었습니다. 그래서 기도원에 가서 하나님이 나에게 직접 징표로 보여주시면 목사가 되겠다고 금식하며 기도를 했는데, 저는 하나님의 소리를 듣지 않으려고 정신을 바짝 차리고 기도를 하는데 음성을 들릴 리가 만무하지 않습니까?

뒤편에 하나님의 음성을 듣는 방법을 설명 할 때 자세하게 다루겠지만 음성을 들으려면 자신의 의지를 내려놓고 성령의 깊은 임재 하에 들리는 것입니다. 계속 기도하다가 산에서 내려오는 날까지 보여주시지를 않아서 너무 기쁘고 황홀했습니다. 마음을 풀어버린 것입니다. 그러나 그 다음이 문제입니다. 아침에 집으로 가려고 준비를 하는 데 계속 방언기도가 끊어지지 않고 나왔습니다.

차를 탈 때까지 계속 방언기도가 나왔는데 "차를 타고 이제 음성을 듣지 못했으니 목사가 되지 않아도 되겠다." 할렐루야! 하고 기분이 좋아서 그만 마음을 놓고 방언으로 몰입되어 기도하다가 비몽사몽간에 환상이 보이기 시작하더니 그림이 많이 보이고 지나가고 했습니다. 마치 비행기를 탄 것 같이 하늘 위에서 땅을 바라보면 보이는 것같이 여러 건물들과 산들 바다를 지나 갔습니다. 그러다가 아무도 없는 건물에 들어가 강대상 앞에 서니 사람들이 금방 모여 들었습니다. 꼭 2002년 월드컵을 응원할 때 시청 앞에 사람이 모이는 장면을 방송사에서 빨리 돌아가게 하는 것과 똑 같았습니다. 별별 사람들이 다 모여 있었습니다. 그리고 사람들이 다 차자 다른 지어진 교회 건물로 제가 들어갔습니다.

거기서도 사람들이 막 모여들면서 금방 가득하게 찼습니다. 이제 또 다른 간물인데 이번에게 아주 큰 건물이라 전체를 한 번에 보여주지 않습니다. 한 군대 한 군대 나누어서 보여주시는데 마치 우리나라에서 가장 크다고 하는 ○○○기도원 성전과 같은 것을 보여주시는데 사람들로 가득하게 찾습니다. 그리고 다시 걸어서 조그마한 산에 올라갔는데 올라가 보니 세 사람이 십자가에 달려있었습니다. 그래서 제가 군복을 입고 지나가면서 어떤 분이 예수님 인가요 했더니 가운데 십자가에 달려 피를 흘리고 계시는 분이 내가 예수다 하며 손을 내밀며 말씀하셨습니다. 그분이 저에게 손을 내미시는데 손에 종이 말은 무엇을 나에게 주어 내가 막 받아드는데 옆에 같이 차에 계시던 분이 내릴 때가 되었다고 깨어서 준비하라고 해서 깨워서 깨어났습니다.

지금도 생각하면 정말 신비스럽습니다. 어떻게 십자가에 달린 주님과 이야기하고 나니 차에서 내릴 시간이 되었는가 말입니다. 이것은 도저히 사람의 이론으로는 해석이 안 됩니다. 그래서 성경을 보니 예수님이 십자가에 달릴 때 양편에 강도가 있었으니 세 사람이 맞습니다. 그래도 저는 집에 돌아가 사모에게 귀신들이 나를 목사 되게 하려고 헛것을 보여 주었다고 했습니다. 그러나 기도를 하면 할수록 정확하다는 감동이 오고 또 본건을 말하지 말고 입을 다물고 있으라고 감동을 주어 아무에게도 말을 하지 않고 있었습니다. 그러다가 2002년 8월경에 기도하니까 이제 말을 해도 된다는 감동이 와서 여기에 기록합니다. 저는 사면초과에 걸려 기도하다가 하나님의 사명을 깨닫고 목사가 되었습니다.

셋째, 우리는 하나님만 의지하며 하나님 앞에서 바르게만 살자.
하나님은 우리가 피할 우리의 바위이신 하나님이십니다. 우리의 재앙의 날에도 하나님은 우리의 의지가 되십니다. 하나님은 우리를 기뻐하십니다. 그것이 하나님께서 다윗을 구원하신 이유요 또 우리를 구원하실 이유입니다. 그러므로 우리는 하나님만 의지하며 그 앞에서 바르게만 살고자 힘써야 합니다. 하나님만 의지하며 그에게만 순종해야 합니다.

필자는 하나님만을 의지하도록 체험하게 하셨습니다. 필자가 공직에서 나와서 신학대학원을 다니기 위하여 안산에 올라왔습니다. 올라와서 보니까, 신도시가 조성이 되고 있었습니다. 아파트 분양이 한창 되고 있었습니다. 우리가 안산에 10월초에 올라오게 되었는데 익년 2월 26일에 입주하는 아파트가 있었습니다. 분양 사무실에 가보니 좋은 층은 다 분양이 되고 1층과 5층만 남아있었습니다. 5층을 분양을 받았습니다. 일단 안산에서 전세를 얻어서 살았습니다. 살림이 많아서 주인 세대를 전세금 사천만원을 주고 살았습니다. 그런데 문제가 발생을 했습니다.

안산에 세를 들어 사는 사람들이 시화에 아파트 분양을 받아서 이사를 가니 안산에 있는 집이 나가지를 않는 것입니다. 잘 아시다시피 아파트는 입주 날자가 되면 입주를 하든지 안하든지 분양대금은 모두 지불을 해야 합니다. 만약에 지불하지 못하면 이자를 내야 합니다. 안산에 있는 집이 나가야 분양대금을 지불하고 들어가는데 부동산이란 부동산 모두에 집을 내놓고 기다려도 전화가 한 통화도 오지를 않는 것입니다.

　이제 입주 날자가 20일 밖에 남지 않았습니다. 얼마나 다급한지 제가 다니던 교회 목사님을 청해 다가 심방을 하면서 기도를 부탁을 했습니다. 그런데 오셔서 하는 말이 도저히 집이 나갈 수 있는 확률이 없다는 것입니다. 나가도 육 개월 이상이 걸린다는 것입니다. 아니 빨리 나가도록 기도를 해달라고 심방을 청했는데 마음에 상처만 받는 말을 하는 것입니다. 내가 지금 목사가 되고 영적인 것을 깨닫고 보니, 그 목사님이 육신에 속한 목사님 이였다는 것입니다. 한 마디로 하나님의 살아 역사하심을 체험하지 못했기 때문에 세상 돌아가는 것을 보고 세상 사람이 하는 말하고 똑 같은 말을 했다는 것입니다. 혹을 떼려고 했다가 혹을 붙인 격이 되었습니다. 만약에 내가 심방을 했다면 이렇게 말했을 것입니다. "집사님! 걱정하지 마세요. 하나님은 살아계십니다. 기도하면 하나님의 기적 같은 역사를 체험할 것입니다. 우리 기도합시다." 이렇게 조언을 했을 것입니다.

　필자가 그 목사님에게 인간적인 조언을 듣고 마음에 충격을 받았습니다. 이제 절대로 사람에게 내 앞일을 물어보지 않는 다고 결심을 했습니다. 그래서 어떻게 합니까? 내가 직접 하나님에게 기도하는 수밖에 없는 상황에 처했습니다. 돈을 벌지 않으면서 이자를 내다가 보면 퇴직금 받은 것 다 날아가게 생겼습니다. 새벽마다 가서 하나님에게 기도를 했습니다. "하나님 어떻게 해야 합니까? 집이 나가야 이사를 가고, 물질에 손해가 없습니다. 내가 다른 일 하겠다고 여기에 왔습니까? 하나님의 일을 하겠다고 여기에 와서 아파트를 분양받았는데 이집이 안 나가면 물질의 손해가 너무 막심합니다. 하나님! 어떻게 해야 합니까?" 하면서 계속해서 4일을 기도를 했습니다. 응답이 없습니다.

이제 16일 밖에 남지 않았습니다. 5일째 되는 날 기도하니 이렇게 감동을 하시는 것입니다. "A4지에 상황을 적어서 20장을 만들어서 전봇대와 나무에 붙여라." 그래서 집에 오자마자 20장을 만들어서 전봇대와 나무에 붙였습니다. 그리고 오전이 지나고 오후 2시가 되었습니다. 전화가 왔습니다. 집을 보러 오겠다는 것입니다. 어디에 사느냐고 했더니 우리 집에서 150미터 떨어진 곳에 살고 있었습니다. 항상 문제가 있는 가까운 곳에 해답이 있는 법입니다. 당장 와서 보라고 했습니다. 집을 보러 와서 하는 말이 2월 26일 날 집을 비워줄 수가 있느냐는 것입니다. 2월 26일은 아파트 입주하는 날입니다. 자기가 와서 집을 보니 집도 깨끗하고 자기가 찾던 집이라는 것입니다.

그래서 계약하고 2월 26일 날 전세금 받아서 이사를 했습니다. 집이 나갈 수 있다고 말한 사람은 아무도 없었습니다. 심지어 집주인이 계약서를 작성하러 와서 저에게 하는 말, 기적 같은 일이 일어났다는 것입니다. 자기는 한 일 년이 지나야 나갈 줄로 생각하고 있었다는 것입니다. 내가 이렇게 말했습니다. "하나님이 알려주신 대로 했더니 집이 나갔습니다. 하나님은 살아계십니다. 주인아저씨도 예수를 믿으세요." 담대하게 하나님이 하셨다고 불신자에게 말하도록 해주셨습니다. 할렐루야! 하나님이 하셨습니다. 하나님은 무에서 유를 창조하는 하나님이십니다. 기적의 하나님 이십니다. 현실적인 상황을 보고 사람들이 모두 안 된다고 해도 포기하지 않고 하나님께 기도했더니 방법을 알려주셨습니다. 그대로 순종하니 문제가 기적같이 해결이 되었습니다. 필자가 이 일로 하나님을 향한 믿음이 견고해졌습니다. 이후로 하나님의 음성을 듣고 행하는 습관이 생겼습니다. 하나님께 현실 문제를 놓고 기도하면 해결책을 주신다고 믿고 행하기 시작했습니다. 이렇게 하나님과 관계가 열리니까, 하나님께서 목회를 어떻게 하라고 알려주시기도 했습니다.

기도하며 하나님께 응답을 받지 못하는 것은 하나님께서 해결하여 주시기만을 부탁하는 샤머니즘 식 기도를 하기 때문입니다. 하나님! 해결하여 주시옵소서. 하나님! 해결하여 주시옵소서. 하면서 해결을 부탁하는 기도를 하면 응답받기 힘이 듭니다. 이렇게 기도해야 합니다. 하나님! 어떻게 해야 합니까? 하나님! 지혜를 주시옵소서. 하나님! 해결방법을 응답하여 주옵소서. 이렇게 해결방책을 물어보는 대화식 기도로 바꾸어야 응답을 받습니다.

사람이 모두 안 된다고 해도 포기하지 말고 직접 하나님에게 물어보면서 기도하세요. 그러면 믿음을 보고 하나님이 응답하여 주십니다. 절대 하나님의 음성을 듣고 따라가는데 사람의 말을 듣고 낙심하면 안 됩니다. 살아계신 하나님께서 현실 문제를 해결할 수 있는 지혜를 주시어 순종하면 해결하여 주십니다. 현실 문제의 해결을 통하여 영적으로 바꾸고 믿음이 자라게 하십니다.

2장 기도할 때 행복으로 인도하시는 하나님

(요일 2:27) "너희는 주께 받은바 기름 부음이 너희 안에 거하나니 아무도 너희를 가르칠 필요가 없고 오직 그의 기름 부음이 모든 것을 너희에게 가르치며 또 참되고 거짓이 없으니 너희를 가르치신 그대로 주 안에 거하라"

예수를 믿으면서도 무지하여 지옥 같은 생활을 하시는 분들이 많습니다. 어렵고 힘든 현실 문제에 봉착하면 당황하지 말고 하나님께 기도해야 합니다. 하나님께 기도하여 해결방법을 질문해야 합니다. 하나님만이 지옥 같은 현실 문제를 해결하실 수 있기 때문입니다. 자신이 당하는 모든 문제의 해결방법은 하나님께서 가지고 계시기 때문입니다. 우리들이 인생길을 걸어 나아갈 때 우리 스스로 해결할 수 없는 문제들이 많이 있습니다. 사람들은 문제를 만나면 먼저 마음이 무너집니다.

예수를 믿고 성령의 인도를 받아 교회에 나온 크리스천은 하나님의 방법으로 문제를 해결해야 합니다. 자신의 문제를 해결하려고 이리 뛰고, 저리 뛰고 해도 해결되지 않습니다. 세상방법으로 해결이 된다해도 임시요법에 불과한 것입니다. 다시 재발한다는 말입니다. 하나님의 자녀의 문제는 하나님의 방법으로 해결을 해야 합니다. 문제가 생겼을 때 불필요한 시간 낭비 마시고 주님만이 나의 모든 문제의 해결 자가 되십니다. 주여! 나를 도와주옵소서. 나를 불쌍히 여겨주옵소서. 하고 주님께 나와 기도하면 해결하여 주십니다.

한 가지 알아야 할 것은 툭하면 하나님께 "의뢰합니다. 맡깁니다."합니다. 맡기고 의뢰한다는 의미를 잘 알아야 합니다. 맡기고 의뢰한다는 것은 하나님께 기도하여 하나님의 지혜를 구하는 것입니다. 하나님께서 주시는 지혜대로 순종하면 문제가 해결이 되는 것입니다. 우리가 알아야 할 것은 크리스천은 예수를 믿는 순간에 자신은 죽고 예수로 태어난 사람입니다. 죽은 사람이 문제를 해결할 도리가 없습니다. 다시 사신 예수님이 문제를 해결해야 합니다. 그래서 예수님께 기도하여 알려주시는 지혜대로 순종하는 것입니다. 그러면 믿음을 보시고 성령께서 해결하시는 것입니다.

시편 46편 10절에 이와 같이 말씀합니다. "이르시기를 너희는 가만히 있어 내가 하나님 됨을 알지어다" 가만히 있어라. 왜 안절부절못하고 입을 열어서 원망과 불평을 하고 아이고 나 죽네! 부정적인 소리를 쏟아놓느냐? 가만히 좀 있어라. 입 다물고 내가 어떻게 일하는지 좀 살펴보고 믿음으로 지켜보고 주님 역사하심을 살펴보아라. 시편 46편 10절 말씀 다시 기억합니다. "이르시기를 너희는 가만히 있어 내가 하나님 됨을 알지어다. 내가 뭇 나라 중에서 높임을 받으리라. 내가 세계 중에서 높임을 받으리라 하시 도다. 이 놀라운 일 가운데 내가 하나님의 은혜와 기적을 나타내서 모든 사람들 가운데 모든 나라 가운데 영광을 받을 것이다. 높임을 받을 것이다. 그러므로 너희는 가만히 있어라." 가만히 있으라는 표현이 성경에 여러 곳 나오는데 그 대표적인 하나가 홍해가 막혀있고 뒤에는 바로의 군대가 쫓아와서 430년 만에 애굽에서 탈출한 이스라엘 백성이 지옥과 같은 환경에 처하자 원망과 불평을 쏟아놓을 때 가만히 있으라는 말이 나옵니다.

출애굽기 14장 11절을 보면, 그들이 입을 열어 불평합니다. "그들이 또 모세에게 이르되 애굽에 매장지가 없어서 당신이 우리를 이끌어 내어 이 광야에서 죽게 하느냐 어찌하여 당신이 우리를 애굽에서 이끌어 내어 우리에게 이같이 하느냐" 430년 동안 저들이 노예 생활을 하던 애굽에서 해방 받아서 저들이 약속의 땅 가나안으로 가는데 불과 얼마 지나지 않아서 그 기쁨은 사라져버리고 앞에 홍해가 막히고 뒤에 군사가 쫓아오는 지옥 같은 상황이 전개되니까, 우리를 차라리 종살이 하게 내버려두지 왜 우리를 건져내갖고 여기서 죽게 하느냐? 우리를 묻을 묘지가 없어서 이곳에 까지 끌고 나오느냐? 다 입을 열고 악을 쓰며 불평합니다. 문제를 만났을 때 제일 먼저 우리가 하는 것이 불평입니다. 원망입니다. 남의 탓입니다. 모세를 탓하고 하나님을 원망했어요. 문제가 생겼을 때 내가 문제가 무엇일까? 내 자신을 살펴봐야 하는데 당신 때문에 그렇소… 당신 때문에 그렇소… 원망하면 문제가 더 커져버립니다.

우리가 알아야할 것은 지옥과 같은 상황이 전개되면 원망과 불평을 하지 말고 우리의 구원자이신 하나님께 기도해야 합니다. 하나님! 이 상황을 어찌해야 탈출할 수가 있습니까? 기도해야 합니다. 모세는 악을 쓰며 원망과 불평하는 이스라엘 사람들에게 관심을 두지 않고 이 지옥과 같은 난공불락에서 탈출하게 할 수 있는 하나님께 기도합니다.

모세가 하나님이 함께 하신다는 음성을 듣고 담대히 말했습니다. 출애굽기 14장 13절, 14절 말씀을 봅니다. "모세가 백성에게 이르되 너희는 두려워하지 말고 가만히 서서 하나님께서 오늘 너희를 위하여 행하시는 구원을 보라 너희가 오늘 본 애굽 사람을 영원히 다시 보지 아니하리라 하나님께서 너희를 위하여 싸우시리니 너희는 가만히 있을 지니라" "하나님께서 우리를 위하여 대신 싸우실 것이므로 너희는 가만히 있을 것이라. 잠잠하고 조용하고 불평하지 말고 가만히 있어라. 그저 주님께서 하라는 대로 순종하고 맡기고 주님 앞에 감사하며 찬양하며 나아갈 것이라." 이것이 바로 하나님이 하실 것을 믿는 살아있는 믿음입니다. 예수님 믿고 믿음의 사람으로 살아야지 예수님 믿고 신앙생활을 한지 10년이 지나고 20년 지났는데도 문제만 생기면 불평하고 '당신 탓이오. 당신 탓이오.' 하고 싸우고 부정적인 얘기들을 쏟아 놓고 있으니 얼마나 부끄러운 구원을 받은 우리들 입니까? 하나님은 항상 내가 문제라고 말하는 성도를 좋아하십니다. 항상 자신이 문제입니다.

그 이스라엘 백성하고 우리하고 다른 게 뭐가 있어요? 출애굽 사건의 B. C 1400년에, 그러니까 3400년 전에 이스라엘 백성들이 불평을 하는 거나 우리가 예수 믿고 불평하는 거나 불평의 내용은 비슷한 것입니다. 주여! 우리의 입술이 불평, 원망, 부정적인 얘기를 쏟아 놓는 입술이 아니라 감사, 찬양의 입술로 바꾸어지게 하옵소서. 기도해야 합니다. 그 다음에 되어 질 일들이 우리가 다 잘 알고 있습니다. 출애굽기 14장 21절에, "모세가 바다 위로 손을 내밀매 하나님께서 큰 동풍이 밤새도록 바닷물을 물러가게 하시니 물이 갈라져 바다가 마른 땅이 된지라"

모세가 하나님의 음성을 듣고 순종하여 바다 위로 손을 내미니까, 이 바다가 갈라져서 육지 같이 된 곳을 남자로만 60만 명, 여자와 아이를 합하여 약 300만 명 가까이 되는 이스라엘 백성들이 그 홍해를 육지처럼 건너갑니다. 하나님은 일찍이 홍해 밑에 다가 길을 만들어 두셨습니다. 크리스천이 성령의 인도를 받고 천성을 향해서 가는 길에 일어나는 모든 문제는 하나님께서 모두 아십니다. 문제를 해결할 방법도 만들어 두셨습니다. 하나님께 기도하여 해결할 방법을 알아내고 순종하면 해결이 되는 것입니다. 믿음을 가지시기를 바랍니다.

이스라엘 백성이 이 홍해를 절대로 가르지 못합니다. 이스라엘 백성의 힘으로는 그 물길이 절대로 갈라질 수 없습니다. 그 많은 사람들이 당장 배를 만들 수도 없는 것이고 그중에 헤엄을 잘 쳐서 그 바다를 건너갈 사람이 몇 사람이 되겠습니까? 그러니까 하나님 말씀이 '가만히 있어라. 불평하지 말라. 원망하지 말라. 부정적인 이야기를 쏟아놓지 말아라. 내가 도와줄 것이다.'

하나님은 성도들이 문제를 만나 하나님께 기도하여 해결하면서 하나님을 체험적으로 알아가게 하시는 것입니다. 하나님은 살아계신 하나님이시기 때문입니다. 성도들이 하나님이 살아계신 다는 것을 믿게 하기 위하여 문제를 만나 하나님의 역사로 해결되는 것을 체험하게 하십니다. 그렇게 하면서 세상을 이길 수 있는 담대한 성도를 만들어 가십니다. 항상 하나님께 기도하는 습관을 들여야 합니다.

필자가 교회를 개척하고 환경적으로 재정적으로 궁핍하여 지옥 같은 생활을 한 시절이 있었습니다. 심한 불안과 두려움으로 정신적인 질병인 불안장애가 생겼습니다. 손이 부들부들 떨렸습니다.

한마디로 정상이 아니었습니다. 필자의 인간적인 능력으로는 도저히 해결할 수 없습니다. 하나님께 기도하지 않을 수 없는 상황에 처했습니다. 하나님께 해결 방법을 알려달라고 주야로 기도를 하다가 알려주신 대로 순종하여 기적적으로 해결 받은 체험이 있습니다.

필자가 그 어려운 환경과 재정적인 문제와 정신적인 문제를 해결 받고, 지금 서울에서 목회를 하고 있는 것은 하나님의 음성을 듣고 인도에 순종했기 때문입니다. 그래서 하나님의 은혜에 날마다 감사를 드립니다. 저는 이렇게 음성을 듣습니다. 한마디로 요약한다면 항상 음성을 들을 수 있도록 임재 상태에 있습니다. 저는 영적이면서 깊은 사역을 하는 목사이기 때문에 하나님과 친밀하게 지내지 않으면 사역을 할 수가 없습니다. 방법은 습관적으로 마음 안에 계신 하나님을 찾는 것입니다. 그러면 필요하실 때 하나님이 감동하십니다. 환경에 보증의 역사가 나타나기도 합니다. 저는 음성을 듣는 것보다 환경에 나타나는 보증의 역사를 더 중요하게 여기고 있습니다. 보증의 역사가 일어난다는 것은 하나님이 하신다는 증표이기 때문입니다. 무엇보다도 보증의 역사를 놓치지 않으려고 임재 상태에 있는 것입니다. 특별한 응답을 받으려면 이렇게 합니다. 이는 처음부터 습관이 된 것입니다.

먼저 성령의 임재를 요청하면서 깊은 영의기도를 합니다. 기도가 깊어지면 하나님에게 물어봅니다. 하나님! 이 문제를 어떻게 할까요? 하나님! 어떻게 할까요? 계속 물어봅니다. 어느 때는 밤에 잠을 자지 않으면서 물어봅니다. 이틀을 물어볼 때도 있습니다. 좌우지간 응답이 올 때까지 물어보는 것입니다. 길을 걸어가더라도 임재를 이탈하지 않고 물어봅니다. 화장실에서 볼일을 볼 때에도 임재를 이탈하지 않고 물어봅니다. 계속 마음 안에 계신 하나님에게 집중하며 물어봅니다. 그러면 하나님이 응답을 하십니다. 제가 하나님이 원하시는 영적인 상태가 되었을 때 말씀을 들려주십니다.

그래서 하나님의 음성을 들으려면 무엇보다도 하나님과 같은 영적인 상태가 되는 것이 중요합니다. 그래서 하나님은 예레미야 33장 3절에서 "너는 내게 부르짖으라. 내가 네게 응답하겠고 네가 알지 못하는 크고 은밀한 일을 네게 보이리라"하신 것입니다. 계속 하나님에게 부르짖으니 영의 상태가 되는 것입니다. 영의 상태가 되니 하나님이 응답을 하시는 것입니다. 저는 무엇보다 영의 상태에 들어가려고 노력을 합니다. 이것이 저의 하나님의 음성을 듣는 비결입니다. 저는 이 방법을 가지고 하나님에게 기도하여 모두 응답을 받았습니다. 그러므로 무엇보다 하나님의 음성을 들으려면 영적인 상태가 되는 것이 중요합니다.

하나님은 우리가 머리가 좋지 못하기 때문에 복잡하게 응답을 주시지 않고 간단하게 알려주십니다. 그러므로 음성을 들으려면 복잡한 사고를 정리하여 간단하게 해야 합니다. 복잡한 사고를 정리하여 단순해야 음성을 잘 들을 수가 있는 것입니다.

필자가 교회를 개척하여 교회를 부흥시키려고 열심히 전도하고 병원에 다니면서 환자들에게 안수 기도 하여 치유하고, 아무리 열심을 내어도 교회가 성장되지 않아 낙심하고 있을 때입니다. 그때 우리는 교회 안에서 살림을 하고 지냈습니다. 정말 사는 것이 말이 아니었습니다. 다 큰 딸들을 그 황무지도 같고 유흥가라 향락이 판을 치는 곳에서 산다는 것이 정말 어려웠습니다.

그 때는 이미 퇴직금으로 받은 재산도 다 날아가고 도저히 제힘으로는 그곳에서 빠져나오지 못할 지경에 처해 있었습니다. 그래서 날마다 하나님에게 사정하며 기도했습니다. 하나님 저 좀 사용하여 주시고, 사택을 주셔서 어서 빨리 이곳에서 이사 가게 해주셔서 주택가나 아파트에서 살아가게 해주세요. 정말 가장의 체면이 말이 아닙니다. 하고 기도하던 어느날 그 때가 아마 2001년 7월정도 되는 것 같습니다. 한 밤에 꿈을 꾸는데 천사들이 도열을 하며 박수를 받으면서 우리식구가 나가는 것이었습니다. 그곳을 설명하면 승강기를 내려서 양쪽으로 통로가 나있는데 우리는 차가 다니는 곳이 아닌 사람이 통행하는 쪽을 이용하였습니다. 그런데 그곳 양쪽에 작은 제 허리정도 되는 키의 천사들이 통로 좌 우편에 도열하여 박수를 치는데 제가 제일 앞에서고, 그 다음은 사모가 서고, 그 뒤에 큰딸 은혜가 서고, 그 다음에 작은딸 은영이가 천사들의 박수를 받으면서 나오는 것이었습니다.

그 꿈을 꾸고 저는 적어도 몇 달이내면 교회를 나와서 밖으로 이사를 갈 것으로 생각했는데, 그 세월이 이년이나 걸렸습니다. 그러나 저는 아무리 현상이 어렵고 막막해도 꼭 승리하여 나간다는 확신을 가지고 기도하며 지냈습니다. 그러면서 하나님께 기도를 했습니다. 하나님 어떻게 해야 합니까? 어떻게 해야 합니까? 하고 물어보니까, 분명하게 들리는 음성으로 "앞으로는 영성이다. 21세기에는 영성이다. 영성! 영성! 영성!" 그래서 앞으로는 영성이라는 하나님의 계시를 듣고 영성 개발에 집중하였습니다. 성령의 역사에 관심을 가지고 세미나도 참석하여 성령으로 세례도 받았습니다. 서서히 영적인 눈이 뜨이기 시작을 했습니다. 영성을 강하게 하려면 내적치유를 받아야 한다고 하여 1년여 동안 사모하고 같이 다니면서 내적상처도 치유 받았습니다. 성령의 권능도 신유은사도 축사하는 능력도 내적 치유하는 능력도 나타나기 시작을 했습니다. 교회에서 성령치유 집회를 열어서 많은 성도들과 목회자들을 치유하였습니다.

성령 체험을 함과 동시에 성령치유 사역을 한창 하던 때에 낮에 사모와 함께 기도하고 있는데 갑자기 성령께서 "혈통으로 대물림되어서 너의 목회를 방해하고 가난하게 하는 귀신을 몰아내라!" 라고 하시는 것입니다. 그래서 저는 "예수 이름으로 명하노니 나의 목회를 방해하고 가난하게 하는 더러운 귀신은 예수 이름으로 명하노니 물러갈지어다." 하고 세 번을 명령 하였습니다.

그랬더니 막 하품이 나오기를 한 20여 차례 나오면서 더러운 귀신들이 떠나가는 것이었습니다. 그러기를 한참 하더니 곧이어 아랫배가 뒤틀리고 아프면서 귀신들이 떠나갔습니다. 그 전까지만 해도 교회에서 강력한 성령의 불의 역사가 일어나는 가운데 아무리 성도들을 붙잡고 기도하며 귀신들을 축사하고 사역을 해도 저를 괴롭히고 목회를 방해하며 가난하게 하던 귀신들은 떠나가지 않았던 것입니다. 혈통에 역사하는 귀신을 축사하고 서서히 재정이 풀리기를 시작했습니다.

이년이 지난 후 하나님이 축복으로 물질이 풀려서 34평 아파트를 임대하여 교회 뒤에서 살던 삶을 끝냈습니다. 지옥과 같은 생활을 하나님의 역사로 마감하게 된 것입니다. 그냥 자동으로 된 것이 아니고 하나님께서 일려주신 대로 순종한 결과입니다. 하나님이 꿈에 나타나서 하나님의 뜻을 보여준 것입니다. 그대로 순종하니 믿음을 보시고 기적으로 역사하신 것입니다. 이와 같이 성령께서 꿈에 나타나서 앞으로 일어날 일을 알려주실 때가 있을 것입니다. 그리고 또 마음에 감동이나 깨달음을 통해서 하나님 뜻을 말씀하는 것입니다. 꿈도 아니고 환상도 아닌데 기도하는 중에 성령께서 마음에 고요하고 잠잠하게 말씀해 주십니다. 우리가 마음에 잠잠한 감동과 깨달음을 통해서 하나님께서 말씀하는 것입니다. 이것을 성령의 감동하심이라고 하는 것입니다.

필자가 그동안 체험한 바로는 영적인 수준에 따라 음성이 들리는 통로가 다르다는 것입니다. 필자가 지난 10여 년 간 기도한 후 하나님으로 부터 응답을 받는 형태를 보면 이렇습니다. 각각 사람마다 다르게 역사하실 수가 있습니다. 참고만 하시기를 바랍니다.

① 꿈으로 보여주심 - 영적 수준이 미약할 때에 꿈으로 응답을 하십니다. 현실문제의 해결을 위하여 기도하거나 하나님의 의중을 알기 위하여 하나님께 문의하며 기도하면 성령으로 감동하시기도 하지만, 밤에 잠을 잘 때 꿈으로 응답하여 주십니다.

② 보이는 환상 - 믿음이 약할 때에 보이는 환상으로 보여주십니다. 절대로 눈을 뜨고 보는 환상이 아니고 성령으로 기도할 때 마음 속에 그려지는 환상을 말하는 것입니다.

③ 들리는 음성 - 분별력이 약할 때는 들리는 음성으로 들려주십니다. 물론 마음에서 올라오는 소리로 들립니다. 앞으로는 영성이다. 21세기는 영성이다. 영성! 영성! 영성! 이렇게 말입니다. 밖에서

들리는 소리는 마귀의 소리일 경우가 있습니다. 주의해야 합니다.

④ 들리는 찬양 - 믿음과 분별력이 약할 때에 들리는 찬양으로 응답을 하십니다.

⑤ 감동으로 알게 하심 - 하나님의 음성에 대해 조금 알 때는 감동으로 역사를 하십니다. 우리가 바르게 알아야 할 것은 하나님께 기도할 때 들리는 음성으로 응답하는 것은 1%도 안 됩니다. 거의 모두 마음에 감동으로, 생각을 통하여 순간 뻔쩍이면서 떠오르는 것이 보통입니다. 그러므로 음성으로 듣겠다는 생각을 접는 것이 좋습니다.

⑥ 보증의 역사로 알게 하심 - 하나님의 음성에 대해 조금 알 때는 환경에 보증의 역사로 알려주십니다. 필자는 지금 기도하면서 성령의 감동을 통하여 하나님의 뜻을 알고 순종하고 있습니다. 필자는 지금 성령의 감동하심을 따라 순종하면서 환경에 보이는 하나님의 역사를 보고 따라가고 있습니다. 이 모든 것은 제가 경험한 바입니다. 전적으로 전의 견해라는 것이므로 이해를 바르게 하시기를 바랍니다. 절대로 개인의 견해이지 교리가 아님을 밝혀둡니다.

크리스천이 하나님의 음성을 듣고자 하는 것은 많은 유익이 있습니다. 하나님께서는 모든 것을 통해, 이를테면 어떤 사람이나 상황, 자연, 생각을 통하여 우리에게 말씀을 하십니다. 그렇지만 기도와 말씀은 가장 확실한 통로이며, 가장 효율성이 높은 방법입니다. 왜냐하면 하나님께서 그것을 통해 우리와 만나 주시겠다고 약속하셨기 때문입니다. 다시 말하면 성령의 임재 가운데 말씀을 묵상하고 기도하면 영의 상태가 되는 것입니다. 하나님은 영이시기 때문에 성도가 성령의 임재 하에 말씀을 묵상하고 기도할 때 하나님의 뜻을 알려주신다는 것입니다. 성경의 예를 든다면 ① 사무엘이 잠들었을 때 음성이 들렸습니다. ② 엘리사는 감정이 격하여져서 예언을 듣지 못하자 거문고를 타게 한 후에 감정을 가라앉힌 후에 말씀이 임합니다. ③ 엘리야는 폭풍, 지진, 불 가운데에서도 하나님의 음성이 들리지 않았고 모든 것이 지나간 후에 잠잠하여 졌을 때 말씀이 임했습니다. ④ 성전에서 묵상할 때 이사야에게 임했습니다. 이를 보면 하나님의 음성을 들으려면 무엇보다도 성령의 임재 하에 영의 상태가 되어야 한다는 것입니다.

신약의 신자들이 지성소와 법궤를 가지지 못했다 하더라도, 그리스도의 이름으로 무릎을 꿇어 기도하는 것과 그리스도의 복음을 묵상 하는 것은 지성소와 법궤보다 더 확실한, 하나님의 임재를 경험하는 방법임을 알아야 합니다. 하나님의 임재를 경험하려면 먼저 성령의 세례를 받아야 합니다.

그러나 여기에 한 가지 조건이 붙게 됩니다. 성경을 잘 읽어보면, 그 사실을 어렵지 않게 확인할 수 있습니다. 하나님의 임재를 경험하고 그 음성을 듣는, 기도와 성경묵상의 방법이 따로 있는가요? 물론 있습니다. 가장 중요한 조건이 하나 있습니다. 이 조건은 우리가 제일 약한 취약점이기도 하지만, 그러나 이것을 극복하기만 한다면 우리는 분명하게 하나님의 인도하심을 경험할 수 있습니다.

그것은 '인내' 혹은 '성실함'입니다. 나는 두 단어를 같은 내용으로 이해하는데, 이는 성실함을 지키되 끝까지 지키는 것이 바로 인내이기 때문입니다. 인내하라는 것은 하나님의 뜻을 구할 때 확실한 증표가 보이거나 들릴 때까지 구하라는 것입니다.

하나님의 음성을 듣고 싶습니까? 그것이 정말 하나님의 음성임을 확신하고 그것을 따라 살아보는 결단을 하고 싶습니까? 그렇다면 성경말씀 묵상과 깊은 영의기도를 붙들어야 하는데, 성실하게 해야 하고, 인내하는 마음으로 끝까지 해야 합니다.

하나님께서는 현실문제의 해결을 통하여 성도들을 온전하게 순종하는 믿음의 사람으로 만들어 가십니다. 하나님께서 크리스천들을 통하여 이 땅에 하나님의 나라를 건설해야 하기 때문입니다. 하나님의 음성을 듣고 순종하는 믿음의 사람을 통하여 세상에 하나님의 나라를 건설하십니다. 인간적인 요소가 조금이라고 섞이면 온전한 하나님의 역사가 일어나지 않아 하나님의 뜻을 수행할 수가 없습니다. 그래서 성도들을 온전하게 순종하는 훈련을 시키시는 것입니다. 의지하는 것은 하나님의 뜻에 온전하게 순종하는 것이요, 맡기는 것은 하나님께서 기적적으로 문제를 해결하시는 것입니다. 하나님은 절대로 성도들이 자신의 생각대로 행동하지 못하게 하십니다. 성경에 나오는 아브라함이나 이삭이나 야곱이나 모세나 다윗의 경우를 보면 이해가 되는 것입니다. 하나님은 하나님의 말씀에 온전하게 순종하는 사람이 될 때까지 체험하며 훈련하게 하십니다. 그리하여 하나님의 말씀에 온전하게 순종하는 사람을 통하여 하나님의 일을 진행하십니다. 순종하는 사람으로 훈련하는 매개체가 현실문제입니다. 현실문제에 봉착할 때마다 하나님께 해결방법을 받아서 해결하는 습관을 들여야 성령의 인도로 이 땅에서 천국을 누리는 삶을 살수가 있습니다.

3장 기도할 때 소망으로 인도하시는 하나님

(역대하 20:20)"이에 백성들이 아침에 일찍이 일어나서 드고아 들로 나가니라 나갈 때에 여호사밧이 서서 이르되 유다와 예루살렘 주민들아 내 말을 들을지어다. 너희는 너희 하나님 여호와를 신뢰하라 그리하면 견고히 서리라 그의 선지자들을 신뢰하라 그리하면 형통하리라 하고"

우리가 지금 살고 있는 이 시대는 미래를 예측할 수가 없는 시대입니다. "내일 무슨 일이 생길지", 아니 "잠시 후에 무슨 일이 생길지" 아무도 모릅니다. 그래서 어느 유명한 사회학자는 말하기를 "우리가 살고 있는 시대를 불확실성의 시대"라고 하였습니다. 현재 벌어지고 있는 세상의 일들을 보면 더욱 그렇게 보입니다. 여태껏 잘나가던 기업이 하루아침에 무너져버리기가 일쑤입니다. 세계를 보십시오, 잘 살아가던 국가가 하루아침에 곤두박질치고 맙니다. 그런 일들이 비일비재합니다.

여기에 한 개인은 더 말할 것도 없습니다. 멀쩡하던 사람에게 갑자기 일이 터집니다. 재정문제가 터집니다, 건강문제가 터집니다, 직장문제가 터집니다, 가정의 여러 가지 문제들이 터져서 갑자기 위기를 겪게 됩니다. 우리주변에 이런 일이 비일비재합니다. 참으로 세상은 앞일을 예측할 수가 없습니다. 변화무쌍합니다. 이런 세상의 모습들을 보고 사노라면 두려움이 저절로 엄습해오는 것이 어찌 보면 당연한지도 모릅니다.

과학은 최첨단으로 발달하고 살기는 좋아졌다고 하나 내일이 어떻게 될지 알 수 없어 두렵기만 합니다. 질병의 두려움, 사고의 두려움, 실패의 두려움, 가지고 있는 것들을 잃어버리면 어쩌나하는 두려움, 지금의 행복이 깨지면 어쩌나 하는 두려움 등등 두려워 할 일들이 너무나 많이 있습니다. 그래서 많은 사람들이 이러한 심리적 압박을 이지지 못하고, 술과 도박과 마약을 의지하고, 우울증에 걸리고, 심하면 자살을 하기도 합니다. 요즘은 새끼손가락 걸고 한 약속도 다 파기하는 세상입니다.

그래서 요즘은 황혼이혼의 시대라고 합니다. 여차하면 갈라섭니다. 자식들도 예전처럼 부모를 잘 공경하지 않는 시대입니다. 직장도 예전처럼 한 번 들어가면 정년까지 보장해주는 만년 직장이 아닙니다. 의학의 발달에도 불구하고 치사 병의 발병률은 더 높아졌습니다. 그 어느 것도 보장되지 않는 시대입니다. 그래서 현대인들은 더 불안하기만합니다. 더구나 예전에는 절대적 가치로 지켜지던 윤리도, 인륜도 천륜도 지켜지지가 않고 있습니다. 이렇게 예측이 불가능한 변화무쌍한 세상이기에 사람들은 더욱 두려움을 느끼며 살아가고 있는 것입니다. 그러면 이처럼 두려움의 요소가 산재한 세상에서 두려움 없이 살아가는 비결은 무엇일까요?

첫째, 하나님께 소망을 두라. 그것은 모든 두려움을 해결해 주시는 "전능하신 하나님을 신뢰하고 살아가는 것"입니다. 과거에 모세나, 여호수아나, 다윗 같은 인물들은 하나님을 신뢰하므로 승리하며 살았습니다. 그러나 이후 이스라엘은 하나님을 신뢰하지 않기 시작했습니다. 이방나라를 의지하고 세상을 의지하기 시작했습니다. 그러자 이스라엘에게는 환란이 찾아오기 시작했습니다. 이스라엘의 역사에서 그들의 환란의 문제는 그들이 하나님을 신뢰하지 않기 때문에 생겼습니다.

오늘 본문을 보면 어느 날 남 유다에. 풍전등화의 위기가 찾아왔습니다. 그것은 주변의 여러 나라들이 연합하여 유다나라 코앞까지 쳐들어 온 것입니다. 워낙 많은 적들이 쳐들어 왔기 때문에 여호사밧 왕과 온 백성이 두려움에 떨게 되었습니다. 그때에 하나님을 잘 믿던 여호사밧 왕이 온 백성에게 "금식하며 기도하자" 외치고 간절히 기도했습니다. 그때에 하나님께서 선지자 "야하시엘"을 통하여 하나님의 메시지를 주셨습니다. "너희는 너희 하나님 여호와를 신뢰하라 그리하면 견고히 서리라" 하셨습니다. 하나님께서 이렇게 말씀하심은 이스라엘이 지난날 하나님을 너무도 신뢰하지 않고 살았기 때문입니다. 하나님을 신뢰하지 않던 이스라엘이 하나님의 징계로 둘로 갈라졌습니다. 그 후 얼마 못되어 북이스라엘은 완전히 하나님을 떠났습니다.

그나마 남 유다는 그런대로 하나님을 의지하고 살고 있습니다. 하나님은 그런 유다나라에 선지자를 통해 강력히 말씀하십니다. "너희는 너희 하나님 여호와를 신뢰하라. 그리하면 견고히 서리라"고 말입니다. 지난날 이스라엘 역사에서 그들이 하나님을 신뢰하지 않고 살 때는 실패의 연속이었습니다. 그러나 그들이 하나님을 신뢰하고 하나님이 의지할 때는 망하지 않고 승리하였습니다.

그런 과거의 전철을 밟지 않으려면 하나님을 온전히 신뢰하라고 말씀하고 있는 것입니다. 그렇습니다. 하나님의 말씀은 시간과 공간을 초월하여 만민에게 적용되는 말씀입니다. 세상의 어떠한 문제들이 우리에게 엄습할지라도 우리가 여호사밧처럼 하나님을 온전히 신뢰하고 살아간다면 우리 앞에 문제는 아무것도 아닌 것이 될 것입니다. 하나님은 오늘 분명히 말씀하십니다. "여호와를 신뢰하라 그리하면 견고히 서리라"말입니다. 그렇습니다. 우리가 하나님을 온전히 신뢰하며 살아갈 때 우리 앞에 두려움은 사라지게 될 줄 믿습니다. 이사야서 12장 2절에 "보라 하나님은 나의 구원이시라 내가 신뢰하고 두려움이 없으리니"라 하였습니다. 하나님을 믿지 않을 때는 많은 것을 가지고 있어도 두렵습니다. 그러나 하나님을 믿을 때에는 비록 양손에 아무것이 없을지라도 두렵지가 않게 됩니다. 왜입니까? 하나님께서 평강을 주시기 때문입니다. 하나님은 "평강의 하나님"이라 하였습니다. 그래서 하나님을 믿으면 제일먼저 찾아오는 것이 마음의 평강입니다(빌4:6~7).

하나님은 우리에게 평강을 주실 뿐 아니라, 평강을 만들어 주시는 분이십니다. 우리의 마음이 두렵고 불안한 이유가 무엇입니까? 그것은 우리를 불안케 하는 요소들이 우리를 찾아와 우리를 괴롭히기 때문입니다. 그런데 우리가 하나님을 신뢰할 때, 하나님은 우리를 불안케 하는 요소들을 해결해 주심으로 우리를 평안케 해주십니다.

신명기 30장 20절에 "네 하나님 여호와를 사랑하고 그의 말씀을 청종하며 또 그를 의지하라 그는 네 생명이시요 네 장수이시니"라고 말씀하셨습니다. 우리가 병이 걸려 잘못될까봐, 오래 살지 못할까봐, 두려워하고 불안해하지 않습니까? 그런데 하나님께서 그 문제의 요소를 알려주시고 해결해 주신다고 말씀하셨습니다. 시편 28편 7절에

"여호와는 나의 힘과 나의 방패이시니 내 마음이 그를 의지하여 도움을 얻었도다." 우리가 인생을 살아갈 때에 우리에게는 많은 문제들이 찾아옵니다. 그런데 우리 힘으로는 그 문제들을 해결할 수가 없습니다. 그래서 세상의 여러 가지를 의지하여 문제를 해결해 보려고 했지만 해결할 수가 없었습니다.

그런데 하나님을 의지했더니 그 문제가 해결되었습니다. 이것이 위의 다윗의 고백입니다. 성경은 처음부터 끝까지 세상을 의지하지 말고 하나님을 의지할 것을 말씀하시고 있습니다. 시편 115편 9절에 "이스라엘아 여호와를 의지하라. 그는 너희의 도움이시오, 너희의 방패시로다." 시편125편 1절에 "여호와를 의지하는 자는 시온 산이 흔들리지 아니하고 영원히 있음 같도다." 괜히 도와주지도 못하는 세상과 사람을 의지하다가 망신만 당하지 말고 하나님을 의지하시기 바랍니다. 하나님을 의지하면 망신당하지 않도록 하나님께서 도와주시는 줄 믿으시기 바랍니다.

그러기에 성경은 말씀하십니다. "하나님을 의지하는 자는 복이 있다"고 말입니다(시84:12). "그러나 무릇 여호와를 의지하며 여호와를 의뢰하는 그 사람은 복을 받을 것이라"(렘17:7). 여호와 하나님을 의지하는 사람은 복 있는 인생인줄 믿으시기 바랍니다.

모세는 철저하게 하나님을 의지하는 삶을 살았습니다. 이스라엘 백성이 스로 광야에 들어가서 사흘 동안 물을 얻지 못하매 목이 타서 죽을 지경이었습니다. 그러자 호수를 발견했는데 뛰어가서 물을 마셔보니 물이 써서 마실 수가 없었습니다. 백성들은 그만 또다시 절망하고 말았습니다. 사흘 동안 물을 못 마셨는데 물을 발견하고 마셔

보니 독이 있어 그들이 먹자 말자 토하고 배를 안고 뒹굴고 말았습니다. 또다시 하나님과 모세를 원망하고 고함 고함을 쳤습니다. 모세는 또 알았습니다. 하나님은 언제나 문제가 있는 곳에는 해답을 예비해 놓으시는 하나님임을 알았기 때문에 이스라엘이 원망하는 동안에 모세는 엎드려 기도했었습니다.

그러자 하나님께서 바로 그 호수 옆에 한 나뭇가지를 지시하시는지라, 그 나뭇가지를 꺾어서 물에 던지니 물이 곧 해독되고 달아져서 백성들이 마음껏 마실 수가 있었습니다. 문제가 있는 곳에 하나님께서 그 곁에 이미 해답을 예비해 놓고 계신 것입니다. 이스라엘 백성이 광야를 지날 때 그들이 무슨 물을 예비했으며 무슨 양식을 예비했겠습니까? 삼백만이 광야를 지나가는데 그 많은 사람이 먹고 마실 물과 양식이란 광대한 양입니다. 그러나 하나님은 이미 예비해 두셔서 하늘에서는 만나가 쏟아지고 바위에서는 물이 터져서 그들이 먹고 마실 수가 있었습니다. 이스라엘 백성이 애굽에서 나왔을 때 하나님께서 그냥 너희 살길을 마련하라고 말씀하셨습니까? 아닙니다. 젖과 꿀이 흐르는 가나안의 복된 땅을 미리 예비해 놓으시고 하나님께서는 예비해 놓은 길로 인도해 가고 있었습니다. 이스라엘 백성들은 사사건건 트집을 잡고 불순종하고 불신앙하며 하나님을 괴롭혔지마는 하나님은 이미 이스라엘 백성이 가서 살 수 있는 땅을 예비해 놓으신 하나님이신 것입니다. 그러므로 구약 전체를 살펴 볼 때 하나님은 여호와 이레 우리를 위해서 예비하는 하나님이라는 것을 절대로 부인할 수가 없습니다.

둘째, 하나님의 말씀을 증거 하는 선지자를 신뢰하고 살아가는 것. 오늘날 현대인들은 많은 스승을 두고 살아갑니다. 수많은 방송매체와 인터넷을 통하여 각 분야의 전문가들에게서 수많은 정보들이 흘러나옵니다. 저마다 많은 정보를 습득해서 그런지 사람들이 다들 얼마나 똑똑하고 잘났는지 모릅니다. 또한 이 시대는 다른 어떤 시대보다도 교회도 많고, 목회자도 많습니다. 그만큼 진리의 말씀을 듣기가 쉬워졌습니다. 언제 어느 곳에서든지 진리의 말씀을 들을 수가 있습니다. 그렇지만 사람들은 하나님의 뜻이 담긴 진리의 말씀을 듣기를 싫어합니다. 하나님의 말씀을 전해주는 목회자를 신뢰하지도 않습니다. 세상이 아무리 변해도 하나님의 바른 하나님의 말씀을 전하는 주의 종이라면 그를 신뢰하시기 바랍니다.

사도행전에 보면 사도 바울이 복음을 전하다 잡혀서 죄수의 신분으로 로마로 압송되는 중에 큰 상선을 타고 가게 됩니다. 그런데 바울사도가 영적으로 보니 지금은 배가 떠날 상황이 아닙니다. 그래서 "지금은 상황이 안 좋으니 기다리다가 일기가 좋아지면 떠나라" 고 말씀을 전했습니다. 그러나 사람들은 선장과 선주와 백부장의 말을 듣고 사도바울의 말을 무시한 채 떠났습니다. 그러나 얼마 못가서 "유라굴로"라는 큰 광풍을 만나 배가 완전히 침몰하게 되었습니다.

그러나 하나님께서 바울과 함께 하시므로 그 배는 침몰되지 않고 무사히 한 섬에 걸려 전원구조가 되었습니다. 진작부터 주의 종의 말씀을 들었다면 이런 일은 당하지는 않았을 것입니다. 하나님은 과거 이스라엘의 역사 속에서도 그랬습니다. 하나님은 이스라엘의 위기 때마다 선지자들을 세워 하나님의 말씀을 전하게 했습니다. 그러나 강

팍한 이스라엘은 하나님의 뜻을 전하는 선지자들의 말을 신뢰하지 않았습니다. 선지자를 신뢰하지 않는다는 말은 그들이 하나님을 신뢰하지 않는 것과 다름없었습니다.

수많은 연합군이 남 유다를 쳐들어와 풍전등화의 위기에서 왕과 온 백성들이 기도할 때 하나님의 성령이 "야하시엘" 선지자에게 임하여 하나님의 메시지를 선포했습니다. 역대하 20장 14-17절에 "여호와의 영이 회중 가운데서 레위 사람 야하시엘에게 임하셨으니, 저는 아삽 자손 맛다냐의 현손이요, 여이엘의 증손이요, 브나야의 손자요, 스가랴의 아들이더라. 야하시엘이 가로되 온 유다와 예루살렘 거민과 여호사밧왕이여 들을찌어다. 여호와께서 너희에게 말씀하시기를 이 큰 무리로 인하여 두려워하거나 놀라지 말라. 이 전쟁이 너희에게 속한 것이 아니요, 하나님께 속한 것이니라. 내일 너희는 마주 내려가라. 저희가 시스 고개로 말미암아 올라오리니 너희가 골짜기 어귀 여루엘 들 앞에서 만나려니와 이 전쟁에는 너희가 싸울 것이 없나니 항오를 이루고 서서 너희와 함께한 여호와가 구원하는 것을 보라. 유다와 예루살렘아 너희는 두려워하며 놀라지 말고 내일 저희를 마주 나가라 여호와가 너희와 함께 하리라 하셨느니라." 하나님께서 선지자 "야하시엘"을 통해 주신 메시지는 "많은 적들이 쳐들어 왔을지라도 너희는 두려워하지 말라 이 전쟁에는 너희는 싸울 필요도 없다 내가 너희 대신 싸워서 이길 거니까 너희는 두려워하지 말고 나가라" 고 하시는 것이었습니다. 그러니까 백성들이 이 말을 들을 때에 믿지 못하고 추쯤 하였습니다.

우리 같아도 잘 믿기가 쉽지 않았을 것입니다. 적들은 이미 코앞에

까지 쳐들어 왔습니다. 적들의 숫자는 어마어마합니다. 유다백성이 다나가서 싸워도 어려운 상황입니다. 그런데 하나님께서 말씀하기기를 "너희는 싸울 필요 없이 그냥 나가서 구경만 하라"고 하시니 이 말을 어찌 믿으라는 말입니까? 백성들은 믿어야 할지, 말아야 할지, 어찌해야 할지 우왕좌왕합니다. 그러나 그때에 하나님을 잘 믿는 여호사밧 왕이 온 백성들에게 담대하게 외칩니다. "여호사밧이 서서 이르되 유다와 예루살렘 주민들아 내 말을 들을지어다. 너희는 너희 하나님 여호와를 신뢰하라. 그리하면 견고히 서리라. 그의 선지자들을 신뢰하라 그리하면 형통하리라(대하20:20)"라고 외칩니다. "하나님을 신뢰할 뿐 아니라, 선지자를 신뢰하라"는 것입니다. 이 말을 들은 온 백성들이 하나님을 신뢰하고, 하나님의 메시지를 전하는 선지자를 신뢰하며, 그 선지자를 통하여 주신 말씀을 믿음으로 받고 하나님께서 시키신 데로 순종했습니다.

셋째, 하나님을 신뢰하고 선지자를 신뢰한 결과. "너희는 너희 하나님 여호와를 신뢰하라 그리하면 견고히 서리라 그의 선지자들을 신뢰하라. 그리하면 형통하리라(대하20:20)" 유다 백성들이 하나님의 이 말씀을 순종하며 나아가자 어떤 일이 벌어졌습니까? 망했습니까? 죽었습니까? 아닙니다. 한사람도 죽지 않고 유다가 망하지도 않았습니다. 할렐루야! 본문 역대하 20장 22~23절을 보십시오. 유다 왕 여호사밧과 온 백성들이 하나님을 신뢰하고 선지자를 신뢰하여 그 말씀을 순종하고 나아갔더니 기적이 일어났습니다. 역대하 20장 22-23절에 "그 노래와 찬송이 시작될 때에 여호와께서 복병을 두어 유다를 치러 온 암몬 자손과 모압과 세일산 사람을 치게 하시므로 저희가 패하였으니 곧 암몬과 모압 자손이 일어나 세일산 거민을 쳐서 진멸하고 세일 거민을 멸한 후에는 저희가 피차에 살육하였더라." 할렐루야! 정말 하나님이 선지자를 통해 전해준 말씀하신 그대로 역사가 나타났습니다. 유다백성들은 손 하나 움직이지 않고 승리를 목격했습니다. 하나님께서 역사하시니 적들이 지들끼리 서로 싸워서 자폭하고 있는 것이었습니다.

사람들이 하나님을 믿는다고 하면서도 왜 하나님의 말씀에 순종하지 못하고 있습니까? 그것은 다른 어떠한 이유에도 불구하고 그것은 하나님을 신뢰하지 않기 때문입니다. 하나님을 신뢰한다면 그는 반드시 하나님의 말씀에 순종하게 되어 있습니다. 순종은 즉각적이야 하는 것입니다. 순종이 사는 길입니다. 하나님은 순종하는 믿음을 보고 문제를 해결하십니다. 하나님의 선하심과 옳으심을 굳게 믿으시기 바랍니다. 하나님의 말씀을 대언하는 주의 종들을 신뢰하시기 바랍니다. 하나님이 세우신 주의 종들을 통해 주시는 하나님의 말씀에 즉각적으로 순종하시기 바랍니다. 순종할 때에 기적이 일어날 줄 믿으시기 바랍니다.

필자는 교회를 개척하고 목회할 때 하나님의 음성에 순종할 때 기적 같은 역사를 일으켜 주셨습니다. 2001년도 어느 날이었습니다. 제가 이렇게 능력도 있고 열심히 해도 교회가 성장하지 않아 하루는 전도하고 돌아와 하나님에게 저 목사 못하겠다고 하소연을 하며 기도했더니 하나님이 위로를 하여 주셨습니다. 하나님 저를 아마도 잘 못 부르신 것입니다. 그리고 그때 환상 중에 만나게 한 십자가에 달린 주님도 거짓이구요, 저 지금도 건강하고 힘이 있습니다. 세상으로 내 보내 주셔서 세상일을 하면서 장로 되어 하나님 섬기게 하여 주세요. 이거 가장 체면이 무엇입니까? 전도를 아무리 해도 온다고 하기만 하고 한 명도 오지 않으니 이제 내말은 다 거짓으로 판명이 나고 있습니다. 저를 도와주세요. 어떻게 합니까? 계속 그렇게 하소연을 하다가 깊은 경지에 들어갔습니다. 그때 저는 한창 내적치유를 받으면서 깊은 기도에 이를 줄을 알았습니다. 한참 하소연을 하는데 갑자기 제 속에서 찬양이 올라오는 것입니다.

　　1절. 죄 짐 맡은 우리 구주 어찌 좋은 친군지 걱정 근심 무거운 짐 우리 주께 맡기세 주께 고함 없는 고로 복을 얻지 못하네 사람들이 어찌하여 아뢸 줄을 모를까
　　2절. 시험 걱정 모든 괴롬 없는 사람 누군가 부질없이 낙심 말고 기도드려 아뢰세 이런 진실하신 친구 찾아볼 수 있을까 우리 약함 아시오니 어찌 아니 아뢸까
　　3절. 근심 걱정 무거운 짐 아니 진 자 누군가 피난처는 우리 예수 주께 기도드리세 세상 친구멸시하고 너를 조롱하여도 예수 품에 안기어서 참된 위로 받겠네….

　　아멘 까지 불러주었습니다. 그 찬양을 들으니까 가슴이 시원하고 정말 날아갈 것 같았습니다. 그래서 이것이 찬송인가 복음송인가 하여 찾아서 자랑을 하려고 우선 찬송가부터 들고 찾았습니다. 1장부터 한 구절 한 구절 읽으면서 찾아갔습니다. 그러다 마침내 찾아냈

습니다. 찬송가 487장 죄 짐 맡은 우리 구주였습니다. 찬송을 읽어보고 부르고 읽어보고 부르니까, 결론이 내가 전부다 하려니까 힘이 드는 것이었습니다. 그래서 이제 주님에게 맡기고 열심히 전도하고 치유받고 능력받자 하나님이 나와 함께 하시면서 찬양으로 위로를 해주니 얼마나 감사한가!

그런데 한편으로는 하나님의 사랑을 깨닫게 되었습니다. 나는 하지 못한다고 때를 쓰는데 나 같으면 발길질을 하면서 너 같은 놈 없어도 내일 할 수 있다, 가라 하겠습니다만 하나님은 위로하여 주셨습니다. 정말 주님의 마음은 깊고도 넓습니다. 하지만 한편으로는 환경적으로 재정적으로 어려움은 해결되지 않았습니다. 그래도 하나님의 위로에 희망을 얻어서 성령사역을 열심히 준비했습니다. 기도를 열심히 했습니다. 어떤 성령사역을 해야 할지 알려달라고 기도한 것입니다.

성령사역을 준비하며 기도하고 있을 때 하나님이 저에게 꿈으로 말씀을 주셨습니다. 어느 날 꿈에 우리 교회에 성도들이 많이 왔습니다. 그래서 자세히 보니 전부 목사님과 사모님, 전도사님들이 주류를 이루었습니다. 그래서 우리 사모에게 꿈에 성도들이 많이 왔는데 보니 전부 목사님과 사모님, 전도사님들만 앉아 있던데 무슨 뜻인지를 잘 모르겠다고 했습니다. 저는 목회자들을 치유하라는 응답으로 받아들였습니다. 그런데 그 꿈을 꾸고 한 육 개월이 지난 다음 꿈과 같이 목사님, 사모님, 전도사님들이 저희 교회에 와서 치유와 능력을 받으려고 오셔서 은혜들을 많이 받았습니다.

이일이 이루어진 상황을 설명하면 이렇습니다. 어느 기도원에 가서 고통당하는 목사님과 사모님을 기도해드렸는데 성령의 강한 역사로 치유되는 것을 보고 하나님이 나에게 이런 상처 입은 목회자와 성도들을 치유하라고 능력을 주셨구나 하고 성령의 감동이 와서 그때부터 본격적으로 치유사역을 시작하였습니다. 그렇게 사역을 하면서 기도원에 은혜 받으러 가면 상당히 많은 목회자들이 마음의 상처와 질병으로 고생하여 한쪽에 모시고 가서 기도해드리면 모두 성령의 강한 역사에 놀라 소문이 나서 목사님 사모님들을 많이 모시고 오셨습니다. 자연스럽게 그 꿈이 이루어 진 것입니다.

제가 목회자 대상으로 영적인 사역하는 것을 꿈으로 3번을 보여 주셨습니다. 많은 사람이 모였는데 전부 목회자 3번을 보여 주셨습니다. 교회를 개조하는 꿈은 2번을 보여주셨습니다. 그리고 실제로 그렇게 역사가 나타났습니다. 보증적인 역사를 따라 오니 사역의 수명이 길어지는 것입니다. 그러나 내 생각을 가지고 다른 방향으로 전환하면 연단이 따르게 됩니다. 성령의 보증 적인 역사가 오면 무슨 일이 있더라도 일을 저질러야합니다. 혹시라도 하다가 손해를 보더라도 시행하시기 바랍니다. 사역이나 집회를 진행하다가 잘 안 되는 경우가 오더라도 하나님의 보증의 역사를 믿고 밀고 나가시기 바랍니다. 안 된다고 자포자기하면 절대로 앞으로 나가지 못하고 사역의 길이 막힐 수도 있습니다. 누가 무어라고 해도 하나님만 믿고 앞으로 나가시기 바랍니다.

주의 할 것은 해방꾼은 가까운 사람입니다. 마귀는 가까운 사람을 동원하여 방해합니다. 마귀는 우리가 하나님의 일을 하지 못하도록 기를 쓰고 방해합니다. 예수님은 마태복은 10장 36절에서 "사람의 원수가 자기 집안 식구리라"하셨습니다. 또 왕하 2장의 엘리사의 50

인의 생도들의 교훈을 들 수가 있습니다. 이때 사람의 소리에 귀기우리면 하나님과의 영의 통로가 막힙니다. 절대로 사람의 소리에 흔들리지 말고 하나님의 뜻을 따라가야 합니다. 그러면 믿음을 보시고 역사합니다.

그러므로 사역과 삶에 있어서 혼란이 올 때 보증 적인 역사를 구합시다. 연단의 연속은 과거 성령께서 많은 보증 적인 역사를 주셨는데 그것을 무시하였으며, 그리고 힘들어서 성령의 보증 적인 역사를 구하지 않았음을 알아야합니다. 이 보증 적인 역사가 자주 오면 하나님과의 관계가 좋아지는 것입니다. 이때는 음성 듣는 일에 남을 이용할 필요가 없습니다.

보증 적인 역사를 하나님의 음성 듣는 것보다 더 관심을 가져야 합니다. 하나님은 말만하시는 분이 아니십니다. 말씀하시고 환경에 나타나게 하십니다. 보증적인 역사가 기름부음을 수반합니다. 하나님이 직접 하시기 때문입니다. 저의 경우 일반적으로 하나님은 80% 이상을 보증 적인 역사로 사역을 이끌어 가시고 계십니다. 다시 말하면 하나님은 음성으로만이 아니라 보증적인 역사로 대화를 하십니다. 보증적인 역사가 나타나면 그 일을 행하세요. 즉 사역하라는 의미입니다.

그것이 하나님의 음성입니다. 시작 시점(Point)이 중요합니다. 보증 적인 역사가 오면 일을 시작하고 포기하지 마시기 바랍니다. 이것이 하나님의 감동을 쫓아서 사역을 행하는 방법입니다. 이때 체면이나 사람이나 환경을 보면 안 됩니다. 또 억지로 버티거나 준비를 이유로 시간을 끌지 마세요. 시간을 끌지 말라는 말을 나중에 체험을 해보면 자연스럽게 알게 됩니다.

4장 기도할 때 할 수 있다 지혜주시는 하나님

(수1:6-7)"강하고 담대하라. 너는 내가 그들의 조상에게 맹세하여 그들에게 주리라 한 땅을 이 백성에게 차지하게 하리라. 오직 강하고 극히 담대하여 나의 종 모세가 네게 명령한 그 율법을 다 지켜 행하고 우로나 좌로나 치우치지 말라 그리하면 어디로 가든지 형통하리니"

하나님은 하나님 안에서 담대한 사람을 통해서 기적을 행하십니다. 사람은 누구나 자신 있게 당당하게 살고 싶어 합니다. 하지만 그런 소망은 성장하면서 큰 난관에 부딪히게 됩니다. 여러 가지 이유로 자신감과 당당함은 사라집니다. 가정에서, 학교에서, 친구관계에서, 직장상사와의 관계에서 실패하고 무능력한 자신을 인식합니다. 그러면서 자신 있고 당당한 모습은 점점 사라집니다. 자신감을 얻게 하기 위해 부모들은 어린 아이들을 웅변학원에 보내기도 하고, 싸움을 잘하도록 태권도 학원에 보내기도 하고, 키가 크고 덩치가 좋아야 한다고 열심히 먹입니다. 기죽는다고 용돈을 많이 주기도 합니다. 다른 아이들에게 밀리면 안 된다고 무리를 해서라도 좋은 운동화나 좋은 옷을 입히기도 합니다. 빚을 내서라도 최고의 교육을 시키고 싶어 합니다.

그러나 아이들이 성인이 되어 세상에 나가면 자신감과 당당함이 상실됩니다. 그래서 실력이 부족하면 자신감이 상실되니까 실력을 배양합니다. 열심히 학원에도 다니고 운동도 합니다. 스피치의 화술을 훈련받기도 합니다. 미용과 성형을 통해 자신을 가꿉니다. 조금은 효과가 있는 것 같습니다. 그러나 이런 것을 했다고 해서 자신감이 생기는 것이 아닙니다. 내가 한 가지를 갖추면 더 좋은 조건을 가진 사람을 보게 되고 또 주눅이 드는 것입니다. 이유가 뭘까요? 우리 마음속에 담대함이 없기 때문입니다.

담대함은 어디서 나오는 것일까? 우리의 마음 안에 있는 성령으로 거듭난 영에서 나옵니다. 성령으로 기도할 때 담대함이 강해지는 것입니다. 담대함은 하나님의 자녀들만이 가질 수 있는 안정감입니다. 죽어도 혹은 살아도 우리를 가장 좋은 것으로 채우실 하나님을 믿는 신뢰에서 나오는 정서적 안정감만이 영의 담대함을 형성해 줄 수 있습니다. 이 영에서 발원한 담대함을 가져야 합니다. 자녀들에게 이런 담대함을 심어주어야 합니다. 사람들은 외형적인 것을 변화시켜서 영의 샘을 채우려 합니다. 마치 물이 나오지도 않는 우물에 물을 붓고, 그 물을 퍼내려고 하는 꼴입니다. 영 안에서 담대함이 나오지 않는데 아무리 외형적인 것을 바꾼다 한들 담대함이 생기겠습니까? 세상을 이기는 담대함은 우리의 마음 안에 있는 영에서 나오는 것입니다. 명품으로 자신을 치장해 보세요. 최고의 학벌을 자랑해 보세요. 세상적인 조건을 다 갖추어 보세요. 내면으로부터 진정한 당당함이 나올까요? 아닙니다. 자신 있게 당당하게 살아가려면 우리의 영에 하나님께서 주시는 담대함이 흘러넘쳐야 합니다.

첫째, 담대함은 명령이자 특권이다. 하나님께서는 우리에게 담대할 것을 명령하셨습니다. 여호수아 1장 9절에 "내가 네게 명령한 것이 아니냐, 강하고 담대하라, 두려워하지 말며 놀라지 말라 네가 어디로 가든지 네 하나님 여호와가 너와 함께 하느니라 하시니라" 이 말씀은 세상을 살아가다가 골리앗이 나타나는 난공불락의 문제가 생기더라도 하나님께서 해결할 것이니 두려워말고 하나님께 기도하라는 것입니다. 하나님과 같은 수준이 되라는 것입니다. 하나님은 우리들이 하나님과 같은 영적인 수준이 되도록 훈련하십니다. 하나님의 수준에서 골리앗과 같은 문제를 바라보라는 것입니다. 하나님의 수준으로 보면 골리앗은 하나의 미물에 불과한 것입니다. 그래서 담대함은 우리의 특권이기도 하고 의무이기도 합니다. 하나님께서는 우리가 이 험한 세상에서 담대하게 살아가기 힘든 것을 잘 아십니다. 우리가 늘 우리의 한계 속에서 살아갈 수밖에 없음을 너무 잘 아십니다. 이 세상 권세를 잡은 사단 앞에 늘 쓰러질 수밖에 없음을 잘 알고 계십니다.

갈멜산에서 450명의 바알 선지자와 450:1의 싸움을 싸웠던 엘리야도 이세벨의 말 한마디에 좌절하여 쓰러질 수밖에 없었습니다. 우리는 그런 약한 존재입니다. 그런 우리를 하나님이 잘 아십니다. 특히 현대사회는 치열한 경쟁사회입니다. 진학, 취업의 문턱 앞에서 수많은 사람들이 좌절합니다. 하나님은 세상의 불의와 수많은 유혹 앞에서 당당하게 살아가기 어려운 연약한 우리를 잘 아십니다. 그래서 담대하라! 명령하셨고 우리는 그 명령을 따라 담대함을 훈련해야 합니다.

하나님께서는 성경의 인물들에게 담대하라, 명령하셨습니다. 여호수아에게 명령하셨습니다. 여호수아 1장 6절에서 "강하고 담대하라. 너는 내가 그들의 조상에게 맹세하여 그들에게 주리라 한 땅을 이 백성에게 차지하게 하리라"

바울에게 담대하라, 명령하셨습니다. 사도행전 23장 11절에 "그 날 밤에 주께서 바울 곁에 서서 이르시되 담대하라. 네가 예루살렘에서 나의 일을 증언한 것 같이 로마에서도 증언하여야 하리라 하시니라"

하나님은 어떤 일을 하기 전에 먼저 담대하라! 명령하셨습니다. 담대한 마음을 가지고 있으면 어려운 일도 해 낼 수 있습니다. 하지만 두려워 떤다면 될 일도 안 됩니다. 육체가 되기 때문입니다. 마귀는 우리가 두려워 떨도록 상황을 조성합니다. 하나님이 우리에게 담대하라! 명령하셨다는 것은 우리가 그런 담대한 삶을 살아갈 수 있다는 것을 의미합니다. 하나님이 우리 모두가 그런 삶을 살기 원하시는 것입니다. 특별히 스스로 자신감이 없고 늘 소극적이라면 담대함을 특별히 훈련해야 합니다. 담대함을 훈련하는 방법은 성령으로 기도하는 것입니다. 특별하게 마음으로 기도하여 영을 강하게 하는 것입니다.

우리가 담대할 때 하나님께서 우리를 통하여 일을 하실 수가 있습니다. 하나님은 담대한 여호수아와 이스라엘 사람들을 통하여 철옹성과 같은 여리고성이 무너지게 하신분이라는 것을 알아야 합니다. 성경말씀을 보면 여호수아와 이스라엘 백성들이 애굽에서 나와서 가나안땅에 들어갈 때 여리고 평지에서 7일 동안 여리고성을 둘러싸고 돈 것이 기록되어 있습니다. 이것은 우리가 현실 문제를 해결할 때의 아주 적절한 예가 되는 것입니다. 여호수아가 철 옹성 같은 여리고성을 바라보며 하나님께 기도했습니다. 하나님! 여리고성을 어떻게 해야 무너질까요? "여호와께서 여호수아에게 이르시되 보라! 내가 여리고와 그 왕과 용사들을 네 손에 넘겨주었 으니, 너희 모든 군사는 그 성을 둘러 성 주위를 매일 한 번씩 돌되 엿새 동안을 그리하라. 제사장 일곱은 일곱 양각 나팔을 잡고 언약 궤 앞에서 나아갈 것이요, 일곱째 날에는 그 성을 일곱 번 돌며, 그 제사장들은 나팔을 불 것이며, 제사장들이 양각 나팔을 길게 불어 그 나팔 소리가 너희에게 들릴 때에는 백성은 다 큰 소리로 외쳐 부를 것이라, 그리하면 그 성벽이 무너져 내리리니 백성은 각기 앞 으로 올라갈지니라."(여호수아6:2-5).

하나님의 뜻을 접수한 여호수아는 그 백성들과 더불어서 하나 님의 말씀대로 순종하여 첫째 날에 한번 돌고, 둘째 날, 셋째, 넷째, 다섯째, 여섯째 날 동안 하루 한 바퀴씩 돌고, 일곱째 날은 일곱 바 퀴, 그 성을 돌고 난 다음에 일제히 고함을 칠 때, 여리고 성이 무너 져 내렸습니다. 하나님께서는 하루 만에 여리고 성을 무너뜨릴 수 가 있습니다. 그런데 하루 만에 무너뜨리지 않고 왜 7일 동안 여리 고를 돌게 하고 7일째는 일곱 바퀴 돌게 하고 여리고 성이 무너지 게 했을까요? 인간의 숫자인 육은 미완성이요. 하나 더한 칠은 완 전한 하나님의 숫자이기 때문입니다.

왜냐하면 하나님께서는 우리의 기도를 응답하시기 전에 완전한 믿음을 가지고 순종하게 하기 위함입니다. 하나님은 깨닫게 하기 위하여 우리를 체험하게 하시는 것입니다. 하나님의 말씀에 순종해야 문제가 해결이 된다는 것을 믿게 하기 위함입니다. 야고보서 1장 3절에 "너희 믿음의 시련이 인내를 만들어 내는 줄 너희가 앎이라"고 말하고 있는 것입니다. 믿음은 시련을 당해서 인내가 살아 있는 온전한 믿음이 되게 하는 것입니다. 그러기 때문에 우리가 현실 문제를 하나님의 방법으로 해결할 때 이스라엘 백성이 여리고 성을 순종하며 돌던 것처럼, 우리가 순종하는 믿음으로 하나님 앞에 나왔는지 시험해 보시는 것입니다. 또 순종하면 하나님께서 하신다는 것을 체험하게 하시는 것입니다.

이스라엘 백성이 여리고 성을 도는 장면을 우리는 상상해 볼 수가 있습니다. 아마 첫째 날 그들이 여리고 성을 돌면서 그 철벽 성을 눈으로 보았을 것입니다. 야, 이렇게 철벽 성이 무너질 수가 있는가? 그들은 진에 와서 그것을 생각하고 기도했을 것입니다. 눈에 보이는 것을 극복하지 못했더라면 이튿날 그들은 그만 낙심하고 돌지 않았을 것입니다. 그러나 그들은 진에 돌아와서 눈에 보이는 그 성벽에 대한 것을 기도하며 하나님께서 하신다는 믿음으로 불안과 공포를 극복했습니다. 이튿날 또 그들이 성을 돌 때 성에 있는 모든 여리고의 군대들과 경찰들과 그 백성들이 이스라엘 백성을 조롱하고 고함을 칩니다. 그들은 잘 먹고 잘 입고 무장을 잘 했습니다. 광야를 통해 온 이스라엘 백성들보다 훨씬 더 건강해 보이고 더 무장이 잘 돼 있고 더 튼튼해 보입니다. 그래서 그들의 조롱하는 소리와 천지를 진동하는 고함소리를 듣고 난 다음 이스라엘 백성이 진에 돌아와서 과연 저 성이 무너질 것인가? 저 성을 정복할 수 있을까? 그것을 생각하고, 또 기도하고, 하나님의 말씀을 생각하고 염려와 근심을 그들은 극복을 해야 되었습니다. 그렇지 않았다면 사흘째는 돌지 않았을 것입니다. 그러나 또 일어나서 사흘째 그 성을 도는데 가만히 보니깐 분위기가 절대로 무너질 것 같지가 않습니다.

사흘째 돌고 와서 진에 와서 그들은 또 염려합니다. 전체적인 분위기를 볼 때 무너질 아무런 징조도 보이지 않은, 그래서 그들은 또다시 거기서 염려하고 근심하며 기도해서 하나님이 하신다는 믿음이 충만해져 그 분위기를 극복한 것입니다. 나흘째 돌 때는 또 그들에게 심한 의심이 다가왔습니다. 이렇게 돈다고 성이 무너진 전에 경험이 없는데 그런 사례가 없는데 이 성이 과연 무너질까? 그래서 그들은 정신적인 그 회오리바람을 또다시 기도하고, 하나님을 믿고 나흘째 극복해야만 되는 것입니다.

그리고 난 다음 닷새째는 또 돌면서 그들은 생각하기를 우리가 믿는 하나님은 모든 것이 너무나 비이성적인 것이 아닌가, 비과학적인 것이 아니가, 어떻게 이런 튼튼한 성에 저절로 무너질 수가 있느냐, 그래서 이성적인 공격을 당하고도 그들은 그것을 또 기도하고, 하나님을 믿는 믿음을 가지고 또 극복해야만 하는 것입니다. 엿새째는 아무리해도 아무 느낌이나 징조가 없는데 이건 과연 우리가 헛수고하는 것이 아닌가, 지금까지 여섯 번째 도는 대도 아무 징조가 없지 않느냐, 이거 헛수고 아닌가, 그런 마음에 불안과 공포가 있었을 것입니다. 그들을 또다시 진에 와서 기도하고 그것을 극복해야만 되는 것입니다. 불안해하는 백성들에게 여호수아가 하나님께서 분명하게 여리고성을 무너지게 하시니 믿음을 가지고 순종하자고 담대하게 말했을 것입니다. 일주일 째 이제 도는데 그들을 끝까지 말씀을 믿어볼만한가, 정말 눈엔 아무 증거 안보이고 귀에는 아무소리 안 들리고 손에는 잡히는 것 없는데 말씀만 믿고 돌아도 될 것인가, 그러한 마음의 회오리바람을 그들은 기도와 믿음으로 극복을 해야만 했을 것입니다. 그래서 마지막 7일 날 일곱 바퀴를 돌고 난 다음, 그들은 믿음이 완성되었습니다. 모든 의심과 불안을 극복하고 이제 해냈다는 성취감으로 마음속에 깊은 평안의 믿음에 도달했을 때, 그들의 고함소리는 천지를 진동하는 고함소리가 되었고, 그 믿음의 소리에 하나님께선 말씀하셨습니다. "네 믿음대로 될지어다." 순식간에 여리고 성이 무너진 것입니다. 히브리서10장 38절에 보면 "오직 나의 의인은 믿음으로 말미암아 살리라 또한 뒤로 물러가면 내 마음이 저를 기뻐하지 아니하리라"말씀한 것입니다.

히브리서11장1절로 2절에 "믿음은 바라는 것들의 실상이요, 보지 못하는 것들의 증거라고"말한 것입니다. 이러므로 그들이 완전한 믿음에 도착할 때까지 하나님은 일주일 동안 여리고 성을 돌고, 그 모든 시련을 극복할 수 있는 그러한 시험을 해 보신 것입니다. 하나님께서 믿음을 보시고 기적을 행하신다는 것을 체험하게 하십니다. 우리가 시험에 통과되려면 이제는 믿음에 완전히 서서 눈에 아무증거 안보이고 귀에는 아무 소리 안 들리고 손엔 잡히는 것 없어도 단호히 믿고 나설 수 있는 그런 믿음의 자세까지 도달해야 되는 것입니다.

또한 우리의 기도는 왜 7일 동안이나 걸리나 하면은 마귀의 배후 세력을 완전히 묶어버려야 되는 것입니다. 마태복음 18장 18절에 "진실로 너희에게 이르노니 무엇이든지 너희가 땅에서 매면 하늘에서도 매일 것이요, 무엇이든지 땅에서 풀면 하늘에서도 풀리리라"고 말한 것입니다. 이스라엘 백성이 여리고 성을 한 바퀴 돌 때 벌써 밧줄이 여리고 성을 묶은 것입니다. 두 바퀴 돌 때 벌써 두 번째 칭칭 감는 것입니다. 세 바퀴 돌 때 세 번 믿음으로 마귀의 진을 감은 것입니다. 네 바퀴 돌 때 네 번 칭칭 감았습니다. 다섯 바퀴 돌 때 다섯 번째 감았습니다. 여섯 바퀴 돌 때 여섯 번 감았습니다. 일곱 바퀴 돌 때 일곱 번째 감으면서 일곱 번을 다시 칭칭 감는데 여리고 성에 있는 사람들을 입만 떡 벌리고 아무 것도 모르고 있었습니다. 영안이 열리지 않았기 때문입니다. 마지막 고함친 것은 칭칭 감은 그 믿음의 밧줄로 잡아당긴 것입니다.

땅에서 매면 하늘에서 매일 것이요. 땅에서 마귀를 완전히 대적해서 묶어서 고함치니 여리고 성이 무너져 버리고 마는 것입니다. 하나님의 말씀에 온전한 순종은 마귀하고 대적인 것입니다. 마귀는 끝까지 결사적으로 저항합니다. 거기에 대해서 우리는 끝까지 대적해야 됩니다. 일곱 번 도는 것은 "완전히 대적하라. 절대로 물러가지 마라. 한번 마귀하고 붙었으면 끝까지 대적하라." 그래서 완전히 마귀에게 대적하면 마귀는 마지막에 여리고 성 무너지듯이 무너져 버리고 마는 것입니다.

그뿐 아니라, 또한 우리가 일곱 번 행하는 것은 완전히 하나님께 재물이 되는 것입니다. 내 생각이 완전하게 없어진 재물을 되는 것입니다. 구약시대는 짐승을 잡아서 죽여서 피를 흘려 제사를 드렸지만은 우리들은 산 제물로 드려야 됩니다. 재물이란 죽어야 되는 것이기 때문에 자기 고집이 죽고 자기중심이 죽고, 인본주의가 죽고, 불순종이 죽고, 완전히 하나님, 그 발 앞에 내 자신을 내어놓고 온전히 순종하는 것을 말하는 것입니다. 우리가 하나님께 현실 문제를 해결 받으려면 이처럼 하나님께 자기를 드려서 완전히 순종하는 그러한 삶에 들어가야만 되는 것입니다. 그렇지 않고서 자기중심으로 서서 고집대로 자기 마음대로 살면서 하나님께 해결을 받으려고 하는 것은 잘못된 것입니다. 이러므로 살든지 죽든지 흥하든지 망하든지 성하든지 쇠하든지 주님 뜻대로 하시옵소서, 나는 주의 것입니다. 온전한 순종이 있어야만 되는 것입니다.

그렇기 때문에 일곱 번 여리고를 돈다는 것을 완전한 믿음에 도달하고 완전히 하나님께 앞에서 마귀를 대적하고 완전히 자기를 산 제물로 드릴 때까지 하나님께서 기다리시는 것입니다. 이러한 과정이 지나가면 성이 무너집니다. 문제의 성이 무너집니다. 고통의 짐이 무너지는 것입니다. 생활고가 무너지는 것입니다. 마귀의 진이 훼파되는 것입니다. 하나님의 말씀에 순종하고 맡기니 하나님께서 여리고 성을 무너뜨린 것입니다.

둘째, 담대함을 깨뜨리는 요소들. 사실 세상에서 모든 조건을 가지고 사는 사람은 없습니다. 너무나 완벽한 아름다움을 가진 사람도 없고, 완벽하게 똑똑한 사람도 없습니다. 완벽하게 갖춘 것 같은 사람들도 사실은 좌절합니다. 하나님 없이 담대할 수 있는 사람은 없습니다. 하나님께 의지하고 맡길 때 담대한 것입니다. 담대하지 못할 이유가 있습니다.

첫째로, 우리 모두는 죽음을 향해서 가고 있기 때문입니다. 우리가 지금 살아가고 있는 것은 정확히 말하면 살아가고 있는 것이 아니라 죽어가고 있는 것입니다. 점점 죽음에 가까워지고 있는 것입니다. 늘 우리는 이 죽음 앞에 두려워합니다. 시편 90편 10절에 "우리의 연수가 칠십이요 강건하면 팔십이라도 그 연수의 자랑은 수고와 슬픔뿐이요 신속히 가니 우리가 날아가나이다." 계속 늙고 쇠약해져 가는데 누가 자신 있게 당당하게 살 수 있겠습니까? 이것은 성령으로 충만하여 마음이 평안할 때 극복할 수 있습니다.

둘째로, 우리의 인생은 미래를 예측할 수 없기 때문입니다. 어떻게 보면 우리는 한치 앞도 모르는 깜깜한 터널을 통과하고 있는 것입니다. 그래서 우리는 늘 불안과 두려움을 가지고 살아갑니다. 야고보서 4장 14절에 "내일 일을 너희가 알지 못하는 도다. 너희 생명이 무엇이냐 너희는 잠깐 보이다가 없어지는 안개니라." 하루 앞도 내다 볼 수 없는 인생이 어떻게 늘 자신 있고 당당하게 살 수 있겠습니까? 내일 일도 모르는데 당당하게 산다는 것은 무모한 사람에게나 가능한 일입니다. 이는 하나님께 기도하며 하나님의 음성을 들을 때 극복할 수가 있습니다. 하나님은 기도하며 물어보는 우리에게 미래를 알려주십니다.

셋째로, 우리는 미래를 예측하지 못하지만 예측해도 대책이 없기 때문입니다. 우리에게는 충분한 능력이 없습니다. 키가 작아서 고민하는 사람들이 있습니다. 그렇다고 해서 우리가 할 수 있는 것이 없습니다. 사실 우리는 능력의 한계에 늘 부딪힙니다. 우리는 늘 근심하며 염려하며 두려움 속에서 살 수밖에 없는 존재들입니다. 하나님 없이도 당당하게 사는 사람들은 사실 담대한 것이 아니라, 뭘 몰라서 객기 부리는 만용입니다. 하나님을 믿기보다는 내 주먹을 믿는다는 식으로 사는 사람들이 있습니다. 그 객기는 오래 가지 못합니다. 금방 한계 앞에서 낙심합니다. 하나님의 음성을 듣고 순종하면 낙심에서 해방이 됩니다.

셋째, 담대함의 근원은 하나님. 진정한 담대함은 어디서 나올까요? 성령으로 기도할 때 영으로부터 올라옵니다. 하나님을 주인으로 모시면서 지속적으로 물어보며 대화하는 교제에서 옵니다. 하나님과 많은 시간을 보내고 가까워지면 특징이 있습니다. 두려움이 없어집니다. 겁이 없어집니다. 이상하게 그렇게 됩니다. 인간이 담대함을 잃어버린 것은 타락해서 하나님과 관계가 깨어졌기 때문입니다. 모든 두려움과 염려는 그 때부터 우리에게 찾아왔습니다. 왜냐하면 하나님이 없으면 우리 스스로의 힘만으로 모든 것을 해야 하기 때문입니다. 내 힘으로 모든 것을 해결해야 합니다. 하나님이 없으니까 두려움이 밀려옵니다. 그래서 하나님 대신에 돈에 집착하고 권력에 집착합니다. 그러나 그럴수록 우리의 삶은 더 엉망이 되어버립니다.

우리의 과거의 삶을 돌아봐도 알 수 있고 지금도 마찬가지입니다. 하나님 없이도 당당하게 잘 살 수 있을 것 같지만, 하나님 없이 우리 힘만 가지고 살아가려고 하면 우리 삶은 혼란에 빠지고 맙니다. 우리가 담대하게 살아가기 위해서는 하나님과 교제를 회복해야 합니다. 하나님께 기도하면서 하나님의 세미한 음성을 들어야 합니다.

감사한 것은 예수님이 십자가에 죽으심으로 누구든지 하나님께 담대하게 나아갈 수 있는 길이 열렸다는 것입니다. 히브리서 10장 19절 "그러므로 형제들아 우리가 예수의 피를 힘입어 성소에 들어갈 담력을 얻었나니" 마음 안에 임재 하여 계신 하나님께 성령으로 기도하며 나아가면 담대함이 올라옵니다. 우리는 언제든지 마음 안에 임재하신 하나님께 나아가 은혜를 구할 수 있습니다. 이것이 예수님을 믿는 자들에게 주신 영적특권입니다. 히브리서 4장 16절 "그러므로 우리는 긍휼하심을 받고 때를 따라 돕는 은혜를 얻기 위하여 은혜의 보좌 앞에 담대히 나아갈 것이니라."

하나님께서는 필자에게 담대하라고 꿈으로 말씀하여 주셨습니다. 하루는 꿈에 저가 군인들이 신는 전투화를 한 켤레는 신고 있고 한 켤레는 들고 있었습니다. 그런데 두 켤레 다 완전한 새 신발인데 발뒤꿈치가 다 찢겨져 있었습니다. 그래서 하나님에게 물었습니다. 하나님 왜 신발이 새 것인데 뒤꿈치만 상했습니까? 이왕 주시려면 깨끗한 것으로 주시지 왜 뒤꿈치가 상한 것을 주십니까? 그렇게 물었더니 야 성경을 봐라! 그래서 말씀을 생각하니 말씀이 생각났습니다. "내가 너로 여자와 원수가 되게 하고 너의 후손도 여자의 후손과 원수가 되게 하리니 여자의 후손은 네 머리를 상하게 할 것이요 너는 그의 발꿈치를 상하게 할 것이니라 하시고"(창 3:15). 그래서 아 저보고 악한 마귀들을 사정없이 밟으라는 것이구나, 악한 영이 나를 물어도 신발 뒤꿈치만 상하지 내 발은 끄떡도 안한다는 믿음과 담대함을 얻어 영적전쟁과 사역을 감당하고 있습니다. 하나님이 나에게 악한 마귀들을 사정없이 발로 밟아 쫓아내다가 신발한 켤레가 떨어져도 또 한 켤레를 주셨으니 마음 놓고 복음을 전하면서 마귀를 밟으라고 하시는 구나 믿고 열심히 사역을 감당하고 있습니다.

필자가 하나님께서 꿈으로 보내주신 계시를 잘못 해석하여 두려움에 싸여있던 시절이 있었습니다. 제 기억으로 2001년 3월경으로 생각이 됩니다. 꿈에 보니 하얀 옷을 입은 사람들이 우리 교회에 와서 교회의 장의자를 비롯한 집기류를 다 내놓고 청소도 하고 도색을 다시 하는 꿈을 꾸었습니다. 두 번을 연달아 같은 꿈을 꾸었습니다. 그래서 저는 그때 아주 교회가 재정적으로 어려울 때라 혹시 우리 교회가 망하여 다른 교회가 들어와 교회를 수리하는 것이 아닌 가 은근히 걱정이 되었습니다. 그런데 얼마 있지 않아서 치유사역으로 전환하게 되어 장의자를 빼내고 접의자로 바꾸었습니다. 그리고 앰프도 바꾸고 에어컨도 바꾸고 바닥도 카펫으로 깔았습니다. 다 치유 받으러 오신 분들이 은혜 받고 헌금하여 중고품 장의자 바꾸고 싸구려 앰프를 최고급으로 바꾸어주고, 중고 에어컨 바꾸어 주고 바닥에 앉아서 치유 받으라고 카펫을 깔아 준 것입니다. 이와 같이 두려움에 싸이면 합력하여 선을 이루시려는 하나님의 계시도 잘못이해하고 두려워할 수가 있습니다. 그러므로 하나님은 우리를 잘되게 하시는 하나님이라고 믿고 강하고 담대해야 합니다.

5장 절망 중에 기도할 때 응답주시는 하나님

(왕상 19:3-8)"그가 이 형편을 보고 일어나 자기의 생명을 위해 도망하여 유다에 속한 브엘세바에 이르러 자기의 사환을 그 곳에 머물게 하고, 자기 자신은 광야로 들어가 하룻길쯤 가서 한 로뎀 나무 아래에 앉아서 자기가 죽기를 원하여 이르되 여호와여 넉넉하오니 지금 내 생명을 거두시옵소서 나는 내 조상들보다 낫지 못하니이다 하고, 로뎀 나무 아래에 누워 자더니 천사가 그를 어루만지며 그에게 이르되 일어나서 먹으라 하는지라. 본즉 머리맡에 숯불에 구운 떡과 한 병 물이 있더라 이에 먹고 마시고 다시 누웠더니, 여호와의 천사가 또 다시 와서 어루만지며 이르되 일어나 먹으라 네가 갈 길을 다 가지 못할까 하노라 하는지라. 이에 일어나 먹고 마시고 그 음식물의 힘을 의지하여 사십 주 사십 야를 가서 하나님의 산 호렙에 이르니라."

예수님을 주인으로 보시고 세상을 살아가는 성도들의 문제는 하나님이 해결하십니다. 심리학에서 불안, 걱정, 두려움, 공포를 구분합니다. 불안이란 구체적인 위험이 다가올 것 같은 생각입니다. 예를 들면 내가 탄 엘리베이터가 고장이 나서 갇혀 있다가 20미터 아래로 추락할 것 같은 생각을 합니다. 걱정이란 어떤 일이 벌어질지 상상하고 시뮬레이션 하는 과정입니다. 두려움이란 이런 걱정이 현실로 이루어졌을 때 느끼는 감정입니다. 정말 내가 이런 난처한 일이 상상이 아니라 현실이라고 생각하는 것이 두려움입니다. 공포란 두려움의 크기입니다. 이 두려움이 죽고 사는 일과 관련될 때 느끼는 감정입니다.

본문을 보면 엘리야는 불안과, 걱정, 두려움, 죽음의 공포에 사로 잡혀 북쪽 갈멜산에서 남쪽 끝인 브엘세바까지 도망갑니다. 왜 엘리야는 걸음아 나 살려라 도망갔습니까? 엘리야답지 않은 모습입니다. 엘리야는 어떤 사람입니까? 아합이 다스리던 시대의 선지자입니다. 당시 왕인 아합은 이방 시돈 왕의 딸인 이세벨과 결혼을 했습니다. 이세벨은 악한 여자였습니다. 아합은 이세벨을 따라 우상을 섬겼습니다. 왕과 백성들은 하나님을 버리고 바알과 아세라를 섬겼습니다. 하나님은 북 이스라엘을 심판했습니다. 엘리야를 통해 수년간 가뭄이 있을 것이라고 선언했고, 가뭄은 3년 동안 계속되었습니다.

하나님은 엘리야를 보내 이스라엘의 영적 회복을 원했습니다. 엘리야는 아합을 만나 여호와가 진짜 신인지, 바알과 아세라가 진짜 신인지 결판을 내자고 했습니다. 방법은 제단을 쌓고 드린 제물에 불로서 응답하는 신이 진짜 신이라고 했습니다. 바알 선지자들은 자신들의 몸까지 피를 내며 바알을 불렀지만 아무 소용이 없었습니다.

엘리야는 오히려 제단에 있는 제물에 물을 붓고, 여호와가 참된 신임을 보여 달라고 기도했습니다. 그러자 불은 임했고, 여호와가 참 신이심을 보여주었습니다. 백성들은 불이 제단에 임함을 보고 엎드려 말합니다. "여호와 그는 하나님시로다. 여호와 그는 하나님이시로다" 엘리야는 백성들에게 바알 선지자 450명을 잡으라고 했고, 그들을 잡아 기손 시내로 끌고 가서 그들을 죽였습니다. 그리고 엘리야가 비가 오기를 기도하자 하늘이 열려서 비를 주었습니다. 3

년 가뭄이 끝났습니다.

아합은 이 모든 사실을 부인 이세벨에게 보고했습니다. 그러나 이세벨은 엘리야에게 사신을 보내, "내가 내일 이맘때에는 반드시 네 생명을 죽이겠다. 그렇지 않으면 신들이 내게 벌 위에 벌을 내림이 마땅하다"고 했습니다. 이 말을 들은 엘리야가 무슨 일인지 죽음에 공포에 사로잡혀 브엘세바까지 도망간 것입니다. 북쪽 이스라엘에서 남쪽 유다 끝인 브엘세바까지 도망간 것은 이세벨의 칼에서 살기 위한 자구책이었습니다.

그리고 자기의 사환들을 남겨둔 채, 자기 혼자 광야 길에 들어섰습니다. 혼자서 광야 길에 들어 간 것은 아마도 이세벨이 더 이상 찾지 못하는 더 깊고 은밀한 피난처를 찾거나, 현재 자신의 모습을 비관하면서 하나님을 만날 필요를 느꼈기 때문인 것 같습니다. 그리고 한 로뎀 나무 아래에 앉아서 죽기를 원했습니다. "여호와여 넉넉하오니 지금 내 생명을 거두시옵소서 나는 내 조상들보다 낫지 못하나이다" 하고 로뎀 나무 아래서 잤습니다. 왜 엘리야는 로뎀 나무 아래서 죽기를 간구했습니까? 3절을 보면 "그가 이 형편을 보고 일어나 자기의 생명을 위해 도망갔다"고 했습니다. 형편을 보았다는 것은 하나님을 바라보지 않고 현실만 바라보았다는 말입니다. 현실만 바라본 결과 어떻게 되었습니까? 비겁해졌습니다. 도망자가 되었습니다. 영웅적인 신앙의 모습은 사라지고 너무나 비겁한 모습으로 죽기를 간구하는 사람이 되었습니다.

이렇게 무기력한 상태를 심리학에서는 번 아웃이라고 말합니다. 번 아웃은 타버리다. 소진하다는 뜻입니다. 다른 말로는 탈진이라고 합니다. 번 아웃은 한 가지 일에 몰두하던 사람이 갑자기 모든 에너지를 소진되면서 극도의 무기력증에 빠지는 현상입니다. 많은 시간과 노력을 들여 몰두했는데 기대한 보상을 얻지 못하고 좌절감을 느끼는 경우입니다. 지금 엘리야의 경우가 그렇습니다. 우상숭배에 빠진 이스라엘을 구원하기 위해 자기 나름대로 최선을 다했는데, 아합 왕에게 충성을 다했는데 돌아오는 것은 싸늘한 이세벨의 선전포고였으니 그 좌절감은 큰 것입니다. 그래서 광야 길에 들어가 로뎀 나무 아래서 죽기를 간구하는 것입니다. 신앙의 번 아웃은 언제 경험합니까? 현실이라는 벽이 커 보일 때, 불안과 두려움을 경험할 때 번 아웃을 경험합니다. 내 앞에 다가온 현실이 단순한 불안과 걱정을 넘어서 죽음의 공포로 다가온 순간 탈진합니다. 자신도 모르게 '더 이상 소용없다', '다 끝났다'라고 소리칩니다.

요즘 젊은 사람들은 삼포로 간다고 합니다. 삼포란 세 가지 포기를 말합니다. 연예, 결혼, 출산, 오포란, 앞에 세 가지와 함께 내집마련, 인간관계, 칠포란 꿈, 희망 직업을 포기합니다. 삼포, 오포, 칠포는 현실의 장벽이 얼마나 큰 가를 잘 말해줍니다. 이런 탈진을 극복하는 길은 무엇입니까? 하나님을 만나길 뿐입니다. 엘리야가 광야 길을 선택한 것처럼 우리도 광야로 나가 하나님 앞에서 자신의 현실을 고백하고, 그 해답을 찾아야 합니다. 문제는 현실을 피하고, 도망만 간다고 해결되지 않습니다. 세상에서 그 해답을 찾을 수 없다면, 하나님을 만나야 합니다.

그러기 위해서는 엘리야처럼 광야로 나가야 합니다. 우리에게 있어서 광야란 어떤 곳입니까? 기도와 말씀의 골방입니다. 기도를 통해 하나님을 만나야 합니다. 말씀을 통해 하나님을 만나야 합니다. 인생 문제의 해답은 언제나 하나님께 있습니다. 엘리야는 순간 하나님을 잃어버렸습니다. 자신만 보였습니다. 이세벨의 말만 들렸습니다. 하나님이 아니라 사람, 환경, 현실만 보일 때 우리는 좌절할 수밖에 없습니다. 탈진하게 됩니다. 탈진 가운데 엘리야의 선택은 하나님이었습니다. "여호와의 내가 할 일은 다 했습니다. 이것으로 충분합니다. 지금 내 생명을 거두어 가십시오." 하나님을 찾고 찾아 나아가면 하나님이 만나주십니다.

엘리야처럼 인간의 한계를 경험해 보아야 합니다. 더 이상 내 힘으로는 아무것도 할 수 없다는 사실을 깨달을 때 하나님을 만나게 됩니다. 세상이 주는 행복, 즐거움이란 한낱 신기루에 불과하다는 사실을 깨달을 때 하나님 앞으로 한 걸음 더 나아가게 됩니다. 사마리아 여자처럼 남편 다섯을 바꾸고도, 현재 있는 남편에게도 만족을 얻을 수 없음을 깨달았을 때에 그리스도를 만나게 됩니다.

하나님은 어떻게 탈진한 엘리야를 회복시켜 주셨습니까? 육신의 필요와 영적인 필요를 공급했습니다. 육신의 필요는 잠, 음식, 터치였습니다. 엘리야는 잠을 잤습니다. 잠은 축복입니다. 하나님은 사랑하는 자에게 잠을 주신다고 했습니다. 그리고 음식을 제공했습니다. 자고 나니 머리맡에 숯불에 구운 떡과 한 병의 물을 제공했습니다. 부활하신 예수님도 디베랴 바닷가에서 고기 잡는 일곱 제자들을 위해서 숯불에 생선과 떡을 구워놓고 그들을 먹이셨습니다.

엘리야는 다시 잤습니다. 여호와의 천사가 다시 와서 어루만지시면서 일어나 먹으라고 했습니다. 주님의 만져주심이 경험하시길 바랍니다. 요한복음 9장에 보면 날 때부터 시각 장애인 된 사람을 고치실 때 그의 눈에 흙을 발라 실로암 못에 가서 씻으라고 했습니다. 왜 예수님은 그의 눈에 아무것도 바르지 않고 실로암 못에 가서 눈을 씻으라고 해도 나을 텐데 왜 진흙을 발라주셨습니까? 터치입니다. 터치를 통해 우리의 몸과 영혼을 치유합니다. 그리고 호렙산으로 인도해서 "엘리야야 네가 어찌하여 여기 있느냐" 낙심에 빠진 엘리야를 위로하면서 새로운 사명을 주셨습니다. 사명을 주심으로 영혼을 회복시켰습니다. 할 일이 생겼을 때에 내일을 바라봅니다. 미래에 대한 소망을 가집니다. 현실의 좌절을 극복하는 가장 뛰어난 최선책은 사명입니다.

오뚜기는 넘어져도 계속해서 일어납니다. 오뚜기는 항상 일어나도록 만들었습니다. 왜냐하면 위에는 가볍고 밑에는 무겁기 때문입니다. 현실이 아무리 위협적이라고 해도 완전히 넘어지지 않은 것은 우리의 생각과 믿음을 하나님께 두기 때문입니다. 하나님을 향한 믿음의 무게가 있을수록 절대로 넘어질 수 없습니다.

고린도후서 11장을 보면 바울의 자서전적인 신앙 고백이 나옵니다. 바울은 자신이 복음을 전하다가 당한 수 많은 위험과 고통스러운 일에 대해서 기록했습니다. "내가 그리스도의 일꾼으로 수고를 넘치도록 했고, 옥에 갇히기도 많이 했고, 수없이 맞고 여러번 죽을 뻔했고, 유대인에게 사십에 감한 매를 다섯 번 맞고, 세 번 태장으로 맞고, 돌로 맞고 세 번 파선했고 강의 위험, 강도의 위험, 동족의 위험, 주리고 목마르고 굶고 헐벗었다고 했습니다. 바울은 이런 고통 가운데에서도 번 아웃, 탈진하지 비결에 대해서 내가 부득불 자랑한진대 내가 약한 것을 자랑하리라"고 했습니다.

자신에게 육체의 가시, 사단의 사자가 있어서 이것이 자신에게서 떠나기를 세 번 간구했지만 하나님의 응답은 "내 은혜가 내게 족하도다 이는 내 능력이 약한 데서 온전하여 짐이라"에 바울은 도리어 크게 기뻐하면서 "나의 약한 것들에 대해서 자랑하리니 이는 그리스도의 능력이 내게 머물게 하려 함이라"고 했습니다.

부활하신 예수님은 두려워하는 제자들에게 나타나셔서 "너희에게 평강이 있을지어다"라고 하자, 제자들은 기뻐했다고 했습니다. 살면서 경험하는 불안, 걱정, 두려움, 공포가 아무리 스나미처럼 몰려온다고 해도 부활하신 주님을 만나면 이 모든 어두움의 세력은 한 순간에 우리 곁에서 완전히 사라질 것입니다.

눈에 보이는 현실, 현상에만 집착한다면 우리는 곧 불안과 걱정, 두려움, 공포에 사로잡히게 될 것입니다. 주님을 바라보시기 바랍니다. 시편 42편 11절을 보면 "내 영혼아 네가 어찌하여 낙심하며 어찌하여 네 속에서 불안해하는가 너는 하나님께 소망을 두라 나는 그가 나타나 도우심으로 말미암아 내 하나님을 여전히 찬송하리로다"라고 했습니다.

탈진하기 쉬운 때입니다. 어떤 고난이 앞을 막아도 우리에게는 주님이 계십니다. 탈진하지 마시고 하나님과 교통하시기를 바랍니다. 주님이 주시는 성령과 말씀으로 충만하여 날마다 승리하며 사시기를 바랍니다.

지금 절망 중에 있습니까? 하나님을 찾고 찾아서 하나님의 도움을 받으시기를 바랍니다. 하나님의 음성을 듣는 훈련을 하는 것은 절망 중에도 낙심하지 않고 하나님을 찾아 승리하게 위하여 하나님의 음성 듣는 훈련을 하는 것을 알고 있습니다. 절망에 처하여 낙심하지 말고 엘리사 시절의 선지생도의 부인처럼 하나님을 찾고 찾아서 만나시기를 바랍니다.

열왕기하 4장 1절로 7절에 기록된 사건입니다. 엘리사 선지자가 선지 학교를 경영하고 있었는데 그 학생 중에 한 사람이 죽었습니다. 그러자 그 학생의 아내와 두 아들이 채주에게 빚을 갚지 못함으로 그 채주가 그 아들 둘을 잡아서 팔려고 했었습니다. 과부가 하나님의 사람인 엘리사 선지자에게 와서 눈물로 호소했었습니다. "우리 남편이 살아있을 때에 여호와를 잘 섬겼는데 세상을 뜨고 난 다음 이제 채주가 와서 아이 둘을 잡아다가 종으로 팔려고 하는데 어떻게 해서든 나를 도와주시옵소서." 그때에 엘리사가 물었습니다. "너희 집에 무엇이 있는지 내게 고하라." 우리 집에는 기름 한 병 밖에는 아무 것도 없습니다. 그러면 가서 "온 이웃의 그릇을 구하되 많이 구하라. 그리고 문을 닫고 그 그릇에 기름을 부어 넣어라." 그 과부가 집에 가서 엘리사의 말대로 자기 아이들과 함께 그릇을 잔뜩 빌려서 집에 갔다가 놓고 문을 닫고 기름병으로 부으니 그릇에 기름이 가득 가득해집니다. 또 옮겨 놓고 또 붓고, 또 옮겨 놓고 또 붓고, 마지막으로 얘야 그릇 가져와라. 어머니 이제 그릇이 없습니다. 그릇이 없다고 하자 기름이 그치고 말았습니다. 그래서 그 기름을 팔아 빚을 갚고 나머지로써 그들이 생활할 수가 있었다는 것입니다.

이 이야기를 통해서 우리가 깨달아 알아야 할 것은 하나님께서는 우리의 현실 문제의 해답이 되신다는 것을 알아야 되는 것입니다. 어떤 사람들은 말하기를 하나님은 우리의 물질적인 현실 생활에 관하여는 무관심하시다고 가르칩니다. 그것은 크게 잘못된 것입니다. 왜냐하면 현재 우리가 살고 있는 이 물질적인 우주와 만물은 하나님이 직접 지으셨습니다. 하나님은 자녀들의 현실문제의 해답이 되십니다. 그러면 우리가 오늘 물질적으로 경제적으로 고통과 좌절과 절망에 처했을 때에 어떻게 해야 될 것입니까? 이것은 우리 하나님을 먼저 찾아야만 되는 것입니다. 하나님만이 현실문제의 해결자이시니 다른 데 가서 방황하지 말고 하나님을 찾아야만 합니다. 하나님께 어떻게 해야 하는지 질문해야 합니다.

이와 같이 우리가 경제적으로 물질적으로 궁핍할 때에는 하나님께 나와서 부르짖어 기도하면 하나님께서 문제를 해결할 비밀을 알려주십니다. 알려주신 비밀대로 순종하면 문제가 기적같이 해결이 되는 것입니다. 우리가 현실문제로 곤고하고 어려울 때에 하나님을 찾아야 되는 것입니다. 하나님께 부르짖어야 됩니다. "주여! 이 어려움에서 건져 주소서"라고 외쳐야 되는 것입니다. 하나님이 능치 못할 일이 어디에 있습니까? 하나님은 죽은 자를 살리시며 없는 것을 있게 만드신 하나님이신 것입니다.

우리가 어려움을 처할 때에 하나님의 음성에 귀를 기울여야 되는 것입니다. 하나님께서 우리에게 묻는 것은 네 집에 무엇이 있는지 내게 고하라고 주님께서 물으시는 것입니다. "너희 집에 무엇이 있는 가 그것을 내게 고하라" 하나님의 도우심은 내게 없는 것을 다른 곳에서 빌려 와서 도우심이 아닌 것입니다.

하나님이 우리에게 묻는 것은 네 집에 무엇이 있는지 말씀했지? 얼마나 많은 것을 다른 사람에게 빌려 왔느냐? 그것에 복을 주겠다. 그렇게 말씀하지 않았습니다. 많든 적든 자신에게 있는 것으로 복을 주시겠다고 말씀한 것입니다. 선지자의 생도의 과부도 집에 있는 기름 한 병으로 하나님께서 복을 주셨습니다. "그 과부에게 가서 돈을 많이 빌려라. 이웃에 빚을 많이 내어서 살아라." 그렇게 말하지 않았습니다. "네 집에 무엇이 있는 것을 고하라." 기름 한 병이 있습니다. 그것으로 주님이 축복해 주셔서 빚을 다 갚고 먹고 살게 해 주셨습니다. 항상 문제가 있는 곳에 하나님의 해결방법도 있습니다.

꿈이 있어야 합니다. 선지자의 생도의 과부가 엘리사의 말을 순수하게 믿고 이웃으로부터 그릇을 많이 빌렸습니다. 그 많은 그릇에 기름이 가득 찰 것을 꿈꾸었습니다. 조그마한 그릇에 기름 한 병밖에 없는데 선지자 엘리사가 빈 그릇을 많이 빌려 와서 그곳에 기름을 부으라고 했습니다. 웃기는 소리 아닙니까? 그 많은 대야, 큰 독 빌려 와서 조그마한 병의 기름으로 기름 붓는다고 거기에 기름이 가득 찰 턱이 있습니까? 그런데도 불구하고 성도의 과부는 엘리사의 말을 듣고 믿고 그대로 되는 꿈을 가졌습니다. 부푼 꿈을 가졌습니다. 그래서 실천한 결과로 기름을 가득히 얻어서 빚을 갚고 살아갈 수가 있었습니다.

우리는 현재 있는 문제를 가지고 절망해서는 안 됩니다. 우리에게 아무 것도 없고 채무가 많다고 이젠 죽었다고 생각하면 안 됩니다. 우리에게 무엇이 있는가를 알아야 합니다. 우리에게는 하나님이 계신 것입니다. 물질이 있는 것이 아니라, 하나님이 계십니다. 하나님이 계시면 우리가 하나님께 기도하여 하나님 말씀을 따라 순종할 때에 현실문제는 기적같이 해결이 되는 것입니다. 현실 문제는 자신의 문제가 아니라, 하나님의 문제라는 믿음 또한 중요합니다.

하나님께서는 현실 문제를 통하여 성도들을 온전하게 순종하는 믿음의 사람으로 만들어 가십니다. 하나님께서 크리스천들을 통하여 이 땅에 하나님의 나라를 건설해야 하기 때문입니다. 하나님의 말씀을 듣고 온전하게 순종할 때 이 땅의 마귀 귀신이 물러가기 때문입니다. 인간적인 요소가 조금이라고 섞이면 온전한 하나님의 역사가 일어나지 않아 하나님의 뜻을 수행할 수가 없습니다. 그래서 성도들을 온전하게 순종하는 훈련을 시키시는 것입니다. 의지하는 것은 하나님의 뜻에 온전하게 순종하는 것이요, 맡기는 것은 하나님께서 기적적으로 문제를 해결하시는 것입니다. 하나님은 절대로 성도들이 자신의 생각대로 행동하지 못하게 하십니다.

필자가 교회를 개척하고 영성을 개발하라는 하나님의 음성을 듣고 어떤 영성원에 다니게 되었습니다. 목요일 날 계속 다니다가 그곳에서 11월 마지막 주에 3박 4일 집회가 있다고 해서 그곳에 가서 3박 4일 집회를 참석했습니다. 참석해서 목사님 강의를 들으니까, 제가 지금까지 마귀 귀신 짓을 한 것이 보이기 시작했습니다. 그래서 회개도 많이 했습니다. 그때 저는 신유은사가 강하게 나타날 때라 거기오신 목사님들의 질병안수도 해드렸습니다. 허리가 아파서 몇 달 고생을 하시다가 오신 목사님이 저의 예수 이름으로 기도한 기도에 깨끗하게 치유가 되었습니다. 소문이 나자 이 목사님 저 목사님이 기도를 해달라고 해서 기도를 해드렸습니다. 그리고 수요일 날이 되었습니다. 이날은 상담과 예언기도를 받는 날입니다. 목사님은 상담하시면서 은사를 알려주시고, 목사님 장녀인 젊은 사모님은 예언을 해주었습니다.

먼저 목사님에게 들어갔더니 저보고 방언기도를 해보라고 하시더니 제 어깨에 손을 얹으시더니 이렇게 말씀을 하시는 것입니다. 목사님 목사님은 말만 선포하면 이루어지는 권능을 받았습니다. 그런데 성령께서 지금 슬퍼하십니다. 예…. 성령께서 성령의 감동에 순종하지 않는다고 한번만 더 감동에 순종하지 않으면 떠나신다고 하십니다. 성령의 감동에 순종하세요. 몇 번 불순종을 하셨습니다. 성령께만 순종하면 성령께서 역사를 일으키며 아주 크게 사용하신답니다. 그러고는 되었다고 나가라고 해서 나왔습니다. 그러자 갑자기 이 말씀이 생각났습니다. "이와 같이 성령도 우리 연약함을 도우시나니 우리가 마땅히 빌바를 알지 못하나 오직 성령이 말할 수 없는 탄식으로 우리를 위하여 친히 간구하시느니라"(롬8:26). 내가 성령의 감동에 순종을 하지 않았다니 이게 무슨 소리야 하고 곰곰이 생각을 해보니까, 생각이 났습니다. 우리 성도 몇 명 되지 않은데 저보고 부흥회를 인도하라는 것을 두 번 거역을 했습니다. 왜냐고요 부흥회 한다고 해봤자 한 두 명 올 것이 뻔 한 일인데 그래도 내가 누구인데 두명 놓고 부흥회를 한단 말인가 하고 하지 않았습니다. 제가 부교역자 시절에도 부흥집회를 잘 인도 했습니다. 성도들이 막 울고 하면서 은혜들을 받았다고 했습니다. 그래서 성령의 감동에 불순종한 사실을 인정하고 앞으로 철저하게 순종하겠습니다. 하고 회개를 했습니다.

이제 젊은 사모님에게 들어갈 순서가 되어 사모님에게 갔습니다. 사모님 역시 저보고 방언기도를 해보라고 하더니 함께 기도하며 방언을 하다가 되었습니다. 하시더니 목사님 정말 열심히 하십니다. 예! 아주 열심히 합니다. 목사 되고 처음 열심히 한다는 말을 들으니까 기분이 좋았습니다. 그러더니 하는 말이 목사님은 고기를 잡으러 다니는 것이 아니고 뒤에서 고기를 쫓고 다니십니다. 예 그것이 무슨 이야기 입니까? 한 참 한심하다는 눈초리로 제 얼굴을 보더니만, 이렇게 말하는 것이었습니다. 지금 생각하니 그때 저는 목사는 되었지만 정말로 영적인 무지한이 따로 없었습니다. 그 목사를 하나님이 영성을 알게 하시여 십 수 년 동안 연단하시면서 훈련하시어 지금의 수준으로 올려놓으신 하나님께 영광을 돌립니다.

사모님이 하시는 말이 누가복음 5장에 보면 예수님이 베드로를 부르신 장면이 있지요, 그때 베드로가 저녁내 동안 고기를 잡았지만 고기를 잡았습니까? 예 한 마리도 못 잡았지요, 목사님도 마찬가지입니다. 목사님의 인간적인 수단과 방법을 동원하여 열심히 고기를 잡으러 다녔지만 거의 허탕을 치셨습니다. 이제 베드로 같이 기도하여 주님의 음성을 듣고 고기를 앞에서 막아서 잡아보세요. 그래서 아 하나님의 음성을 들어야 되고 성령의 인도에 순종해야 하는구나 하고 그때부터 무조건 기도하다가 감동이 오면 병원에도 가서 전도하고 아파트도 가서 전도하였습니다. 그 집회에 참석한 후 성령의 인도의 중요성을 알고 성령의 인도를 받는 사람이 되려고 노력하였습니다. 베드로가 밤이 새도록 고기를 잡으려고 했지만 고기를 잡지 못했으나 예수님의 말씀에 의지하여 그물을 던져서 그물이 찢어지게 잡지 않았습니까?(누가복음5:1-8). 성령의 인도를 받는 목사가 되겠다고 다짐을 하고 순종했습니다.

차츰 영성에 눈을 뜨기 시작했습니다. 그곳에서 영성에 대하여 조금 눈을 뜨니 책들도 사서 읽게 되었습니다. 그리고 신유에 대하여 관심도 많이 가지게 되었습니다. 그래서 병원전도를 열심히 하였다. 일주일에 5일 아침 10시부터 오후 4시 반까지 약 3년간 다녔습니다. 이즈음에 새벽기도를 하는데 성도들이 한명도 오지를 않았습니다. 그래서 하나님 성도들 좀 보내주세요 하고 항변을 하다가 깜박 졸았습니다. 그런데 꿈속에서 교회를 보니까 성도들이 많이 와서 예배를 드리려고 기다리고 있지를 않습니까, 그래서 놀라가지고 예배를 드리려고 성경을 찾으니까 강대상 위에 성경이 한 권도 없었습니다. 당시 강대상에는 성경이 세권이 있었는데 한 권도 보이지를 않았습니다. 다급해져서 이곳저곳을 다 찾아봤으니 종이쪽지만 나오고 성경이 없었습니다. 꿈을 깨고 난 다음에 저는 정신이 번쩍 들었습니다. 하나님이 성도들을 보내려고 해도 자네가 말씀이 없으니 어떻게 보내 냐는 하나님의 응답입니다. 그래서 그때부터 성경을 읽기를 시작했고 말씀세미나도 참석하고 세미나 교재도 만들고 하여 말씀을 찾아 준비하기 시작하였습니다. 지금 생각하면 그때 그렇게 나의 상태를 보여주지 않았더라면 나는 착각을 하고 목회를 했을 것입니다. 왜냐하면 부교역자도 3년이나 하면서 대심방도 다녔습니다. 그때마다 성도들이 말씀에 은혜를 받았습니다. 성령님은 저의 영적인 상태를 친히 보여주셔서 깨닫게 하신 것입니다. 그래서 지금 여기까지 이른 것입니다.

2부 기도할 때 음성으로 응답하시는 하나님

6장 지금도 대화하며 응답하시는 하나님

(시81:8)"내 백성이여 들으라. 내가 네게 증언하리라. 이스라
엘이여 내게 듣기를 원하노라"

하나님께서 사람을 창조하신 목적이 대화하며 청지기로서 누리
게 하시기 위해서입니다. 하나님은 모든 크리스천들이 하나님과
대화하며 응답을 받고 순종하기를 원하십니다. 크리스천은 목자의
음성을 듣고 따르는 양입니다. 그러므로 모든 참된 크리스천은 당
연히 주님의 음성을 듣습니다. 듣고는 싶은데 듣지 못해 안타까워
하는 사람들이 생각보다 많습니다. "남 못지않게 봉사도 하고 기도
도 하고 믿음도 지킨다고 생각하는데 왜 나는 하나님의 음성을 듣
지 못하는 것일까?" 사실 하나님은 우리가 하나님의 음성을 듣기
를 원하는 것보다 더 우리와 대화하기를 원하십니다.

그럼에도 불구하고 왜 아직도 우리 중에 많은 그리스도인들이
하나님의 음성을 듣지 못할까요? 우리는 지나치게 우리 문제에 치
중하다 보니 우리와 대화하기를 원하시는 하나님을 무시했다고 할
수 있습니다. 우리가 말로는 '기도는 하나님과의 대화'라고 하지만
실제로는 하나님과 대화하는 기도를 배우지도 않았고 하지도 않기
때문에 우리가 하나님의 음성을 잘 듣지 못합니다.

하나님과 대화하는 기도란 어떤 기도인가? 우리의 자녀들이 멀리 떨어져 생활할 때, 가끔 전화하는 태도 때문에 부모로서 실망할 때가 더러 있습니다. 그들은 주로 돈이나 음식이 떨어졌거나 문제가 있을 때 전화합니다. "엄마, 아빠, 난 돈이 필요해요, 반찬이 필요해요"라고 말한 후 부모가 그들의 근황에 대해 이것저것 물어보면서 대화하기를 원하면 "전, 바빠요. 이제 전화 끊어요"라면서 수화기를 놓아 버립니다. 이것을 대화라고 할 수 있을까요? 이것은 일방적인 의사 표시이지 진정한 대화라고 할 수 없지요.

우리 대부분이 하나님께 이렇게 기도합니다. 우리는 우리가 필요한 기도 제목을 잔뜩 만들어서 하나님 앞에 나가서는 "하나님! 저는 이것이 필요합니다. 저것도 필요합니다. 하나님 아시겠죠? 빨리 결재해 주십시오"라고 일방적으로 요구를 쏟아 놓은 후 "하나님 그럼 전 바빠서 갑니다"하면서 하나님의 전을 떠나 버립니다.

성령님은 "나의 자녀들이 너무나 바빠서 나와 대화할 시간이 없어서 내가 외롭다"고 말씀하십니다. "스스로 존재하시고 사랑이시고 무한 광대하신 하나님이 외로워하시다니?" 우리의 조그만 생각으로는 도저히 이해가 되지 않는 말씀입니다. 그러나 하나님은 자녀인 우리와 이처럼 교제를 나누기를 원하신다는 것입니다.

성경을 살펴보면 하나님은 창세기로부터 계시록까지 그분의 자녀들에게 말씀하셨음을 다시 한 번 확인할 수 있습니다. 그렇다면 우리 그리스도인들도 하나님의 자녀이므로 하나님의 음성을 들을 권리가 있고 자격이 있는 것입니다.

"그들이 여호와 하나님의 음성을 듣고"(창 3:8). "여호와께서 아브람에게 이르시되"(창 12:1). "여호와의 말씀이 에스겔에게 특별히 임하고"(겔 1:3). "주의 날에 내가 성령에 감동하여 내 뒤에서 나는 나팔 소리 같은 큰 음성을 들으니"(계 1:10). 우리 그리스도인들은 주님을 위해 무엇인가를 해야 된다는 생각을 가지고, 열심히 봉사하고 헌신하고 철야기도를 하고 애를 씁니다. 부모님이 맛있는 음식을 차려 놓고 "이리 와서 함께 식사하며 즐거운 대화를 나누자"고 하는 데, 부모를 기쁘시게 하기 위해서 아버지 구두만 닦고 있는 어린아이를 보면 얼마나 안타깝습니까? 내가 생각할 때 이것이 주님이 원하시는 일이라는 것이 아니라, 진짜로 주님이 원하시는 것이 무엇인지를 깨달아야 합니다.

그리고 무언가를 해야만 주님을 기쁘시게 할 수 있다는 생각이야말로 자녀가 아닌 종의 근성이며, 은혜의 복음이 아니라, 행위의 복음에 바탕을 둔 생각일 뿐입니다. 예수님이 제자들을 부르신 제일의 목적은 무엇입니까? 사역일까요? 아닙니다. 먼저 같이 있게 하기 위해 부르셨고 그 다음이 사역입니다. "이에 열둘을 세우셨으니 이는 [자기와 함께 있게 하시고] 또 보내사 전도도 하며 귀신을 내어쫓는 권세도 있게 하려 하심이러라"(막 3:14-15). 예수님은 사역 이전에 우리와 친밀한 교제를 가지기를 원하십니다.

주님과 함께 시간을 보내는 것보다는 '자기 식'의 사역에 열중하여 자신을 돕지 않는다고 오히려 주님께 불평하는 마르다 같은 신앙인들이 얼마나 많습니까?(눅 10:40-41). 그러나 주님은 주님조차 팽개쳐 놓고 자기 식의 사역에 열중하는 마르다 보다는 주님과 함께 있는 '좋은 것'을 택한 마리아를 오히려 칭찬하셨습니다. "누구든지 내게 들으며 날마다 내 문 곁에서 기다리며 문설주 옆에서 기다리는 자는 복이 있나니 대저 나를 얻는 자는 생명을 얻고 여호와께 은총을 얻을 것임이니라"(잠 8:34-35).고 하셨습니다.

하나님의 음성 듣기를 제대로 하려면 행위보다는 관계에 더 관심을 기울여야 합니다. 하나님과의 관계가 제대로 되어야 우리는 하나님을 위한 봉사도 제대로 할 수 있습니다. 당신의 가족들이나 친구들이 세미한 음성으로 당신을 불러도 당신은 즉각적으로 돌아볼 것입니다. 그런데 어떤 그리스도인들은 하나님께서 큰 소리로 말씀을 하여도 영적인 귀머거리가 되어서 듣지를 못합니다.

듣는 방법을 어떻게 배울 수 있을까요? 우리가 어떤 사람을 잘 알기를 원한다면 그 사람과 함께 오랜 시간을 보내야 합니다. 하나님과 어떻게 하면 오랜 시간을 보낼 수 있을 까요? 항상 하나님을 생각하면서 찾는 것입니다. 마음으로 하나님께 물어보는 것입니다. 우리는 이렇게 하나님과 함께 시간을 많이 보낼수록 그분을 더 잘 알게 됩니다. 그분과 함께 많은 시간을 보내면 이런 일이 일어납니다. 하나님과 깊은 관계를 가지게 됩니다. 그분과 개인적이고 친밀한 관계를 맺게 되어 우리의 시시콜콜한 모든 문제에 대해 그분과 상의합니다. 기록된 성경 말씀을 정기적으로 읽고 묵상하는 것이 기본이 되어야 합니다. 하나님은 주로 기록된 말씀을 통해 말씀하시기 때문입니다. 하나님께서 우리에게 음성을 들려주시는 방법은 다양합니다. 하나님에 대한 이해가 깊어질수록 우리는 여러 다른 음성 중에서 그분의 음성을 보다 잘 가려내고 분별할 수 있게 됩니다. 그 결과 우리는 삶의 모든 분야에서 그분의 음성을 들을 수 있는 단계로 성숙해 갑니다.

"그의 양은 그의 음성을 듣고, 그의 음성을 알며 또한 그를 따른다"(요 10:3-4, 27)고 예수님께서 말씀하셨습니다. "하나님께 속한 자는 하나님의 말씀을 듣나니"(요 8:47), "무릇 진리에 속한 자는 내 소리를 듣느니라"(요 18:37)고 합니다.

지금 책을 읽는 자신은 하나님께 속해 있습니까? 진리의 말씀에 속해 있습니까? 물을 때 '예'라고 거침없이 대답이 나온다면 하나님의 음성을 들을 수 있습니다. 매일 아침이나 저녁에 그분만을 위한 조용한 시간과 장소를 만들어 그분과 교제를 시작하십시오. 그분이 자신에게 주신 말씀들을 묵상하며 그분과 교제를 시작하면 그분의 다정하고 사랑스런 음성을 들을 수 있게 되실 것입니다.

제가 하나님의 음성을 듣는 법 설교를 하다가 이렇게 질문을 했습니다. 마귀의 음성을 들으면 이루어질까요? 이루어지지 않을까요? 그랬더니 어떤 권사님이 이렇게 대답을 했습니다. 이루어지지 않습니다. 많은 크리스천들이 마귀의 음성을 들으면 이루어지지 않는 것으로 알고 있습니다. 그런데 실상은 반대입니다. 이루어진다는 것입니다. 아담과 하와가 선악과를 따먹으니 세상을 보는 눈이 밝아졌습니다. 그래서 주님은 "너희가 사람의 미혹을 받지 않도록 주의하라"고 하시는 것입니다. 마귀의 음성을 듣고 행하면 이루어집니다. 단 마귀의 음성을 듣고 순종했으니 하나님과 원수가 되는 것입니다.

하나님은 우리의 창조주이자 구원자이자 우리와 교제를 나누는 분이십니다. 동시에 자녀인 우리를 위로하고, 권면하고, 책망하고, 보호하고 또한 인도하시는 분이십니다. 하나님은 인격체이시므로 우리와의 대화를 통해 이런 일을 하십니다. 하나님이 여러 가지 채널을 통해 우리와 대화하십니다.

가장 보편적으로 말씀하시는 방법은 성경 말씀을 통하여 말씀하십니다. 읽는 중에 성령의 감동으로 마음이 뜨거워지는 경우는 하나님께서 레마로 역사하시는 경우입니다. 가끔 반복하여 같은 말씀을 보여 주시는 경우도 마찬가지입니다. 잊었던 구절이 갑자기 생각나는 경우도 하나님께서 레마로 역사하시는 경우입니다. 기록된 말씀을 통하여 도전, 격려, 평강, 확신 등을 주시기도 합니다.

성령으로 말씀하시는 경우가 있습니다. 성령으로 기도할 때, 찬양할 때, 말씀 묵상 중에 성령께서 우리의 영에 감동하시면서 말씀하십니다. 성령께서 우리 영에게 증거 하십니다(롬 8:16). 기쁨, 확신, 평강 등을 주시기도 합니다. 성령의 감동에 순종해야 합니다.

다른 사람들을 통하여 말씀하시기도 합니다. 일상생활을 통해 같이 지내는 사람이나 또는 특별한 경우를 통해 말씀하시는 경우입니다. 서로 대화하는 가운데 마음에 감동이 오는 경우는 하나님께서 레마로 말씀하시는 경우입니다. 우연하고 단순하게 지나치는 한 마디 말이나 행동을 통해 말씀하십니다. 문둥병에 걸린 나아만

장군에게 이스라엘에서 잡아온 계집종이 말한 경우입니다.

환경을 통하여 말씀하시기도 합니다. 성공이나 실패의 환경으로 말씀하십니다. 성공과 실패가 찾아올 때 하나님의 뜻을 알아내야 합니다. 실패, 병과 고통, 경제적 파탄, 비극, 일의 성취 등을 통하여 말씀하십니다. 기타 꿈이나 환상이나 몸의 부분이나 마음에 어떤 생각이나 인상이 전해지는 것 등을 통하여 하나님의 뜻을 알려 주시기도 합니다.

많은 크리스천들이 자신은 하나님의 음성을 들은 적이 없다고 생각하지만 구원받은 자라면 하나님의 음성을 이미 들었습니다. 구원받은 사람은 하나님의 음성을 들은 경험이 있습니다. "내가 너를 지명하여 불렀나니 너는 내 것이라"(사43:1하). 만약 하나님의 음성을 들은 일이 없다면 그는 구원받은 자가 아닙니다. 그 증거를 보여드리면 이렇습니다. "진실로진실로 너희에게 이르노니 죽은 자들이 하나님의 아들의 음성을 들을 때가 오나니 곧 이 때라. 듣는 자는 살아나리라."(요5:25). 여기서 "죽은 자들"은 몸이 아니라, 영이 죽은 자를 가리킵니다. 즉 불신자들을 가리킵니다.

그리고 "살아나리라"는 것도 육이 아니라 영의 부활 즉 거듭남을 의미합니다. 그런데 예수님은 "하나님의 아들의 음성을… 듣는 자는 살아나리라."고 말씀하셨습니다. 이처럼 사람은 주님의 음성을 듣고 나올 때 거듭납니다. 마치 천지가 하나님의 말씀으로 지어진 것처럼, 주님의 음성을 들음으로써 새로운 피조물이 됩니다. 주님의 음성을 듣지 않으면 누구도 새로운 피조물이 될 수 없습니다.

그러므로 자신이 구원받은 자라면 '나는 하나님의 음성을 들은 일이 없다' 이렇게 말하지 마십시오. 그것은 사실이 아닙니다. 그리고 '하나님의 음성을 듣는 것은 특별한 하나님의 사람들이나 가능한 것이지 나와는 상관이 없다.' 이런 생각도 받아들이지도 마십시오. 그것은 사탄이 지어낸 거짓말입니다.

예수님은 요한복음 10장 27절에서 "내 양은 내 음성을 들으며 나는 저희를 알며 저희는 나를 따르느니라." 예수님은 "내 양은 내 음성을 들으며"라고 현재진행형으로 말씀하셨습니다. 그러므로 거듭난 자는 과거에 하나님의 음성을 들었을 뿐 아니라 날마다 하나님의 음성을 듣습니다. 거듭난 자는 누구나 하나님의 음성을 들을 수 있고 또 실제로 자주 듣습니다.

그런데, 이것이 사실이라면 왜 어떤 크리스천들은 주님의 음성을 한 번도 듣지 못했다고 생각하는 것일까요? 그것은 주님이 말씀하시는 방식을 이해하지 못하고 자기가 원하는 방식만을 고집하고 있기 때문입니다. 데이브와 린다 올슨은 "우리는 모두 하나님의 음성을 생각보다 더 많이 듣고 있다"고 했는데, 우리가 하나님이 말씀하시는 방식을 이해하게 되면 모두 이 말에 동의하게 될 것입니다.

오늘날 많은 이들이 '음성'을 '소리'로 혼동합니다. 그래서 사무엘처럼 귀로 들리는 소리를 들어야 주님의 음성을 들었다고 간주합니다. 그러나 그것은 틀린 생각입니다. 이미 말했듯이 예수님은 "내 음성을 듣는 자는 살아나리라"라고 말씀했으므로, 거듭난 자는 모두 주님의 음성을 들은 것입니다. 그러나 거듭난 자가 모두 귀로 들리는 주님의 음성을 들은 것은 아닙니다. 그러므로 음성은 소리가 아닙니다. 따라서 귀에 들리는 소리를 들은 일이 없다고 주님의 음성을 듣지 못한 것이 아닙니다. 하나님은 오감을 통하여 말씀하십니다.

그러면 거듭날 때 사람들은 구체적으로 어떤 방식으로 주님의 음성을 듣게 될까요? 그때 사람들은 귀가 아니라, 영으로 주님의 음성을 듣습니다. 이것은 이상한 것이 아닙니다. 이것이 곧 천국의 의사소통방법입니다. 여러 천국간증에 나타나 있는 것처럼, 천국의 의사소통방법은 입을 사용하지 않고 서로의 생각을 직접 주고받는 것입니다. 그런데 이것이 천국에서뿐 아니라, 이 땅에서도 하나님과의 주된 의사소통방법입니다. 하나님은 대부분 생각을 통해 우리에게 말씀하십니다.

예수님은 마태복음 10장 19-20저에서 "너희를 넘겨줄 때에 어떻게 또는 무엇을 말할까 염려치 말라. 그 때에 무슨 말할 것을 주시리니 말하는 이는 너희가 아니라 너희 속에서 말씀하시는 자 곧 너희 아버지의 성령이시니라." 이처럼 주님은 성령님을 통해 우리 밖이 아니라 "속에서" 말씀하십니다. 주님은 성령님을 통해 우리 속 즉 영 안에 계시기 때문에 굳이 들리는 소리로 말씀할 필요가 없습니다. 육(혹은 육의 귀)을 통하지 않고 우리 영과 마음에 직접 말씀하십니다. 이것을 모리스 세룰로는 이렇게 설명했습니다.

"우리가 하나님께 기도하고 묵상할 때, 하나님은 우리의 속사람에게 말씀하신다. 그 속사람이란 우리의 영혼이며 우리 안의 참 사람이다. 즉 우리는 하나님의 영이신 성령과 영혼 대 영혼의 교류를 갖는 것이다. 하나님은 당신 속에 있는 참 사람, 즉 내적 인간에게 말을 걸어오신다. 그분은 고요한 가운데 때로는 즉시 깨달음을 주는 낮은 음성으로 당신의 영혼과 교통하신다."

그러면 성령님께서 우리 속사람에게 구체적으로 어떻게 말씀하실까요? 예수님은 "그 때에 무슨 말할 것을 주시리니"라고 하셨는데 구체적으로 어떻게 말할 것을 주실까요? 환상을 보여주실까요? 음성을 들려주실까요? 아닙니다. 그럴 경우도 있겠지만 대부분 생각으로 주십니다. 주님은 생각을 통해서 우리에게 말씀하십니다. 이에 대해 플로이드 맥클랑은 이렇게 말했습니다. "하나님께서는 우리 마음과 생각을 통해 말씀하십니다. 기도하는 마음으로 주님께 구하면 주님께서는 우리 마음 가운데 여러 가지 생각을 심어주실 것입니다."

생각은 단순히 생각이 아닙니다. 생각은 음성입니다. 물론 생각이 언제나 주님의 음성인 것은 아닙니다. 전파를 통해서 여러 방송국이 말을 하듯이 여럿이 생각을 통해 우리에게 말을 걸어옵니다. 생각은 셋 중 하나입니다. 자신의 음성(영이 아니라 혼의 음성)이거나 마귀의 음성, 아니면 하나님의 음성입니다. 그러므로 분별이 필요합니다.

그러면 어떤 생각이 내 생각인지 마귀가 주는 것인지 아니면 주님이 주시는 것인지 어떻게 알 수 있을까요? 내 생각은 머리의 작용입니다. 그것은 혼의 음성입니다. 마귀가 주는 생각도 머리로 옵니다. 그러나 주님은 우리의 영 안에 계시며 그곳에서 우리에게 말씀합니다. 그러므로 주님의 음성인 생각은 영에서 올라옵니다. 그리고 영에서 올라오기 때문에 우리 영에 공명이 됩니다. '아, 바로 이거야!' 라고 영으로 느끼게 됩니다. 이 외에도 생각이 주님의 음성인 경우에는 다음 4가지가 동반됩니다. 이것을 통해 우리는 그것이 주님의 음성인지 아닌지를 분별할 수 있습니다.

첫째, 주님이 말씀하실 때는 성령의 감동이 동반됩니다. 베드로후서 1장 20-21절에 "먼저 알 것은 경의 모든 예언은 사사로이 풀 것이 아니니 예언은 언제든지 사람의 뜻으로 낸 것이 아니요 오직 성령의 감동하심을 입은 사람들이 하나님께 받아 말한 것임이니라." 성령의 감동이 있고 그 후에 예언의 말씀이 임합니다. 엘리사는 열왕기하 3장 15-16절에서 "이제 내게로 거문고 탈자를 불러 오소서 하니라. 거문고 타는 자가 거문고를 탈 때에 여호와께서 엘리사를 감동하시니 저가 가로되 여호와의 말씀이 이 골짜기에 개천을 많이 파라 하셨나이다." 이것은 엘리야의 갑절의 영감을 받은 엘리사에 대한 기록입니다. 그런데도 그는 성령의 감동이 오기 전에는 예언할 수 없었습니다. 주님의 음성도 마찬가지입니다. 주님이 내 속에서 말씀하시기 전 대개는 성령의 감동이 먼저 옵니다.

둘째, 주님께서 말씀하시면 그 내용이 계시적입니다. 우리는 말하기 전 무엇을 연구하고 준비하는 것이 습관이 되어 있습니다. 그러나 주님은 이렇게 말씀하셨습니다. "너희를 넘겨줄 때에 어떻게 또는 무엇을 말할까 염려치 말라."(마10:19). "사람들이 너희를 끌어다가 넘겨줄 때에 무슨 말을 할까 미리 염려치 말고"(막 13:11). "사람이 너희를 회당과 정사 잡은 이와 권세 있는 이 앞에 끌고 가거든 어떻게 무엇으로 대답하며 무엇으로 말할 것을 염려치 말라." (눅 12:11). "그러므로 너희는 변명할 것을 미리 연구치 않기로 결심하라."(눅 21:14). 이것은 설교에 대한 얘기가 아닙니다. 그러므로 설교 준비를 하지 말라는 의미가 아닙니다. 이것은 핍박 자 앞에 설 때에 대한 것인데, 예수님은 그때 무엇을 말할까 염려치 말고 미리 연구하지도 말라고 하셨습니다. 이것은 자기 지혜가 아니라 성령님을 전적으로 의지하라는 뜻입니다.

그런데 꼭 박해시가 아니라도 설교나 대화중에 성령의 감동 중에 미리 연구하거나 준비하지 않은 것을 받아서 말하게 되는 경우가 많습니다. 그것이 바로 주님의 음성입니다. 말하기 전 미리 염려하면서 혼적으로 준비한 내용은 주님의 음성이 아닙니다. 주님의 음성은 설교나 대화 도중 준비하지 않은 새로운 내용이 영에서부터 떠오르는 것입니다.

셋째, 주님은 언제나 "마땅히 할 말"만을 주십니다. 예수님은 누가복음 12장 11-12절에서 "사람이 너희를 회당과 정사 잡은 이와 권세 있는 이 앞에 끌고 가거든 어떻게 무엇으로 대답하며 무엇으로 말할 것을 염려치 말라. 마땅히 할 말을 성령이 곧 그 때에 너희에게 가르치시리라 하시니라." 주님은 수다쟁이가 아니며 마땅히 할 말만을 주십니다. 주님께서 주시는 말씀은 때에 맞습니다. 즉 시의적절합니다.

"사람은 그 입의 대답으로 말미암아 기쁨을 얻나니 때에 맞은 말이 얼마나 아름다운고."(잠 15:23). 뿐만 아니라 주님께서 주시는 말씀은 경우에 합당합니다. 즉 내가 처한 문제나 환경과 딱 들어맞습니다. "경우에 합당한 말은 아로새긴 은쟁반에 금 사과니라."(잠 25:11). 그것은 은쟁반에 금 사과처럼 가치가 있습니다. 그래서 금보다 귀하게 느껴집니다. 그리고 말하는 사람과 듣는 사람들의 마음에 공명을 불러일으킵니다.

이러한 공명에 대해 신디 제이콥스는 이렇게 말했습니다. "주님이 우리에게 말씀하실 때 우리의 마음은, '그렇습니다. 그렇게 말씀하시는 분은 하나님 이십니다'라고 외치게 된다. 우리 마음에 그 말씀이 공명하는 것이다." 이처럼 우리가 하나님께로부터 온 예언이나 말씀을 들으면 우리 속에 공명이 이루어집니다. 그래서 그것이 하나님께로부터 온 것임을 즉각 본능적으로 알 수 있게 됩니다.

넷째, 주님께서 말씀하실 때는 지혜와 구재가 나타납니다. 예수님은 누가복음 21장 14-15절에서 "그러므로 너희는 변명할 것을 미리 연구치 않기로 결심하라. 내가 너희의 모든 대적이 능히 대항하거나 변박할 수 없는 구재와 지혜를 너희에게 주리라." 말씀하십니다.

베니 힌 목사님은 "성령님께서 여러분을 사용하실 때는 놀랍게도 '초자연적인 앎(깨달음)'이 여러분을 덮어씌우게 됩니다"라고 말했습니다. 이 초자연적인 앎이 바로 하나님이 주시는 지혜입니다. 하나님께서 우리에게 말씀을 주시면 갑자기 어떤 것에 대해서 환히 알게 됩니다. 갑자기 초자연적인 앎 즉 깨달음이 주어집니다. 이것은 평범한 것이 아닙니다. 이런 일이 발생하면 메모해두고 싶은 마음이 절로 듭니다. 그럴 정도로 그것은 통찰력이 있고 귀하기 때문입니다.

동시에, 주님이 우리에게 말씀하실 때는 "구재" 즉 말재주가 주어집니다. 구약의 모든 선지자들 특히 이사야가 이것을 경험했습니다. "주 여호와께서 학자의 혀를 내게 주사 나로 곤핍한 자를 말로 어떻게 도와 줄 줄을 알게 하시고 아침마다 깨우치시되 나의 귀를 깨우치사 학자 같이 알아듣게 하시도다."(사 50:4). 그리고 신약에서는 베드로와 요한 그리고 스데반이 이것을 경험한 것이 기록되어 있습니다. "저희가 베드로와 요한이 기탄없이 말함을 보고 그 본래 학문 없는 범인으로 알았다가 이상히 여기며"(행 4:13). "스데반이 지혜와 성령으로 말함을 저희가 능히 당치 못하여"(행 6:10).

이 두 곳은 예수님의 약속이 그대로 이루어진 대표적인 경우입니다. 베드로는 공회 앞에서 어부 출신이라고는 믿어지지 않을 정도로 "기탄없이" 말했습니다. 스데반은 사람들이 그의 말을 능히 당할 수 없었습니다. 왜냐하면 두 사람에게 성령께서 지혜와 말재주를 부어주셨기 때문입니다. 이처럼 평소 말을 잘 못하던 사람도 성령이 임하시면 아주 조리 있게 말할 수 있습니다. 제 경우 성령이 임하셨을 때와 그렇지 않을 때 저의 지혜나 말솜씨에 큰 차이가 남을 자주 느꼈습니다.

이를 통해 우리는 이것이 단순히 내 생각인지 아니면 주님께서 말씀하시는 것인지 알 수 있습니다. 그러므로 주님이 말씀하실 때는 성령의 감동이 동반된다, 주님께서 말씀하시면 그 내용이 계시적이다, 주님은 언제나 "마땅히 할 말"만을 주신다, 주님께서 말씀하실 때는 지혜와 구재가 나타난다, 이 네 가지를 꼭 기억하십시오. 그리고 이것을 통해 자신의 생각인지 아니면 주님의 음성인지 그것도 아니면 마귀가 주는 음성인지 잘 분별하시는 우리가 되시기를 바랍니다.

충만한 교회는 말씀과 성령으로 성도들을 깨워서 영적인 자립을 하는 것을 목표로 훈련합니다. 하나님께서 부여하신 권능을 사용하여 세상을 장악하게 합니다. 그래서 주일날도 강한 성령의 역사가 일어나는 예배를 드립니다. 예배 시간은 1부 11:00-/ 2부 13:30-입니다. 영적인 눈이 열리고 사고가 영적으로 변하는 말씀을 준비하여 교재로 제공하고 설교를 합니다.

기도를 40분 이상 하면서 담임 목사가 일일이 안수하여 성령으로 충만 받도록 합니다. 자신의 영을 자신이 지킬 수 있는 강한 성도가 되게 훈련하고 있습니다.

7장 지금도 하나님이 음성으로 응답하실까?

(요 5:25)"진실로 진실로 너희에게 이르노니 죽은 자들이 하나님의 아들의 음성을 들을 때가 오나니 곧 이 때라 듣는 자는 살아나리라"

하나님은 지금도 크리스천들이 기도할 때 음성으로 응답하여 주십니다. 하나님은 우리와 교통하며 살아가기를 원하시기 때문입니다. 예수를 믿는 우리가 하나님의 음성을 듣는 것은 생사간의 문제입니다. 예수님은 이렇게 말씀하셨습니다. "문지기는 그를 위하여 문을 열고 양은 그의 음성을 듣나니 그가 자기 양의 이름을 각각 불러 인도하여 내느니라. 자기 양을 다 내어 놓은 후에 앞서 가면 양들이 그의 음성을 아는 고로 따라 오되."(요10:3-4). 내양은 내 음성을 듣고 따른 다고 하셨습니다. "내 양은 내 음성을 들으며 나는 저희를 알며 저희는 나를 따르느니라"(요10:27). 그리고 하나님은 이렇게 말씀하셨습니다. "무릇 하나님의 영으로 인도함을 받는 그들은 곧 하나님의 아들이라"(롬8:14) 하나님의 자녀인 우리는 하나님의 음성을 듣고 인도를 받아야 합니다. 그래서 하나님은 그의 자녀들과 여러 모양으로 대화하고 싶어 하십니다. 하나님은 지금도 여러 통로를 통하여 우리들에게 말씀하십니다.

하나님께서 인간이 하나님의 음성을 들을 수 있도록 창조하셨습니다. "듣는 귀와 보는 눈은 다 여호와의 지으신 것이니라"(잠20:12). 오늘날 보통 사람들은 하나님의 말씀을 듣는다는 것이 이상하고 어렵다는 생각을 합니다. 그러나 성경은 주님께서 듣는 귀를 주셨기에 이것이 쉽고 가능한 역사라고 말씀하십니다. "그들이 날이 서늘할 때 동산에 거니시는 여호와 하나님의 음성을 듣고 아담과 그 아내가 여호와 하나님의 낯을 피하여 동산 나무사이에 피한지라."(창3:8). 성경에서 보면 에덴동산에서 죄를 지은 후에도 아담과 이브는 하나님의 음성을 들을 수 있었습니다.

그와 같이 가인 또한 동생 아벨을 죽인 후에 하나님의 음성을 듣는 것을 볼 수 있습니다. "여호와께서 가인에게 이르시되 네 아우 아벨이 어디 있느냐 그가 가로되 내가 알지 못하나이다 내가 내 아우를 지키는 자이니까, 가라사대 네가 무엇을 하였느냐 네 아우의 핏소리가 땅에서부터 내게 호소하느니라"(창4:9-10). 하나님의 음성을 듣도록 우리가 창조되었기 때문에 우리는 하나님의 음성을 들을 수 있는 것입니다. 하나님의 음성을 들으려고 우리가 애쓰고 긴장할 필요는 없습니다. 다만 하나님에게 가까이 가려고 해야 합니다. 하나님에게 주목하는 것이 중요합니다.

그러나 죄의 결과로(죄의식, 마음의 굳어짐, 쓴 뿌리, 용서치 않음, 정죄함) 하나님의 말씀을 들을 수 있는 영적인 귀를 여는 것이 방해를 받을 수 있으나 하나님 아버지의 말씀을 듣고자하면 들을 수 있는 것입니다. 그러나 하나님이 말씀하시는데 상처로 인하여 잘못 듣거나 못들을 수가 있습니다. 그래서 상처를 치유해야 하나님의 음성이 맑게 들립니다. 역사적으로 이스라엘 자손들과의 관계에서 살펴보면 하나님께서 다시금 말씀하시기를 원하는 것을 알수 있습니다.

하나님께서 그들에게 예레미야 같은 선지자를 통해 그들이 하나님의 음성을 듣지 않으려 할 때도 계속 말씀하셨던 것입니다. 하나님을 사랑하는 의로운 사람으로 우리는 마음 놓고 주께서 우리가 그의 음성을 들을 수 있는 기능을 주셨고 계속 우리와 교통하기를 원한다는 것을 알 수 있습니다. 하나님의 음성을 들으면 하늘에서 무엇을 들었다는 느낌이나 모습을 나타내려고 이상한 행동을 하거나 그저 이상한 느낌이 들것이라고 생각할 필요가 없는 것입니다. 하나님께서는 보통 두 사람이 같이 앉아 대화하듯 인간과 교통하시기를 원하십니다. 하나님께서 대화하기를 원하신다는 믿음을 가지시기를 바랍니다. 오순절 이후 획기적인 변화를 볼 수 있습니다. 베드로가 네 귀 달린 보자기 환상을 보고 성령의 음성을 들은 것을 위시해서 주님의 음성을 듣는 것이 사도들뿐 아니라. 성도들에게도 일상적인 것이 되었습니다(고전12-14). 심지어 요한은 입신하여 각종 환상을 보고 계시를 받아 요한계시록을 기록했습니다. "보라 내가 나의 신을 너희에게 부어 주며 나의 말을 너희에게 보이리라."(잠1.23). 이 말씀이 증거 해 주듯이 성령 충만을 받으면 주님의 음성을 더 잘 듣게 됩니다. 구약의 선지자들이 그 증거입니다. 그들은 성령 충만했고 주님의 음성을 정확하게 그리고 자주 들었습니다.

오늘날도 성령 충만을 받으면 주님의 음성을 잘 들을 수 있습니다. 성경말씀 안에서 크리스천들에게 성령을 통하여 직접적인 계시로 말씀하십니다. "하나님이 가라사대 말세에 내가 내 영으로 모든 육체에 부어 주리니 너희의 자녀들은 예언할 것이요. 너희의 젊은이들은 환상을 보고 너희의 늙은이들은 꿈을 꾸리라. 그때에 내가 내 영으로 내 남종과 여종들에게 부어 주리니 저희가 예언할 것이요."(행2.17-18).

이것은 신약의 성도들에 대한 예언입니다. 여기에 나오는 꿈-환상-예언은 모두 주님이 우리에게 말씀하시는 방법 중의 하나입니다. 즉 주님의 음성들입니다. 성령 충만하면 주님의 음성을 훨씬 더 잘 들을 수 있게 되는 것입니다. 이것은 성경적인 명백한 진리입니다. 하나님은 살아계신 하나님이십니다. 살아계신 하나님은 음성으로 그의 자녀들과 교통하기를 소원하십니다. 고린도전서 12장과14장에 보면 성령의 은사를 사모함으로 구하라고 나옵니다. "특별히 예언을 하려고 하라"고도 나옵니다. 사도행전2.17-18 절에 마지막 때에 성령을 부어 주신다는 것입니다. 지금이 마지막 때라는 것을 동의하면서도 마지막 때에 관한 말씀은 제대로 믿으려 하지 않는 사람들이 있습니다. 성령을 부어 주시면 무슨 일이 일어난다고 성경에 쓰여 있나요? 영적인 꿈과 환상과 예언이라고 나옵니다.

남녀노소 구분 없이 영적인 꿈과 환상. 예언을 하게 될 것이라고 나옵니다. 하나님께서 더 이상 우리에게 말씀하지 않으시면 어떻게 그런 일들이 일어나겠습니까? 영적인 성장 체험이 없고 눈먼 사람들은 "성경이 이미 주어졌기 때문에 하나님은 더 이상 우리에게 음성으로 말씀하지 않으신다"라는 잘못된 교리들 중에 가장 우매한 것입니다. 그런 주장은 성경 말씀과 완전히 반대되는 것입니다. 지금도 성경말씀 안에서 성령을 통하여 직접적인 음성을 들려주십니다. 하나님은 돌아가신 하나님이 아니시기 때문입니다. 신약은 물론이고 구약에서도 분명히 하나님께서는 계명을 주시면서 그분의 음성에 귀 기울여 들을 것을 요구하셨습니다. 하나님이 더 이상 음성으로 말씀하지 않으신다고 주장하는 많은 사람들의 주장은 우리에게 성경이 주어졌기 때문이라는 것입니다. 그들은 성경말씀이 있으니 하나님의 음성은 더 이상 없다고 합니다.

제가 그들에게 물었습니다. "당신은 어떻게 사역을 시작하게 된 겁니까"라고 물었습니다. 그들은 이렇게 대답했습니다. "하나님이 저를 주의 종으로 부르셨습니다." 제가 다시 되물었습니다. "하나님이 당신을 어떻게 목사로 부르신 건가요? 하나님이 더 이상 말씀하시지 않는다고 했잖습니까? 그들은 아무 말도 하지 못하더군요." 제가 담대하게 말씀드립니다. 하나님이 더 이상 우리에게 음성으로 말씀하지 않으신다고 주장하는 교회나 단체로부터 멀리 도망쳐 나오십시오! 그것은 거짓된 교리고 거짓된 가르침입니다. 특히 다가올 환란시기에 하나님의 음성을 듣지 못한다면 엄청난 손실과 피해를 받게 될 것입니다. 성령의 인도하심을 받지 못한다면 죽게 될 수도 있습니다. 하나님의 음성을 듣는 것은 죽느냐 사느냐를 결정하게 될 것입니다. 다가올 재난의 시기에 우리는 하나님의 음성을 들을 수 있어야 합니다. 그것이 얼마나 심각하게 중요한 것인지 갈수록 더 강조 되어야 합니다.

우리는 그분의 음성을 알아야 합니다. 늘 성령 충만하기를 원하고 하나님의 음성 듣기를 원하는 사람들과 어울리시고 그런 교회를 찾아 가십시오. "하나님의 음성은 더 이상 없다"라고 거짓으로 가르치는 교회에서 멀리 도망쳐 나오십시오. 교단과 신학적 교리에 빠져 인본주의적이고 종교적인 교회의 예배는 주님의 임재와 기름부음이 거의 없고 매말라 소수의 양들이 굶어 죽어가고 있습니다. 이제는 그런 종교적인 교회에서 성도들이 떠나야 합니다. 그래서 자기 영혼을 스스로 지키고 눈멀고 귀가 멀은 목회자들이 정신을 차리게 해야 합니다. 그러면 왜 이런 거짓 주장이 교회에 깊이 뿌리를 내렸을까요? 그것은 오랫동안 목회자들이 말씀만 중시하고 성령을 멸시했기 때문입니다. 그래서 성경지식만 쌓이고 주님의 음성을 듣지 못하는 것이 일상화 되어버렸기 때문입니다. 오랜 동안 뿌리가 박혀 비정상이 정상이라고 우기고 정상을 비정상이라고 우기는 웃지 못 할 일이 교계에 벌어지고 있는 것입니다.

주님의 음성을 듣지 못할 뿐 아니라, 들을 수 없다고 주장하며 가르친다면 어찌 양들을 바르게 인도 할 수 있겠습니까? 소경인 목회자를 어떻게 믿고 따라갈 수 있습니까? 성령이 임하시면 주님의 음성을 잘 들을 수 있게 됩니다. 성령은 바울이 말한 대로 "지혜와 계시의 영"(엡1.17)이기 때문입니다. 어떤 분은 이렇게 반문할 것입니다. 저도 성령세례를 받았는데 왜 주님의 음성을 듣지 못하는 것일까요? 그것은 성령세례의 표적인 방언을 받았으나 열심히 기도 하지 않아서 입니다. 깊이 들어가면 성령의 계시적인 음성을 들을 수 있습니다.

케네스 헤긴 목사님은 "어떻게 하나님의 영으로 인도 받을 수 있는가?"라는 책에서 이렇게 썼습니다. "내가 받은 모든 인도는 나의 영으로 부터 나온 것이었습니다. 그리고 대부분은 방언으로 기도하고 있는 중에 온 것입니다. 당신도 그 이유를 알 수 있습니다. 당신의 영은 방언으로 기도 하고 있을 때 성령의 활동 상태(is active)에 있기 때문입니다. 나는 이것을 오랜 세월을 거쳐서야 배울 수 있었습니다. 인생의 위기를 맞을 때마다 내안에 있는 나의 영을 의식하는 것을 배웠습니다. 내가 방언으로 기도하는 중에 인도하심이 내 속에서부터 나타났습니다. 하나님은 나의 영을 통하여 나를 인도 하셨습니다. 때때로 나는 방언으로 기도하는 것을 통역할 수 있습니다. 통역을 함으로써 빛과 안내를 받습니다."(고전14:13)가장 영적인 운동 중의 하나는 모든 하루하루를 방언으로 기도하는 것입니다. 새로운 시작도 방언 기도할 때 성령의 음성을 듣습니다. 때때로 찬양을 주시며 위로하시기도하시고 때로는 말씀을 주십니다. 때로는 환상으로 때로는 꿈으로 말씀하십니다. 할렐루야!

그래서 구원받은 성도라면 누구나 한번쯤 하나님의 음성을 듣고 싶은 소원을 가지고 있을 것입니다. 누구든지 분명한 하나님의 음성을 명확하게 듣는다면 아마 일주일을 굶어도 배가 고프지 않을 것입니다. 하나님의 음성을 들어본 적이 있습니까? 언제 하나님의 음성을 듣고 싶습니까? 이렇게 질문을 한다면 모두 '예'라고 대답할 것입니다. 성경에 나오는 인물들이 하나님의 음성을 듣는 경우를 보면 거의 대부분 그 사람의 요청에 의한 경우보다는 하나님께서 어떤 특별한 목적을 가지고 그 사람을 찾아가서 직접 말씀하시거나 선지자나 제사장과 같은 대리자를 통해 간접적으로 말씀하십니다.

예를 들면 아브라함이나 모세와 같이 하나님의 특별한 목적을 이루시기 위해 당사자에게 직접 나타나서 말씀하십니다. 창세기 12장 1절에서 보면 하나님께서는 아브라함을 세상의 복의 근원으로 세우기 위하여 그의 고향과 친척과 아버지의 집에서 직접 그를 불러내십니다. 모세도 그가 장인의 양을 치는 목자로 있을 때 호렙산 떨기나무 불꽃 가운데서 모세를 부르십니다(출3:2-4참조). 이때 모세는 하나님에 의하여 애굽에서 이스라엘 백성들을 이끌어내는 지도자로 부르심을 받게 됩니다. 먼저 하나님의 음성을 듣는 것을 방해하는 요소는 무엇인지 살펴보겠습니다. 우리가 죄 가운데 있을 때는 하나님의 음성을 듣지 못합니다.

사무엘상 3장에서 사무엘은 아직 어린아이로 성막에서 엘리제사장을 돕는 소년이었습니다. 하나님께서는 엘리 제사장이 아닌 어린아이에 불과한 사무엘에게 직접 말씀하십니다. 왜일까요? 사무엘상 3장 1절은 당시의 절망적인 시대적인 상황을 잘 표현하고 있습니다. "하나님의 백성들에게 하나님의 말씀이 희귀했고 하나님의 인도하심이 보이지 않았더라." 는 것은 이스라엘 백성들이 하나님 앞에 영적, 도덕적으로 타락하여 하나님과 이스라엘 백성들 사이가 좋은 상태가 아니었다는 것을 의미합니다. 부부사이에도 서로 감정이 나쁘면 대화를 하지 않는 것과 같은 이치입니다. 당시는 사사시대에서 왕정시대로 바뀌는 과도기였기 때문에 사사시대의 악한 영향력이 아직 그대로 남아있는 시대였습니다. 더구나 하나님의 말씀을 대언하는 엘리 제사장의 집안도 심각하게 타락한 상태였기 때문에 하나님의 말씀이 희귀했다고 볼 수 있습니다. 사무엘상 3장 2-3절을 봅니다. 성경은 우회적으로 엘리제사장의 상태를 언급하고 있습니다. 엘리제사장의 눈은 점점 어두워져서 그는 자기처소에 누워있고 하나님의 등불은 아직 꺼지지 아니하였습니다. 매우 극명한 대비가 되는 표현입니다. 영적인 제사장의 눈은 점점 어두워져 가는 데 하나님의 등불은 여전히 밝혀있습니다.

하나님께서 말씀하시고자 했으나 그때까지는 하나님의 말씀을 들을 사람이 없었다는 뉘앙스가 풍깁니다. 하나님의 말씀을 들어야할 엘리제사장은 영적인 눈이 어두워져서 어두운 자기 처소에 가서 누워있고 하나님께서는 여전히 성전의 불을 밝히시고 말씀을 들을 사람을 찾는 듯한 느낌을 줍니다. 원래는 엘리제사장의 아들들이 엘리 제사장의 일을 이어받아 하나님의 말씀을 대언했어야 했습니다. 그러나 엘리 제사장의 두 아들 홉니와 비느하스는 성전 제물을 도둑질하고 성전의 수종드는 여인들과 동침하는 죄 가운데 있었습니다. 엘리의 두 아들에게는 하나님은 전혀 관심의 대상이 아니었습니다. 하나님의 말씀을 들으려고 하지도 않았습니다. 그들에게는 하나님의 말씀보다 성막에 누가 제물로 좋은 고기를 가져왔다는 소식이 더 중요했고 얼굴 예쁜 여인의 목소리에 더 관심이 있었습니다.

관심이 다른데 있으니 하나님께서 말씀하셨어도 들리지 않았을 것입니다. 부부사이에도 마주보고 대화를 해도 생각이 다른 곳에 가 있으면 상대방의 목소리가 들리지 않는 것이 보통입니다. 아담과 하와의 경우도 그렇습니다. 하나님께서 그들에게 동산 중앙에 있는 선악을 알게 하는 나무의 열매는 절대 먹지 말라고 신신당부

하셨습니다. 그럼에도 불구하고 아담과 하와는 사단의 말을 듣자 하나님의 당부 말씀은 듣지 못한 것처럼 선악과의 열매를 따먹고 말았습니다. 그들의 마음속에 하나님의 말씀보다 선악과를 먹으면 눈이 밝아진다는 사단의 말이 더 커보였던 것 같습니다. 마음에 욕심이 가득차면 영적으로 둔감해집니다. 온 몸의 감각이 세상 것들에게 집중하고 있으면 아무래도 영적으로는 둔감해질 수밖에 없는 일 아닙니까? 사람이 마음에 죄를 품거나 죄 가운데 있으면 하나님의 말씀이 들리지 않는 것입니다. 아무리 강조해서 권면해도 전혀 마음에 남지 않습니다. 우리가 세상 것들에게 집중하고 있을 때도 영적으로 둔해져서 하나님의 말씀은 전혀 들리지 않습니다.

어떤 사람들이 하나님의 음성을 들을 수 있을 까요? 영적으로 준비된 사람들이 하나님의 음성을 듣게 됩니다. 하나님께서는 사무엘 이전, 엘리제사장 때까지는 침묵하셨지만 사무엘이 어느 정도 성장한 후 사무엘을 부르십니다. 성경을 보면 하나님께서는 항상 준비된 사람들을 불러 사용하시는 것을 보게 됩니다. 사무엘도 이미 준비된 사람이었습니다.

삼상2:26; 3:3; 3:10을 보겠습니다. 사무엘은 자라면서 하나님과 사람들에게 많은 은총을 받은 소년이었습니다. 그는 항상 하나님의 말씀을 들을 수 있는 거리에 머물러 있었습니다. 그는 하나님의 말씀을 받을 준비가 되어있었습니다. 하나님께서 사무엘을 귀하게 여기신 것도 있지만 사무엘이 하나님의 말씀을 받을 만큼 영적으로 충분히 준비된 사람임을 알 수 있습니다.

하나님께서 부르신 사람들을 보면 이미 영적으로 충분히 준비된 사람들을 부르신 것을 알 수 있습니다. 창세기22:1 보겠습니다. 아브라함은 하나님께서 부르시자 즉각적으로 대답합니다. "그 일 후에 하나님이 아브라함을 시험하시려고 그를 부르시되 아브라함아 하시니 그가 이르되 내가 여기 있나이다" 모세의 경우도 그렇습니다. 모세는 하나님께서 떨기나무 가운데서 모세야 모세야 라고 불렀을 때 그가 이르되 내가 여기 있나이다(출3:4)라고 즉시 응답합니다. 아브라함과 모세는 하나님의 부르심을 즉각적으로 받아들일 만큼 성숙한 사람이었습니다.

이사야의 경우도 마찬가지입니다. 그도 하나님 앞에 준비된 사람이었습니다. 그는 하나님께서 "내가 누구를 보내며 누가 우리를 위해서 갈꼬?" 라고 탄식하셨을 때 "그는 내가 여기 있나이다"라고 하며 하나님의 음성에 즉각적으로 응답합니다. "내가 또 주의 목소리를 들으니 주께서 이르시되 내가 누구를 보내며 누가 우리를 위하여 갈꼬 그 때에 내가 이르되 내가 여기 있나이다 나를 보내소서"(이사야6:8).

하나님의 음성은 아무나 들을 수 있는 것이 아닙니다. 하나님께서는 준비된 사람들에게 말씀하시고, 그들은 하나님의 말씀을 듣는 귀가 열려 하나님의 음성을 들을 수 있게 됩니다. 같은 시간, 같은 장소에서 하나님의 음성을 들어도 영적으로 준비된 사람은 하나님의 음성을 듣지만 준비가 되지 않은 사람들은 하나님의 음성이 아닌 그냥 소리로만 들립니다. 또는 그 소리조차도 전혀 듣지 못할 수도 있습니다(행22:9참조).

"사울이 길을 가다가 다메섹에 가까이 이르더니 홀연히 하늘로부터 빛이 그를 둘러 비추는지라. 땅에 엎드러져 들으매 소리가 있어 이르시되 사울아 사울아 네가 어찌하여 나를 박해하느냐 하시거늘, 대답하되 주여 누구시니이까 이르시되 나는 네가 박해하는 예수라. 너는 일어나 시내로 들어가라 네가 행할 것을 네게 이를 자가 있느니라 하시니, 같이 가던 사람들은 소리만 듣고 아무도 보지 못하여 말을 못하고 서 있더라"(사도행전9:3-7). 결국 하나님의 음성을 듣는 사람들은 영적으로 미리 준비된 사람들임을 알 수 있습니다.

영적으로 준비된 사람들이라고 해서 무슨 사도나 선지자나 제사장과 같은 대단한 사람들만 해당되는 것은 아닙니다. 필자는 우리와 같은 사람들도 하나님께서 원하시거나 영적으로 깨어있으면 언제든지 하나님의 음성을 들을 수 있다고 믿습니다. 자신이 진정 하나님의 음성을 듣고자 한다면 하나님의 말씀에 분명히 응답할 준비를 하고 기다려야 합니다. 그러면 하나님의 음성을 들을 수 있을 것입니다. 하나님께서 우리들을 부르실 때 "주여 말씀 하옵소서 내가 여기 있나이다."라고 분명하게 대답할 수 있는 모두가 되기를 바랍니다.

사람들은 무척 궁금해 합니다. "하나님의 음성이 어떻게 들릴까?" 구약시대 같은 경우 직접 찾아오셔서 말씀하셨지만, 요즘은 다양한 방법으로 말씀하십니다. 예배 중 설교 말씀이 마치 나에게 들으라고 말하는 것처럼 들릴 때가 있습니다. 이것도 하나님의 음성입니다. 성경을 읽다가 어느 한 곳에 이르러 시선이 멈추고 그 말씀이 크게 클로즈업 됩니다. 때로 경건 서적이나 설교방송과 같은 매체를 통해서도 말씀하십니다. 꿈을 통해서도 말씀하십니다. 환상을 통해서도 말씀하십니다. 다른 크리스천들과 대화중에 말씀하시기도 합니다. 성령으로 기도할 때 마음에서 떠오르는 성령의 감동으로 말씀하시기도 합니다. 요즘은 이렇게 여러 가지 다양한 경로를 통해 하나님의 음성을 들을 수 있습니다.

　그러나 아주 드물게 특별한 환경의 체험을 통해 말씀하실 때도 있습니다. 주변에 아무도 없는데 선명한 목소리가 들린다든지, 마음 깊은 곳에서 뚜렷한 음성처럼 들리기도 합니다. 이런 때 한 가지 조심 할 것은 정말 그 음성이 하나님께로부터 왔는지 잘 분별해야합니다. 그렇기 때문에 항상 성령의 임재가운데 있어야 합니다. 마귀도 우리의 욕심에 따라 가짜 하나님의 음성을 들려줄 수 있기 때문입니다. 하나님의 음성은 걸어 다니는 성전으로 살면서 직접 성령으로 들어야 합니다. 하나님은 직접 개별적으로 교통하기를 원하시기 때문입니다. 중요한 것은 그것이 정말 하나님으로부터 오는 말씀인가 하는 것입니다.

　결론적으로 하나님의 음성을 듣는 귀가 있어 하나님과 대화하는 사람은 복된 인생입니다. 지금도 하나님께서는 사람들을 부르고 계십니다. 누가 하나님의 음성을 들어야할 사람들인가? 세상의 죄인들이 하나님의 음성을 들어야합니다. 하나님을 몰라서 인생의 무거운 짐을 지고 고통스러워하는 사람들이 들어야합니다. 그리고 장차 예수님의 공중 재림 때에 1차적으로 공중으로 들림을 받을 구원받은 성도들은 성령으로 하나님의 음성을 들어야합니다.

　먼저 죄인들을 부르시는 하나님의 음성을 들어보겠습니다. "예수께서 대답하여 이르시되 건강한 자에게는 의사가 쓸 데 없고 병든 자에게라야 쓸 데 있나니, 내가 의인을 부르러 온 것이 아니요 죄인을 불러 회개시키러 왔노라"(누가복음5:31-32). 죄의 삯은 사망, 지옥형벌입니다. 죄인을 향해 간절하게 부르시는 하나님의 음성을 듣고 부르심에 응답하는 사람이 복 된 인생입니다.

누구든지 하나님의 부르심을 듣고 회개하여 죄용서 받고 하나님의 자녀가 된 사람은 지옥에 가지 않고 천국에 가기 때문입니다. 인생의 무거운 짐을 지고 고생하는 사람들도 예수님의 부르시는 음성을 들어야합니다. "수고하고 무거운 짐진자들아 다 내게로 오라 내가 너희를 쉬게 하리라"(마태복음11:28). 누구나 예수님의 이 초청에 응하면 인생의 참 쉼을 얻게 됩니다. 복 받은 인생이 됩니다. 고통스럽고 지루하고 괴로운 지옥 같은 인생에서 즐겁고 행복하고 살만한 천국 인생으로 바뀌게 됩니다.

이미 구원받았지만 죄의 길에서 머물고 있는 하나님의 자녀들도 하나님의 음성을 들어야합니다. 다윗의 경우도 그가 부하의 아내와 불륜을 행함으로 하나님 앞에 크게 범죄했지만 나단 선지자가 대언한 하나님의 음성을 듣고 즉시로 회개하여 죄의 길에서 벗어났습니다. 하나님의 음성을 듣고 즉각적으로 회개하는 사람이 복 있는 사람입니다.

현실문제로 고통당하는 예수를 믿는 크리스천이 하나님의 음성을 들어야 합니다. 하나님은 현실 문제를 통하여 성도들을 영적으로 바꾸시기 때문입니다. 현실문제가 있을 때 자신의 능력으로 해결하려고 발버둥치지 말고 하나님께 해결방법을 질문해야 합니다.

이수라엘 백성을 애굽에서 이끌고 나온 모세는 현실문제가 생길 때마다 하나님께 기도하여 해결방법을 듣고 순종하여 문제를 해결하였습니다. 하나님은 성도들의 현실 문제를 하나님께 기도하여 해결함으로 하나님의 함께하심을 체험하게 하십니다. 성도들이 세상을 살아가면서 향로에 일어나는 현실문제가 자신의 문제가 아니라, 하나님의 문제라는 것을 믿게 하십니다. 그래서 현실문제가 있는 성도는 하나님께 기도하여 하나님께서 알려주시는 방법으로만 문제가 해결이 된다고 믿고 순종하고 하나님께 의뢰하고 맡기게 하십니다.

구원받은 우리들이 꼭 하나님의 음성을 들어야할 때가 있습니다. 장차 주의 날에 예수님께서 공중에 강림하실 때 구원받은 우리들의 이름을 부르실 것입니다. 그때 우리는 예수님께서 부르시는 내 이름을 듣게 될 것입니다. 이때 예수님의 음성을 듣는 자가 복 있는 사람입니다. 예수님의 보혈을 통해 구원받은 사람만 그 음성이 들릴 것이기 때문입니다.

예수님께서 이 땅에서 사역하실 때 "귀 있는 자는 들을 지어다" "들을 귀 있는 자는 들을지어다"고 말씀하셨습니다. 사람은 누구나 귀가 있지만 모두가 하나님의 말씀을 듣는 것은 아닙니다. 하나님을 향해 귀가 열린 사람만 하나님과 대화하며 음성을 들을 수 있습니다. 하나님께 축복받은 인생입니다.

8장 왜 하나님과 대화하지 못하는 것일까?

(요10:27)"내 양은 내 음성을 들으며 나는 그들을 알며 그들은 나를 따르느니라."

하나님의 음성 듣는 것을 성경에서는 무엇이라고 말씀하고 있습니까? 우리(성도)는 오늘날도 분명히 하나님의 음성을 들을 수가 있어야 한다고 분명하게 말씀하고 있습니다. (요 10장 27절)에서 "내 양은 내 음성을 들으며…"라고 예수님께서 친히 말씀하셨습니다. (요 10장 26절)에서는 "너희가 내 양이 아니므로 믿지 아니한다." 라고 경고해 주고 있습니다.

그러나 우리가 주의해야 할 것은 직통 계시적 형태를 배제해야 한다는 것입니다. 우리(성도)모두가 하나님의 음성을 들을 수 있어야 하며, 그 음성을 들려주시는 분은 성령 하나님의 역할이요, 사용되는 말씀은 반드시 하나님의 말씀인 성경에 있어야만 합니다(행 27: 22-25 참조). 성도의 마음 안에 임재하신 성령으로 하나님의 음성을 들어야 합니다.

계시 속에는 크게 나누어 두 가지 형태의 계시가 있는데, 첫째, 특별계시, 혹은 기록(문서)계시, 둘째, 일반(자연)계시로 나눕니다. 간단히 요약해, 특별계시는 말씀을 가르키며, 주제는 예수그리스도요, 핵심은 인간 구원입니다. 일반계시는 자연 속에서 하나님의 뜻을 밝히 나타내 보여주시는 것입니다.

따라서 현 세대에서 우리(성도)는 성경을 다시 쓸 수 있는 특별계시는 받을 수도 없고, 또 받을 필요가 없습니다. 일반계시도 자연 속에서 찾으면 되기에 우리가 다시 재창조할 필요가 없습니다. 따라서 우리(성도)가 들을 수 있는 하나님의 음성이란, 곧 성령님의 조명하에 특별계시 속에서 혹은 일반계시 속에서 찾아지고 들려질 수가 있으며 양으로서 목자의 음성을 분별할 수가 있습니다. 분명하게 음성을 들어야 합니다.

다시 말해서 예수그리스도의 피로 값 주고 산성도(양)는 반드시 목자의 음성, 곧 성령 하나님의 음성을 들을 수 있어야 합니다. 하나님의 음성이란 성부, 성자, 성령 삼위일체 하나님 중에서 우리들의 속에 계시면서 역사 하시는 성령 하나님의 몫이며, 반드시 성경 말씀을 성령의 조명하심으로 밝히 들려지고 필요한 말씀이 생각나게 도우십니다.

하나님의 음성을 양들에게 들려주시는 것은 목자로서 양들을 바른길, 구원의 길, 예수 그리스도에게로 인도해 주시기 위함입니다. 언제 어느 때 장사가 잘되고 또 아들이나 딸이 원하는 학교에 입학할 수가 있고 없고, 등등…이런 유의 점치는 형식이나 족집게 점쟁이 식의 음성이 되어서는 결코 안 된다는 것입니다. "보혜사 곧 아버지께서 내 이름으로 보내실 성령 그가 너희에게 말한 모든 것을 생각나게 하시리라."(요한복음14: 26).

다음은 반드시 알아야만 하는 하나님의 음성듣기 분별 법 성경에 따른 근거입니다. "네가 혹시 심중에 이르기를 그 말이 여호와의 이르신 말씀인지 우리가 어떻게 알리요 하리라 만일 선지자가 있어서 여호와의 이름으로 말한 일에 증험도 없고 성취함도 없으면 이는 여호와의 말씀하신 것이 아니요 그 선지자가 방자히 한 말이니 너는 그를 두려워 말지니라"(신명기18: 21절) 말씀했습니다. 누가 방언으로 기도 할 때나 무시로 기도 할 때나 주님께서 말씀을 주실 때가 있습니다. 그 음성을 제대로 분별하지 못하여 수많은 주의 종들이 사탄의 덫에 걸려 넘어가는 것을 종종 보았습니다. 저는 젊었을 적부터 하나님께서 온갖 고생 중에서 당신의 음성을 가려 내는 훈련을 시키셨고, 성령님께서 말씀을 주시면, 아래와 같이 말씀의 잣대로 검증된 대언은, 그 정확성에서 단 한 번도 그 말씀이 빗나가거나 틀려본 적이 없습니다.

첫째, 하나님과 대화하며 음성 듣기의 유익: 직접 하나님과 대화하며 음성을 듣는 것의 유익한 점은 무엇일까요? 만일 오늘 미국이나 한국의 대통령이 당신에게 직접 통화하기 위해 전화를 했다면 당신은 어떤 기분일까요? 대우주의 창조주이신 하나님이 당신과 직접 대화하기를 원하십니다. 하나님은 대화하기를 원하시는데 당신이 그 문을 닫아놓고 있습니다. 지금이라고 마음 문을 열면 당신은 하나님의 음성을 들을 수 있습니다. 개인의 가치를 확인해 줍니다. 하나님과 대화하며 음성을 들으면서 순종하며 살기 바랍니다.

각자가 주안에서 귀한 사람들입니다(요 1:12). 낮은 자화상과 열등의식에 쌓인 사람도 하나님의 귀한 자녀입니다. 음성을 통해 "내가 너를 사랑한다"는 음성을 통해 자녀로서의 신분을 확인하고 열등감과 낮은 자화상에서 벗어나는 사람이 많습니다. 위로, 권면, 건덕의 말씀을 통해 소망을 주시고 우리를 치유합니다. "그러나 예언하는 자는 사람에게 말하여 덕을 세우며 권면하며 안위하는 것이요"(고전 14:3). 교회를 책망하고 훈육하고 경고를 주어 바로 되게 합니다(계 2-3장),

사랑으로 전해진 예언을 통해 죄와 마귀의 공격으로 인한 재앙과 멸망에서 벗어날 수 있습니다. 박사들은 헤롯에게 돌아가지 말 것을 경고 받고 무사히 도망갔습니다(마 2:12). 요셉과 마리아는 애굽으로 도망할 것을 지시 받아 위기를 모면했습니다(마 2:13). 새로운 방향과 비전을 제공합니다. 목표를 향한 전진이 더욱 분명해 집니다. 좌절과 낙심이 소망과 기대로 변화됩니다. 그렇다고 해서 예언의 말씀이 기존의 모든 사역을 대체하는 것이 아니라 보완하는 것입니다. 하나님과의 관계가 깊어집니다.

하나님의 관심과 사랑에 대한 새로운 각성이 생깁니다. 하나님의 비밀에 동참합니다(암 3:7; 요 15:15). 처음 사랑을 계속 유지하고 뜨거운 신앙인이 됩니다(계 2:1-7; 3:14-22). 성경에 대한 통찰력을 제공합니다. 성경말씀 이해의 새로운 통찰력 제공합니다. 성경의 기록이 그때, 그 장소에만 일어난 일이 아니라 지금, 이곳에서도 동일하게 일어남을 체험합니다(히 13:8). 성령의 은사를 전수합니다(딤전 4:14).

다른 사람의 은사를 개발하며 자신의 은사도 개발됩니다. 예언은 전도에 효과적입니다. 성령의 책망으로 인한 회개와 구원을 가져옵니다(요 16:8-11; 고전 14:24-25). 교회에 새로운 사역을 가져옵니다. 지역 교회의 소명을 분명히 해주고 교회에 활력을 제공해 줍니다. 개인의 은사를 진단, 개발해 줍니다. 상담에 대한 통찰력을 제공합니다. 인간관계, 자녀문제, 사업 등 인생의 여러 문제를 알려주고 해결책을 제시해 줍니다. 기도하는 방법을 알려줍니다.

하나님이 원하시는 기도를 하게 하십니다. 하나님께서 성령으로 중보기도의 제목을 주십니다. 하나님이 원하시는 일이나 사람을 위해 기도하게 하십니다. 이렇게 하나님이 기도 제목을 주셔서 기도하게 하시는 것을 예언적 기도(prophetic prayer) 또는 예언적 중보기도(prophetic intercession)라고 합니다. 믿음을 강하게 해줍니다. 말씀을 통해 소망을 주어 믿음을 더해 줍니다. 하나님의 뜻을 알아 주님과 동행하면서 말씀에 순종하는 삶을 사는 것을 도와줍니다.

둘째, 하나님의 대화하며 음성을 듣지 못하게 하는 편견. 하나님의 음성을 듣는 것이 특별한 사람의 점유물이라거나 또는 잘못된 신앙이라는 생각을 버린다고 해서 곧바로 하나님의 음성이 들리는 것은 아닙니다. 왜냐하면 우리 주변에는 하나님의 음성 듣기를 방해하는 수많은 편견들이 있기 때문입니다. 그러므로 하나님의 음성을 들으려면 이런 편견들을 극복하려는 노력이 필요합니다. 우리가 꼭 버려야 할 하나님의 음성 듣기에 관한 몇 가지 편견들을 살펴보도록 하겠습니다.

첫째로 하나님은 성경을 통해서만 말씀하신다는 편견을 버려야 한다. 기독교인들 중에는 오직 성경만이 하나님의 말씀이라고 믿는 사람들이 많습니다. 물론 하나님의 말씀으로서 성경의 중요성을 강조하는 것은 좋은 일입니다. 그러나 성경만이 하나님의 말씀이라는 생각은 잘못된 것입니다. 하나님의 말씀이란 하나님의 입에서 나온 말(음성)을 가리킵니다. 그러므로 성경은 기록된 하나님의 말씀이며, 설교는 선포된 하나님의 말씀일 뿐입니다. 만일 하나님께서 기록된 성경으로만 말씀하시고, 목회자의 설교를 통해서만 말씀하실 뿐 우리에게 직접 말씀하시지 않는다고 믿는다면 우리는 하나님을 벙어리로 만드는 것입니다. 자유주의 신학자들 중에는 하나님께서는 세상을 창조만 하셨을 뿐 세상의 통치에는 관여하지 않는다고 믿는 사람들이 있습니다. 대부분의 복음주의 그리스도인들은 이를 잘못된 신학사상이라고 비판합니다.

그러나 그들 중에는 하나님은 성경이 완성 된 후에는 더 이상 아무 말씀도 하지 않으신다고 주장하는 사람들이 있습니다. 지금은 하나님이 세상을 통치하지 않는다는 주장과 지금은 하나님께서 아무 말씀도 하지 않는다는 주장의 차이점은 무엇일까요? 둘 다 살아 계신 하나님을 허수아비나 벙어리로 만드는 하나님에 대한 모독이 아닙니까? 우리는 창조주이신 하나님이 지금도 이 세상을 다스리는 왕이시라는 사실과, 성경을 기록케 하신 하나님이 지금도 하나님의 자녀들에게 직접 말씀하신다는 사실을 모두 믿어야 합니다.

하나님은 성경이나 설교를 통해서도 말씀하시지만 우리가 기도할 때도 말씀하시고, 꿈을 통해서도 말씀하시고, 환상을 통해서도 말씀하시고, 방언을 통해서도 말씀하시고, 방언 통역을 통해서도 말씀하시고, 예언을 통해서도 말씀하시고, 다른 사람의 말이나 글이나 행동을 통해서도 말씀하시고, 어떤 사건을 통해서도 말씀하시고, 성경에 나오는 것처럼 천사를 통해서도 말씀하시고 심지어는 우리가 매일 보는 텔레비전 뉴스나 드라마를 통해서도 말씀하실 수 있습니다. 그러므로 하나님의 음성을 들으려면 하나님은 오직 성경을 통해서만 말씀하신다는 편견을 버려야 합니다.

둘째로 하나님의 음성은 귀로만 들린다는 편견을 버려야 한다. 기도를 통해서 하나님의 음성을 들을 수 있다고 믿는 그리스도인들 중에는 하나님의 음성을 듣지 못하는 사람들이 의외로 많이 있습니다. 그들이 기도를 통해 하나님의 음성을 구하면서도 하나님의 음성을 듣지 못하는 이유는 무엇일까요? 여러 가지 원인이 있을 수 있지만 하나님의 음성은 귀로 들린다는 편견 때문인 경우가 가장 많습니다. 이들이 이런 편견을 갖는 것은 우리가 일반적으로 쓰는 "하나님의 음성을 듣는다"라는 표현이 원인이 되기도 합니다.

물론 성경에는 하나님의 음성이 귀로 들린 경우가 몇 번 있습니다. 모세가 시내산에서 하나님의 음성을 들었을 때와 사무엘이 성전에서 하나님의 음성을 들었을 때 그리고 바울이 다메섹 도상에서 예수님의 음성을 들었을 때가 대표적인 예입니다. 그러나 이것은 특별한 경우이며 대부분의 하나님의 음성은 귀로 들리기보다는 생각이나 마음의 감동으로 옵니다.

특히 기도를 통해 하나님의 음성을 들을 때는 더욱 그렇습니다. 그렇다면 이러한 혼란에도 불구하고 "하나님의 음성을 듣는다"라는 표현을 쓰는 이유는 무엇일까요? 그것은 하나님과 하나님의 자녀와의 인격적인 대화 관계를 표현하는 이보다 더 적절한 표현이 없기 때문입니다. 그러므로 기도 중에 하나님의 음성을 들으려면 귀로 들리는 음성보다는 마음속에 갑자기 스치는 느낌이나 감동을 붙들어야 합니다.

셋째로 하나님의 음성은 항상 크고 분명하게 들린다는 편견을 버려야 한다. 이것은 주로 하나님의 음성을 과거에 들어본 경험이 있지만 현재는 잘 듣지 못하는 사람들이 갖는 편견입니다. 대부분의 그리스도인들은 성령세례를 받을 때에 하나님의 음성을 분명히 듣는 체험을 하게 됩니다. 그때 들리는 음성 역시 어떤 느낌이나 감동으로 오는 것이지만 너무나 분명하고, 큰 하나님의 권위로 다가오므로 아무도 하나님의 음성이라는 사실을 부인하지 못합니다. 그리고 그 때 들은 하나님의 음성은 마음속에 강하게 각인 되어 거의 평생 동안 마음에 남게 됩니다. 이처럼 크고 분명한 하나님의 음성을 들은 사람들 중에는 하나님께서 그 후에도 계속적으로 그렇게 강한 느낌이나 감동으로 말씀하실 것이라고 생각하는 경우가 있습니다.

그러나 이것은 잘못된 편견입니다. 이런 생각 때문에 처음 하나님의 음성을 들었을 때에 집착한다면 하나님의 음성을 잘 듣지 못할 수가 있습니다. 왜냐하면 하나님은 자녀와의 교제가 깊어질수록 큰 소리로 말씀하시기보다는 세미한 음성으로 말씀하실 때가 많기 때문입니다. 성경을 보면 위대한 신앙의 인물인 엘리야선지자도 이런 실수를 했음을 알 수 있습니다. 그는 하나님께서 언제나 불이나 지진과 같은 어마어마한 능력으로 임하시는 줄로 생각하여 세미한 음성 가운데 거하시는 하나님을 간과하였습니다. 그러므로 하나님의 음성을 계속적으로 들으려면 크고 분명한 음성에만 매달리지 말고 세미한 하나님의 음성을 듣는 훈련을 하여야 합니다.

넷째로 하나님의 음성을 들으려면 많은 노력과 수행이 필요하다는 편견을 버려야 한다. 이것은 하나님의 음성을 듣는 것을 너무 어렵게 생각한데서 오는 편견입니다. 하나님의 음성을 들어본 적이 없거나 또는 성령세례를 통해 하나님의 음성을 들은 경험이 있으나 성령이 소멸되면서 하나님의 음성을 듣는 것을 상실한 사람들이 이런 생각을 갖기가 쉽습니다. 그들은 하나님의 음성은 성령이 충만한 사람에게만 들린다고 생각하므로 성령 충만을 받을 때까지는 하나님의 음성을 들을 수 없다고 생각합니다. 그래서 그들은 하나님의 음성을 듣기 위해 신앙의 성장이나 성령 충만을 위한 끊임없는 노력을 해야 합니다.

그러나 이것은 잘못된 편견에서 비롯된 것입니다. 물론 신앙 성장이나 성령 충만을 받기 위해 끊임없는 노력을 하는 것은 바람직한 일입니다. 또한 성령 충만을 받거나 성숙한 신앙이 되면 하나님의 음성이 잘 들리는 것도 사실입니다. 그러나 그렇게 해야만 하나님의 음성을 들을 수 있다고 생각하는 것은 잘못입니다.

왜냐하면 그리스도인은 거듭난 하나님의 자녀가 되면 그 때부터 하나님과의 영적 교제가 시작되며, 그 후로는 언제든지 하나님의 음성을 들을 수 있기 때문입니다. 성령이 소멸되고 신앙이 조금 침체되었다고 해서 하나님의 음성을 듣지 못하는 것은 아니라는 사실을 분명히 이해해야 합니다. 고도의 신앙성장을 통해서 하나님의 음성을 들으려고 노력하는 사람들 중에는 신앙성장도 이루지 못하고 하나님의 음성도 듣지 못하는 경우가 종종 있습니다. 그 이유는 순서가 바뀌었기 때문입니다. 거듭난 그리스도인의 신앙성장은 하나님의 음성을 듣고 순종하는 가운데 점진적으로 이루어진다는 사실을 기억해야 합니다. 그러므로 하나님의 음성을 들으려면 자신의 신앙을 더 높은 수준으로 끌어올리려는 노력보다는 하나님과 대화하며 음성을 듣기를 간절히 사모하고 구하는 자세가 필요합니다. 하나님과 대화하며 음성을 듣고 하나님과 교제하는 삶은 사는 것은 어려운 일이 아닙니다. 하나님의 자녀라면 너무나 당연한 일이며, 너무나 쉬운 일입니다. 하나님은 자녀에게 말씀을 주시기를 기뻐하시고, 대화를 통해 교제하기를 원하시기 때문입니다. 그럼에도 불구하고 하나님의 음성을 듣는 것이 쉽지 않은 것은 사단이 방해하기 때문입니다.

창세기에서 사단이 하나님께 대적하여 한 최초의 행동이 무엇인가요? 그것은 바로 하나님과 하나님의 자녀와의 대화의 관계를 끊어놓은 것이었다. 뱀의 유혹에 빠져 선악과를 따먹은 아담과 하와는 하나님의 음성을 피해 숲 속에 숨었습니다(창3:8-10). 오늘날 우리 속에 하나님의 음성을 듣기를 꺼려하는 마음이 남은 것이나 하나님의 음성에 대한 여러 가지 편견을 갖게 된 것은 모두 사단이 쳐 놓은 올무입니다. 하나님의 음성을 들으려면 이러한 올무를 제거해야 합니다.

셋째, 하나님과 대화하며 음성을 듣지 못하는 이유. 크리스천이 하나님과 대화하며 음성을 듣지 못하는 이유가 있습니다. 근본 원인은 자기 자신에게 있습니다. 자기 자신이 하나님과 관계를 단절하는 마음과 행동을 하고 있기 때문입니다.

첫째로 신학적인 편견: 기적은 사도시대에 끝났고 오늘날의 우리에게는 완전한 성경이 있으므로 성경 외의 직접 계시는 필요 없다고 잘못 알고 있는 경우 성령이 소멸되어 하나님과 대화하며 음성 듣기가 어렵습니다. 우리가 바르게 알아야할 것은 하나님의 살아계심입니다. 살아계신 하나님은 지금도 성령으로 하나님의 말씀 안에서 직접적인 계시를 들려주십니다. 사람을 두려워하거나 의식하면 절대로 하나님의 음성이 들리지 않습니다.

둘째로 바른 가르침을 받지 못해서: 일부 보수적인 교회에서는 하나님과 대화하며 음성을 들을 필요가 없다고 말합니다. 이유는 하나님의 뜻이 모두 성경에 기록되었다는 것입니다. 성경말씀 대로 살면 된다는 것입니다. 그러나 다행스럽게도 오늘날에는 음성 듣기를 가르치고 강조하는 책이나 세미나가 많습니다.

셋째로 기대하지 않아서: 바른 가르침을 받지 못했기 때문에 기대하지 않고 기대하지 않으니 듣는 훈련을 하지 않아 못 듣게 됩니다. 영적인 일은 관심이 중요합니다. 하나님의 음성을 들어야 산다는 관심을 가지고 들으려고 하면 들립니다. 음성 듣기를 사모하고 기대할 때 더 잘 들을 수 있습니다.

넷째로 본인의 죄 때문에: 죄가 하나님과 나 사이를 가려서 듣지 못하는 경우가 많습니다. 성령의 임재가운데 회개해야 합니다. 회개하면서 풀어야 합니다. 말씀과 성령으로 심령을 옥토로 만들어야 합니다. 전인격을 성령으로 정화해야 합니다.

다섯째로 묘한 두려움 때문에: 어떤 사람들은 새로운 영적 체험을 사모하면서도 묘한 두려움 때문에 거부하는 경우가 있습니다.

그러나 처음에는 묘하지만 익숙해지면 은혜를 즐길 수 있습니다.

여섯째로 혈통의 죄악으로 음성을 듣지 못합니다. 혈통에 역사하는 악한 영이 하나님의 음성을 듣는 것을 방해하기 때문입니다. 예를 든다면 웃어른 중에 무당이 있다면 바른 하나님의 음성을 들을 수가 있겠습니까? 반드시 해결해야 바른 하나님의 음성이 들립니다. 음성을 들을 때 잡념으로 역사하여 바르게 듣지 못하게 방해할 것입니다.

일곱째로 마음의 상처로 인하여 듣지 못합니다. 기대대로 안 될 때의 실망을 치유해야 합니다. 하나님께서 기대하는 것을 이루지 못하게 하지 않았습니다. 반드시 방해세력이 있어서입니다. 이를 말씀과 성령으로 찾아서 해결하기를 바랍니다. 하나님의 음성에 불순종한 일이 있다면 회개해야 합니다. 하나님의 말씀을 어긴 죄가 있을 대 음성이 들리지를 않습니다. 하나님을 불신한다면 음성을 들을 수가 없습니다. 불신의 감정을 성령으로 해결해야 음성이 들릴 것입니다. 하나님이나 사람 앞에 원망하지 마십시오. 하나님과 관계에 치명타입니다.

여덟째로 말썽을 일으킨다. 또한 어떤 사람들은 말썽이 많고 교회에 문제를 일으키기 때문에 음성 듣기를 자제하거나 금지해야 한다고 주장합니다. 이런 식의 주장이라면 다른 직분이나 은사도 사용이 중지되어야 합니다. 오늘날 잘못된 목사, 잘못된 장로나 직분 자가 얼마나 많은가요? 이는 말씀과 성령으로 치유가 되지 않는 연고입니다. 성령으로 세례를 받아야 진정한 하나님과 교통하는 영적인 크리스천으로 변합니다. 반드시 성령으로 세례를 받아 영육이 성령의 지배를 받아야 변합니다.

물론 예언의 은사는 유익하지만 위험한 만큼 미래의 방향 설정이나 중대한 결정에 관한 사항은 엄격한 안전장치가 필요합니다. 그렇지 않을 경우 교회를 무너뜨리려고 우는 사자같이 두루 다니는 마귀의 시험에 빠지기 쉽습니다.

사실 신앙의 거성들도 육신을 가진 인간이기 때문에 초월적인 영계를 제대로 분별하는 것은 쉽지 않습니다. 오죽하면 사도 요한도 계시의 와중 속에서 피조물인 천사를 경배했다가 두 번이나 책망을 받지 않았는가를 이해해야 합니다(계 19:10).

하나님의 음성은 반드시 다음과 같은 잣대, 곧 하나님의 말씀으로 검증 되어야만 합니다. 자기가 기도하거나 생각하고 있던 것과는 정 반대의 생각이 머리에 주입됩니다. 도덕적으로 흠이 없어야 합니다. "불법을 행하는 자들아 내게서 떠나가라 하리라(마 7: 23절 하반 절)" 그 생각이 반드시 하나님의 말씀 안에 있어야 하며 성구가 머리에 정확히 떠오르거나 입술에서 터져 나옵니다. 성령님께서 예수님, 곧 하나님의 말씀을 생각나게 하시기 때문입니다(요 14: 26절). 그 말씀을 들을 때 마음이 뜨겁습니다(때론 너무나 뜨거워서 부모가 돌아가셨을 때보다 더 통곡하지만 마음은 오히려 큰 감동으로 행복감을 느낀다.) "저희가 서로 말하되 길에서 우리에게 말씀하시고 우리에게 성경을 풀어 주실 때에 우리 속에서 마음이 뜨겁지 아니하더냐 하고(눅 24: 32절)" 다른 이가 예언 은사적 말씀을 받았을 때에도 예언 은사를 받은 사람이면 그 말씀을 들을 때 같이 마음이 뜨거워집니다(눅1:41-45절). 항상 선한 말씀이 아니고 때론 책망함과 바르게 함으로 탄식하십니다. "모든 성경은 하나님의 감동으로 된 것으로 교훈과 책망과 바르게 함과 의로 교육하기에 유익하니 이는 하나님의 사람으로 온전케 하며 모든 선한 일을 행하기에 온전케 하려 함이니라(딤후 3: 16-17절)"

양에게 있어서 목자의 음성을 듣는 것이 중요하듯, 성도가 성령 하나님의 음성을 듣는 것이 대단히 중요하건만 '현대는 하나님의 음성을 듣는 시대는 끝났다'라고 가르치며 성령님의 하실 일마저 제한시키려는 어리석은 사람이 신학을 한다고 하는 사람과, 목회자들에게 만연하게 된 것은 '극단적 신비주의자들'의 1류 급 신자 의식이나, 직통계시 파들의 이단적 행위가 성도들의 삶을 좀먹는 것을 자주 보아온 까닭이기도 합니다. 또 자신이 성경을 많이 읽지 않고 들은풍월, 혹은 배운 신학 사조만 가지고 신앙생활을 하려고 하기 때문입니다.

그런고로, 우리는 모두 다 하나님과의 관계를 돈독히 하고, 항상 살아 있는 말씀이 내 속에서 역사 하시도록 하나님의 말씀인 성경을 읽고 또 읽어야 하며, 성령 하나님께서 나의 영과 혼과 육체를 온전히 주장하시도록 겸손하게 내 마음의 보좌를 내어 드려야 합니다. 그리고 계속해서 성령님의 음성을 들으려고 하면, 주시는 말씀이 힘들더라도 그 말씀에 순종하는 결단을 보여야만 합니다. 이렇게 될 때 현대에도 양은 목자 되신 하나님의 음성을 들을 수가 있으며, 그분의 사랑과 보호하심 속에서 예수그리스도의 날까지 안전하게 인도하심을 받게 됩니다.

9장 어떻게 하나님과 대화하며 음성 들을까?

(시 107:20) "그가 그의 말씀을 보내어 그들을 고치시고 위험한 지경에서 건지시는 도다"

우리는 하나님과 대화하며 음성을 들을 수 있고, 또 반드시 들어야 함을 인정해야 합니다. 그러나 하나님의 음성을 들으려고 하다가 불건전한 신비주의에 빠지는 경우도 적지 않음을 기억해야 합니다. 그러므로 우리는 하나님의 음성을 들으려고 할 때에, 다음 몇 가지 내용에 주의를 기울여야 합니다.

성경에 등장하는 사례들은 대부분 특별계시의 수단으로 이용되었음을 잊어서는 안 됩니다. 사람의 구원은 오직 하나님의 은혜로 말미암는 것입니다. 하나님께서는 구원에 필요한 지식을 친히 사람들에게 계시하여 주셨습니다. 그러므로 성경에 하나님의 음성을 들은 사례들로 나타난 것들은 구원에 필요한 지식을 전달해주기 위한 특별계시의 수단으로 이용이 된 것으로 보아야 합니다.

하지만 예수님께서 육신으로 이 땅에 오신 이후로는 구원에 관한 지식들이 온전하게 다 밝혀졌습니다. 구원에 이르는 새로운 방법을 찾기 위해서 더 이상의 하나님 음성을 들어야 할 필요가 없어진 것입니다. 그러므로 예수님의 오심은 모든 날의 마지막에 우리에게 밝히 말씀하심이요(히 1:2), 구원에 필요한 모든 것을 다 이루심이요(요 19:30), 또 마침이었다(마 5:17). 그럼에도 불구하고 우리가 만일 성경에 계시된 것 이외의 또 다른 구원의 진리를 보거나 들었다면, 그것은 원수가 몰래 뿌려놓은 가라지 즉 거짓된 것이요, 적그리스도에 불과합니다.

우리는 구원에 관한 것이라면, 성경 이외의 무엇을 들으려고 하는 호기심을 가져서는 안 됩니다. 만일 성경 말씀 이외의 하나님의 음성을 듣고 싶은 마음이 생겨나면 단호히 물리쳐야 합니다. 우리에게는 오직 이미 계시된 진리를 올바로 이해하기 위한 성령의 조명하심과 성경의 진리를 실천하기 위한 지혜가 필요할 따름입니다. 성경에 기록된 진리를 해석하고 따르며 예수님의 인격으로 변화되기 위하여 기록된 말씀 안에서 직접적인 계시를 구해야 합니다. 자신의 현실 문제를 하나님의 방법으로 해결하기 위하여 성령으로 구해야 합니다. 그러면 이와 관련된 하나님의 음성은 어떻게 해야 들을 수가 있습니까?

하나님의 음성은 주로 성령의 임재가운데 성경을 읽거나 묵상하는 중에 들려집니다. 성경은 그 자체가 하나님의 말씀 즉 하나님의 음성입니다. 그러므로 살아 있고 또 운동력도 가지고 있는 성경을 통해서 하나님의 음성을 듣는 사람은 좌우에 날이 예리하게 선 칼에 찔리는 것과 같이 그 마음과 생각에서 찔림을 받습니다(히 4:12). 또 구원에 필요한 진리만 아니라, 모든 생활에 필요한 교훈과 책망과 바르게 함으로 교육을 받습니다(딤후 3:16). 왜냐하면 성경을 읽거나 묵상하는 사람에게는 성령께서 임하셔서 그들이 잊고 있었던 것을 생각나게 하시고, 몰랐던 것을 밝히 드러내 보여주시기 때문입니다. 그래서 성경은 내가 걸어가야 할 발자국을 비춰주는 등불이요, 나를 둘러싸고 있는 불확실성을 벗겨주는 빛이라고 하는 것입니다(시 119:105).

우리들이 일상생활에서 부딪히는 문제들에 대한 해답도, 그 대부분은 이미 성경을 통해서 들려오는 하나님의 음성 속에 들어 있습니다. 예를 들어, 이와 같은 상황에서 가출이나 이혼을 해야 할까 말아야 할까, 고리대금업이나 주일출근은 해도 좋을까 하는 등에 대한 해답을 기대한다면, 성경을 읽으면 하나님의 음성을 분명하게 듣게 됩니다.

하나님의 음성은 설교자를 통해서 들립니다. 하나님의 음성은 많은 경우에 성경을 풀어 전해주는 설교자를 통해서 들립니다. 하나님께서는 성경대로 살아가는 데 있어 필요한 말씀을 옛날 선지자나 사도들에게 하셨던 것처럼, 친히 설교자들의 입에도 넣어 주시기 때문입니다. 성경에는 죽은 이후에 가서야 아직 살아 있는 다섯 형제들을 안타깝게 생각했던 부자에 관한 말씀이 있습니다. 그는 그의 기대와는 달리 "모세와 선지자들이 있으니 저희에게 들을지니라"하는 말씀을 들었습니다(눅 16:29). 우리는 이 말씀을 통해서, 오늘날 우리가 모세와 선지자들의 말씀을 풀어서 전해주는 설교자의 음성을 듣는다는 것이 얼마나 중요한 일임을 잘 알 수가 있습니다.

설교자는 하나님의 음성을 전하는 나팔과 같습니다. 그러므로 설교자는 오직 하나님의 충실한 나팔이 되려는 자세를 가져야 합니다. 그리고 하나님의 음성 듣기를 원하는 사람은 당연히 그 설교에 귀를 기울이되, 사람의 말이 아니라, 하나님께서 말씀하시려는 음성을 들으려는 자세를 가져야 합니다. 들을 수 있는 귀만 준비한다면, 우리는 설교를 듣는 중에 하나님의 음성을 얼마든지 들을 수가 있습니다.

하나님의 음성은 기도와 묵상하는 중에 들립니다. 기도는 주로 우리의 감사를 하나님께 돌려 드리고, 죄의 용서와 우리에게 필요한 간구의 내용을 아뢰는 것이 보통입니다. 그러나 기도는 일방적으로 우리가 하나님을 향하는 형식보다, 하나님께서 우리를 향하시는 것도 포함을 하는 쌍방적인 형식이 더 바람직합니다.

우리가 기도하는 중에는 시내산의 모세나 다메섹으로 가 던 사울에게 들렸던 것과 같은 음성이나, 베드로나 요한이 보았던 환상, 또는 다니엘이 보았던 벽에 새겨진 글씨가 없을는지도 모릅니다. 하지만 우리는 큰 소리를 지르며 외치는 기도만 고집할 것이 아니라, 때로는 성령께서 우리의 마음과 생각에 감동으로 임하여 주시기를 조용하게 기다리는 자세를 가질 필요도 있습니다. 그리고 예수님이시라면 이런 경우에 과연 어떻게 말씀을 하실 것인가를 생각해 보는 것이 좋습니다. 그러면 엠마오로 가던 두 제자가 예수님의 말씀을 듣고 그 마음이 뜨거워졌을 때와 같은(눅 24:32), 감동의 형식으로 임하는 하나님 음성이 들릴 수 있습니다.

다윗 임금은 묵상 중에도 이러한 경험을 했습니다. 그는 뜨거워진 마음으로 자신의 종말과 연한의 어떠함을 여호와께서 알게 하여 주시기를 묵상하며 기다렸습니다(시 39:3-4). 나다나엘은 무화과나무 밑에서 묵상을 하다가 예수님께로부터 그가 묵상을 하고 있던 내용이 어떻게 전개될 것인지를 알게 되는 응답을 받았었습니다(요 1:50). 묵상을 즐기는 사람은 그 행사가 다 형통하여지는 복을 누리게 된다고 한 시인의 노래는 바로 이러한 의미를 포함하고 있음이 분명합니다(시 1:2-3).

하나님의 음성은 섭리적 사건들 중에서도 들립니다. 하나님께서는 자신의 기쁘신 뜻과 목적을 따라서 천지를 창조하셨습니다. 그리고 그 목적이 이루어지도록 졸거나 주무시는 일이 없이 항상 다스리고 계십니다. 우리는 이것을 섭리라고 부릅니다. 그러므로 하나님의 섭리하심 속에는 사람들을 향하는 소리 없는 하나님의 말씀이 깃들여 있습니다.

자연계에는 부지런히 일을 해야 수고의 떡을 먹는다는 하나님의 음성이 들어 있습니다. 각종 재난들 속에는 주님 재림의 때가 가까웠다는 하나님의 음성이 들어 있습니다. 인류의 역사 속에는 의롭게 살아야 명예를 얻는다는 하나님의 음성이 들어 있습니다. 불의는 분쟁과 전쟁을 낳고야 만다는 하나님의 음성이 들어 있습니다. 우리의 양심 속에는 하나님 안에서라야 인간의 참된 행복이 있다는 하나님의 음성이 들어 있습니다. 때로는 우리의 나아가는 길이 형통하거나 막히는 행사 속에, 또는 이웃과의 만남이나 대화 속에도 하나님의 음성이 들어 있습니다. 아니 우리들 주변 사방에 하나님을 알 만한 것, 즉 하나님의 음성이 가득히 넘쳐흐르고 있습니다(롬 1:10~21).

성령으로 기도하는 중에 환상으로 들리기도 합니다. 그리고 하나님께 기도하다가 잠을 잘 때 꿈으로도 들려주시기도 합니다. 우리가 해야 할일은 좌우지간 모든 통로를 열어놓고 음성을 들으려고 해야 합니다. 하나님의 음성이 과연 어떤 식으로 들려오고 있는

가 하는 것은 별로 문제가 되지 않습니다. 그 음성을 들으려고 하는 우리의 자세가 문제입니다. 들으려는 마음을 가지고 세심한 주의를 기울이기만 하면, 우리는 얼마든지 흐르는 물이나 지저귀는 새, 터지는 화산, 나라와 민족의 흥망성쇠, 이웃의 운명 등에 스며져 있는 하나님의 섭리하심 속에서 들려지는 하나님의 음성을 들을 수가 있기 때문입니다.

시인은 언어도 없고 들리는 소리도 없지만(시 19:4), 하늘을 보면서 하나님의 손가락으로 쓰신 글을 읽었고, 해와 달을 보면서 하나님의 음성을 들었다고 고백했습니다(시 8:3). 우리도 시인처럼 하나님의 섭리 속에서 들려지는 하나님의 음성을 들으려고 노력을 해야 합니다.

사람, 특히 그리스도인은 반드시 하나님의 음성을 들어야 합니다. 그래야 사람의 본분을 다할 수 있고, 올바른 성도의 삶을 살 수가 있습니다. 그러나 오늘 우리는 성경에 나타난 경우들처럼, 반드시 신기한 소리나 환상이나 글씨로 하나님의 음성을 들으려고 해서는 안 됩니다. 성경에 등장하는 사례들은 대부분 특별계시의 수단으로 이용되었기 때문입니다.

우리는 무엇보다도 성경 자체를 통해서 하나님의 음성을 들으려는 자세를 가져야 합니다. 그리고 설교자의 메시지나 기도와 묵상, 하나님의 섭리를 통해서도 계속해서 넘쳐나게 들려오고 있는 하나님의 음성을 듣기 위하여, 마음의 귀를 활짝 열어 놓아야 합니다. 하나님께서는 우리의 마음 문 밖에서 우리에게 많은 음성을 들려주려고 기다리고 계십니다. 하나님께 집중하고 있으면 성령으로 음성을 들려주십니다. 들으려는 자세가 무엇보다도 중요합니다. 관심을 가지고 집중하면 들려주십니다.

하나님은 하나님께 현실문제의 해결을 위하여 질문하면서 기도하면 레마의 말씀으로 현실 문제를 해결하시고 치유하십니다. 하나님이 지혜의 말씀을 보내어 상한 심령을 치유하시고, 위로하여 주시고, 새롭게 하십니다. 우리는 하나님의 음성을 귀로 듣는 것으로 생각하기 때문에 평생 듣지 못했다고 생각합니다.

우리는 하나님의 음성을 헤아릴 수 없이 들었습니다. 성경말씀, 기도로 듣습니다. 신령한 생각이 떠올라서, 다른 사람의 목소리를 통해 하나님의 음성을 듣습니다. 자연 환경, 인간 환경, 주변 환경, 양심을 통해서 하나님 말씀이 마음에 기록되게 하십니다.

우리가 고난당할 때 믿음으로 극복해야 하는데 믿음으로 극복하기 전까지는 감사가 없고, 기쁨이 없어서 신앙생활을 잘하지 못합니다. 하나님은 완전하십니다. 고난 중에서도 나에게 이루실 것이 있다고 믿으시기 바랍니다. "우리가 알거니와 하나님을 사랑하는 자 곧 그의 뜻대로 부르심을 입은 자들에게는 모든 것이 합력하여 선을 이루느니라"(롬 8:28).

창세기 50장 19-20절에 "요셉이 그들에게 이르되 두려워하지 마소서 내가 하나님을 대신하리이까 당신들은 나를 해하려 하였으나 하나님은 그것을 선으로 바꾸사 오늘과 같이 많은 백성의 생명을 구원하게 하시려 하셨나니" 요셉이 자기 형제들에게 '하나님이 악이 변하여 선이 되게 하셨다'고 했습니다. 악이 변하여 선을 이루는 하나님을 신뢰하시기 바랍니다. 하나님의 음성을 어떻게 들을까요?

첫째, 우리는 끊임없이 듣지만 알아듣지 못하는 경우가 있습니다. 그 이유는? 들으려는 의지가 없으면 듣지 못합니다. 관심이 없으면 듣지 못합니다. 하나님께 집중하지 못하기 때문입니다. 사무엘이 엘리 제사장 밑에서 훈련을 받고 있는 중에 하나님이 "사무엘아" 부르셨는데 자기를 부르는 줄 생각하지 못했습니다. 세 번째 부르시자 엘리가 "하나님이 너를 부르시나보다 말씀하옵소서 주의 종이 듣겠나이다 하라" 주님의 음성을 듣겠다는 의지가 있을 때 듣게 됩니다. 듣겠다는 것은 순종하겠다는 것입니다. 하나님의 음성을 듣기 원하고 사모한다면 하나님의 말씀에 순종해야 합니다.

하나님의 음성을 듣기 위한 훈련을 통하여 풍요로워집니다. '부모님 음성을 어떻게 분별해서 듣기 시작하였습니까?' 아이가 처음부터 부모의 목소리를 분별하지는 못합니다. 부모가 계속 끊임없이 이야기해서 아이는 지속적으로 들어 부모 형제 목소리를 분별하게 됩니다. 영어 방송이 나온다면 듣고 웃기도 울기도 하는 사람, 더듬더듬 듣는 사람, 하나도 안 들려지는 사람이 있습니다.

훈련을 통해서 들을 수 있는 세계가 넓어지는 것입니다. 훈련을 통하여 하나님의 음성을 듣는 세계가 넓어지고 풍요로워집니다. 훈련을 받지 않으면 자아의 소리와 하나님의 음성을 분별하지 못합니다. 성도들은 예배당에서 담임목사에게 음성듣고 대화하는 훈련을 받을 필요가 있습니다.

마귀의 소리는 분별이 쉽습니다. 미움, 시기, 질투의 소리는 마귀의 소리입니다. 내 육신의 본성이 마귀의 소리를 붙잡으려고 해서 어렵지 마귀와 하나님의 음성은 분별이 가능합니다. 그러나 자아의 음성과 하나님의 음성은 분별하기 어렵습니다.

"여호와께서 이르시되 네 아들 네 사랑하는 독자 이삭을 데리고 모리아 땅으로 가서 내가 네게 일러 준 한 산 거기서 그를 번제로 드리라"(창 22:2). 아브라함은 어느 것이 하나님의 음성인지 분별하고 순종이 가능했습니다. 어떻게 도저히 있을 수 없는 명령, 얼토당토 않는 명령, 터무니없는 명령을 내리실까? 때를 따라 시간이 지나면 분별이 가능합니다. 훈련을 통해 가능합니다.

둘째, 우리들의 신경과 정신이 다른데 빠져있으면 하나님의 음성이 들리지 않습니다. 우리들의 관심이 돈 버는 데, 성공하는 데에 있으면 성공하기 위해 남을 짓밟아야 하므로 하나님의 음성을 들으려야 들을 수가 없습니다. 아이들이 텔레비전을 보면 텔레비전에 빨려들어 갑니다. 불러도 못 알아듣습니다. 다른 것에 집중하면 하나님의 음성이 들리지 않습니다. 하나님에게 집중하기를 축원합니다. "믿음의 주요 또 온전하게 하시는 이인 예수를 바라보자 그는 그 앞에 있는 기쁨을 위하여 십자가를 참으사 부끄러움을 개의치 아니하시더니 하나님 보좌 우편에 앉으셨느니라"(히 12:2). 하나님과의 친밀성을 회복합시다. 하나님이 우리가 보통으로, 평상적으로 말하면 듣지 않으니까 환경에 문제를 통해서라도 듣게 하십니다. 하나님은 모세에게는 친구처럼 대면하여 말씀하셨습니다. 아브라함은 하나님의 벗이라 칭함을 받았습니다. 모세, 아브라함은 하나님과 친밀한 사람이었습니다. 우리는 하나님의 표정만 봐도 하나님의 마음을 알아야 합니다. 하나님의 마음을 모르십니까? '백 번, 천 번 들어도 모르겠어요.' 합니까? 하나님과 친밀성을 회복하시기 바랍니다.

셋째, 순종함이 없을 때 하나님의 음성이 들리지 않습니다. '제가 하나님의 뜻이 무엇인지 온전히 알기만하면 순종할 수 있습니다.'라고 생각합니다. '하나님의 뜻이 무엇인지 알려주십시오. 뜻만 알면 순종하겠습니다.' "나를 보내신 이의 뜻은 내게 주신 자 중에 내가 하나도 잃어버리지 아니하고 마지막 날에 다시 살리는 이것이니라"(요 6:39). 하나님의 뜻은 '영혼 구원'입니다. "하나님의 뜻은 이것이니 너희의 거룩함이라"(살전 4:3). "항상 기뻐하라 쉬지 말고 기도하라 범사에 감사하라 이것이 그리스도 예수 안에서 너희를 향하신 하나님의 뜻이니라"(살전 5:16-18). "선을 행함으로 고난 받는 것이 하나님의 뜻일진대 악을 행함으로 고난 받는 것보다 나으니라"(벧전 3:17).

성경은 하나님의 뜻을 밝히는 내용이 많이 있습니다. '거룩하다'는 말은 '구별되다'라는 뜻입니다. 구별되게 살기 위하여 주님의 음성을 들어야 합니다. 현실 문제를 하나님의 방법으로 해결하며 전인격이 성령의 지배를 받아야 구별된 삶을 살아갈 수가 있습니다. 선을 행함으로 고난 받는 것이 하나님의 뜻입니다. 그러나 '고난 받는 것은 싫어요.' 하는 것이 성도들에게 꽉 차있습니다. 하나님의 뜻을 몰라서 순종하지 않는 것이 아니라, 하나님의 뜻이 내 뜻과 맞지 않아서 순종하지 않습니다. 하나님의 뜻을 모르는 척 합니다. 순종하지 않고 자신의 뜻과 같은 음성을 다시 구합니다.

"내 양은 내 음성을 들으며 나는 그들을 알며 그들은 나를 따르느니라"(요 10:27). 양은 방향감각이 없어서 자기 집도 찾아오지 못합니다. 양은 근시안입니다. 1m 정도만 떨어지면 보이지 않습니다. 인간은 만물의 영장이라지만 한 치 앞도 모릅니다. "너는 내일 일을 자랑하지 말라 하루 동안에 무슨 일이 일어날는지 네가 알 수 없음이니라"(잠 27:1). 인간과 양은 흡사 합니다. 양은 남을 공격할 수 있는 무기도 없고 자기를 지킬 힘이 없습니다. 인간도 자기를 지킬 수가 없습니다. 양이 고집이 세어 앞발을 뻗어 버티고 꿈쩍도 하지 않아 좀처럼 끌고 가기 어렵다고 합니다. "우리는 다 양 같아서 그릇 행하여 각기 제 길로 갔거늘 여호와께서는 우리 모두의 죄악을 그에게 담당시키셨도다"(사 53:6)

자기 생각에 안 맞으면 안 따라갑니다. 양에게 장점이 하나있는데 자기를 인도하는 목자의 음성은 알아듣고 순종합니다. 주님의 음성을 정확하게 알아듣고 따라가는 믿음의 사람이 되시기 바랍니다. 갈어 다니는 성전이 되어 주님께 집중하시기를 바랍니다.

마귀의 소리를 분별해야 합니다. "마귀가 벌써 시몬의 아들 가룟 유다의 마음에 예수를 팔려는 생각을 넣었더라"(요 13:2). 마귀가 생각을 집어넣는 것을 막을 수 없습니다. 그러나 마귀가 내 머리 위에 집을 짓지는 못하게 해야 합니다. 어떻게 물리칠 수 있을까요? 마귀의 소리를 제거해야 합니다. 마귀의 소리를 제거하기 위해서는 한 가지 방법이 있습니다. 마귀는 인간보다 강한 존재이나 예수 그리스도의 이름과 권세로 제압할 수 있습니다. "그런즉 너희는 하나님께 복종할지어다. 마귀를 대적하라 그리하면 너희를 피하리라"(약 4:7) 밖에서 사람에게서 들리는 마귀소리에 관심을 멀리하고 지속적으로 마음 안의 예수님을 찾아야 합니다. 예수님을 찾아 주님이 충만해지면 마귀소리는 물러갑니다. 성령의 임재가운데 하나님께 복종하고 마귀를 대적해야 물러갑니다.

미움, 시기, 원망, 질투, 분노의 생각들은 '내가 예수의 이름으로 명하노니 물러가라.' 성령의 임재가운데 대적해야 합니다. "근신하라 깨어라 너희 대적 마귀가 우는 사자같이 두루 다니며 삼킬 자를 찾나니 너희는 믿음을 굳건하게 하여 그를 대적하라 이는 세상에 있는 너희 형제들도 동일한 고난을 당하는 줄을 앎이라"(벧전 5:8-9). 대적 마귀는 우리를 넘어뜨리려고 찾아다닙니다. 마귀를 '대적하라.' 마귀와 타협하지 마십시오. 예수 그리스도의 권세로 물리치십시오. 마음속의 사랑을 잃어버리면 안 됩니다. 마귀가 평화의 마음을 뺏어갑니다. 마귀의 소리는 대적함으로 물리칠 수 있습니다.

자아의 소리는 '물러가라' 해서 물러가지 않습니다. 자아의 소리는 죽을 때까지 함께 가야 합니다. 자의의 소리에 지배 받게 되면 하나님의 음성을 듣지 못하고 내 뜻대로 행하게 됩니다. 자아의 소리는 합리적이어서 하나님의 계획을 알지 못합니다. 자아의 소리를 잠재우는 것은 자신이 죽는 것입니다. 자신의 자아를 성령으로 죽여야 합니다. 주님이 주시는 마음이 없다면 대꾸하지 말아야 합니다. 주님께 집중하고 지속적으로 찾아야 합니다.

제가 들은 주님의 음성을 이렇습니다. '자아의 소리를 어떻게 처리하는 것이 좋겠습니까?' '자아의 소리는 네가 죽어야만 처리할 수 있다.' "구주와 함께 나 죽었으니 구주와 함께 나 죽었으니 구주와 함께 나 살았도다. 영광의 그날에 이르도록 언제나 주 만 바라봅니다. 언제나 주는 날 사랑하사 언제나 새 생명 주시나니 영광의 그날에 이르도록 언제나 주 만 바라봅니다."

구주 예수님과 함께 죽어야 합니다. 바울 사도는 "내가 그리스도와 함께 십자가에 못 박혔나니 그런즉 이제는 내가 사는 것이 아니요, 오직 내 안에 그리스도께서 사시는 것이라. 이제 내가 육체 가운데 사는 것은 나를 사랑하사 나를 위하여 자기 자신을 버리신 하나님의 아들을 믿는 믿음 안에서 사는 것이라"(갈 2:20). '나는 그리스도와 함께 십자가에 못 박혔다. 이제는 내가 사는 것이 아니다. 내 안에 그리스도가 사시는 것이다.' 내가 살아있으면 주님이 내 안에서 능력으로 역사하실 수 없습니다. 내가 죽는 것은 자아의 소리가 없어질 때까지 예수님을 찾는 것입니다. 자신의 전인격이 예수님으로 채워질 때 자신은 없어지고 자아의 소리가 멈추는 것입니다. 그 때 예수님과 대화하며 음성을 들을 수가 있습니다.

주님이 십자가에 못 박히실 때 '다 이루었다. 다 갚았다.' '테텔레스 타이' 주님이 십자가에 못 박히실 때 내 죄의 빚을 다 갚으셨습니다. "거기 너 있었는가, 그 때에 주님 그 십자가에 달릴 때 오 때로 그 일로 나는 떨려-떨려-떨려 거기 너 있었는가, 그 때에"

주님이 십자가에 못 박히실 때 당신은 거기에 있었습니까? 2000년 전 예루살렘 골고다 언덕, 시간, 공간이 맞지 않습니다.

'나는 떨려' 믿음의 사건을 믿음의 눈으로 보았습니다. 육신의 눈으로는 안 보입니다. 그러나 보이지 않는 것들이 보이는 것이 믿음입니다. '주님이 못 박히실 때 나도 죽었다'를 받아들이는 것이 믿음입니다.

"무릇 그리스도 예수와 합하여 세례를 받은 우리는 그의 죽으심과 합하여 세례를 받은 줄을 알지 못하느냐 그러므로 우리가 그의 죽으심과 합하여 세례를 받음으로 그와 함께 장사되었나니 이는 아버지의 영광으로 말미암아 그리스도를 죽은 자 가운데서 살리심과 같이 우리로 또한 새 생명 가운데서 행하게 하려 함이라"(롬 6:3-4).

세례는 내적 신앙의 외적 표현 증거입니다. 그리스도 예수를 구주로 믿는다고 입으로 시인하는 것입니다. 세례를 받았다는 것은 그리스도 예수와 함께 장사되었다는 것을 믿음으로 받아들이는 것입니다. 우리 옛사람의 죽음을 인정하고 그리스도와 함께 새사람으로 거듭나는 것입니다. 거듭나려면 성령으로 세례를 받고 성령의 인도를 받아야 합니다.

자아의 소리는 죽음으로만 처리됩니다. 기둥뿌리 뽑아 하나님께 바치는 사람은 3~4명 정도 보았지만 성질머리 뽑아 바치는 것이 더 어렵습니다. 주님의 소리라고 들었는데, 주님의 소리라고 확신하는데 서로의 생각이 다릅니다. 다수결로 할 것인가? 기도하고, 기도하면서 성령의 하나 되게 하심으로 성령의 역사를 붙잡고 나가야 합니다. 영적인 지도자, 목사님의 말씀이 소중합니다. 신앙적인 멘토를 갖는 것이 소중합니다.

주님의 음성을 영적 분별하는 사람을 통해서 신앙생활을 같이 하면 활력이 있고 힘이 있습니다. 주님의 말씀이 나와 함께 하면 주님이 나와 함께 동행 하십니다. 주님의 음성을 듣는 것에 둔감하여지면 오락가락하게 됩니다. 주님의 음성을 듣는 것에 민감하여지면 매순간 주님과 동행합니다. 주님과 대화하며 음성을 듣고 순종하는 것에 민감하여지면 웨슬리 목사님의 구원론과 같이 우리는 성화되고, 영화됩니다.

성화(Sanctification)는 사람이 회개와 믿음으로 거듭날 때부터 시작되는 것으로 세상적이고, 정욕적이고, 악마적인 마음이 예수 그리스도 안에 있는 마음으로 바꿔져서 하나님의 형상을 회복하고 그리스도의 장성한 분량에까지 성장해 가는 것입니다. 영화는 그리스도의 장성한 분량에 이르도록 자라는 것입니다. 쉽게 말해서 성화는 아브람이고, 영화는 아브라함입니다. 성화가 되었다고 영에 속한 사람이 아닙니다. 말씀과 성령으로 연단의 기간을 거쳐서 영화에 이르러 영에 속한 사람(아브라함)이 되는 것입니다.

충만한 교회는 매주 다른 과목을 가지고 매주 화-수-목(10:30-13:00)집회를 인도합니다. 무료집회입니다. 단 교재를 구입해야 입장이 가능합니다. 매주 다른 과목으로 집회를 합니다.

병원이나 세상 방법으로 해결하지 못하는 무슨 문제든지 해결을 받겠다는 믿음을 가지고 오시면 15가지 질병과 문제도 모두 치유 받습니다. 천국을 누리고 싶은 분은 믿음을 가지고 오시기만 하면 무슨 문제라도 치유되고 해결이 됩니다. 오시면 천국을 체험하고 누리며 살아가게 됩니다.

10장 대화하며 음성 듣도록 창조하신 하나님

(창 1:27-29)"하나님이 자기 형상 곧 하나님의 형상대로 사
람을 창조하시되 남자와 여자를 창조하시고, 하나님이 그들에게
복을 주시며 하나님이 그들에게 이르시되 생육하고 번성하여 땅
에 충만하라, 땅을 정복하라, 바다의 물고기와 하늘의 새와 땅에
움직이는 모든 생물을 다스리라 하시니라. 하나님이 이르시되
내가 온 지면의 씨 맺는 모든 채소와 씨가진 열매 맺는 모든 나무
를 너희에게 주노니 너희의 먹을 거리가 되리라"

하나님께서 사람을 창조하신 것은 사람을 통하여 영광을 받으시
기 위함입니다. 이사야 43장 7절을 보면 "무릇 내 이름으로 일컫
는 자 곧 내가 내 영광을 위하여 창조한 자를 오게 하라 그들을 내
가 지었고 만들었느니라"고 말씀하십니다. 하나님은 사람과 음성
으로 대화하며 영광을 받으십니다. 하나님께서는 피조물인 사람들
로부터 영광을 받으실 만한 충분한 자격을 갖추고 계십니다. 창조
주이시며 사랑과 공의의 하나님께서 우리를 구원하기 위해 독생
자까지 보내사, 온 인류의 죄 값을 담당할 화목제물로 삼아 주셨기
때문입니다. 더구나 아름다운 천국을 예비해 놓으시고 그 곳에서
영원토록 행복하게 살도록 하기 위해 이 땅에 살아가는 동안 이런
저런 일들을 겪게 하시는 것입니다. 물론 사람이 처음부터 이처럼
온갖 수고와 고통을 겪어야 했던 것은 아닙니다.

하나님께서는 천지만물 가운데 자신의 형상을 그대로 닮은 첫

사람 아담을 창조하신 후 그를 위해 아름다운 에덴동산을 창설하여 그 곳에서 아무 부족함이 없이 살도록 배려해 주시고 만물을 다스리는 권세를 주셨습니다. 아담은 하나님과 대화하여 에덴동산을 거닐면서 지냈습니다. 그런데 오랜 세월이 지난 후 아담은 선악과를 따 먹는 불순종의 죄로 인해 에덴동산에서 쫓겨나게 되었으며, 결국엔 아담의 후손들 모두가 죄인이 되어 영원한 사망인 지옥으로 갈 수밖에 없었던 것입니다.

그러나 사랑의 하나님께서는 사망의 길로 가는 사람을 그대로 버려두지 않으시고 구원받을 수 있는 길을 예비하셨습니다. 곧 흠도 점도 없으신 예수님으로 하여금 죄인 된 우리를 대신하여 십자가의 형벌을 받게 하심으로 이를 믿는 사람마다 죄 사함을 받고 영생을 얻을 수 있도록 구원의 길을 활짝 열어 주신 것입니다. 그러므로 요한계시록 5장 12절에 "죽임을 당하신 어린 양이 능력과 부와 지혜와 힘과 존귀와 영광과 찬송을 받으시기에 합당하도다"라고 말씀하시는 것입니다.

그런데 세상을 살아가는 거의 누구나가 언젠가는, 인생의 목적이 무엇인지 궁금해 합니다. 열심히 일하여 생활 상태를 향상시키고 가족을 부양하면서 70년이나 80년을 살다가 죽으면 영원히 존재하지 않게 되는 것이 인생의 목적입니까? 그렇게 생각하는 한 젊은이는 "살면서 자녀를 낳고 행복을 누리다가 죽는 것" 외에는 인생에 목적이 없다고 말하였습니다. 그러나 과연 그러합니까? 그리고 사람이 죽으면 정말 그것으로 모든 것이 끝납니까?

동서양 여러 나라에 사는 많은 사람은 물질적 부를 취득하는 것이야말로 삶의 주된 목적이라고 생각합니다. 그들은 그것이 행복하고 의미 있는 생활로 인도할 수 있다고 믿습니다. 그러나 물질적 부를 이미 소유한 사람들은 어떠합니까? 캐나다의 저술가 해리 브루스는 "굉장히 많은 수의 부유한 사람들이 자기들은 행복하지 않다고 주장한다"고 말하였습니다. 그는 이렇게 덧붙였습니다. "여론 조사는 북아메리카가 심한 염세주의에 물들었음을 보여 준다. 이 세상에 행복한 사람이 과연 있을까? 있다면 그 비결은 무엇일까?"

전 미국 대통령 지미 카터는 이렇게 말하였습니다. "물품을 소유하고 소비하는 것으로는 의미를 갈구하는 인간의 욕구를 충족시킬 수 없음을 우리는 알게 되었다. 확신이나 목적이 없는 삶의 공허함이 물자를 축적한다고 해서 채워지는 것은 아니다." 그리고 또 다른 정치 지도자는 이렇게 말하였습니다. "나는 여러 해 동안 나 자신과 내 인생에 관한 진리를 탐구하는 데 몰두해 왔다. 내가 아는 다른 많은 사람도 동일한 것을 탐구하고 있다. '인간이란 무엇인가? 인생의 목적은 무엇인가?' 하고 묻는 사람이 과거 어느 때보다도 많다."

인생에는 하나님의 웅대한 목적이 있습니다. 땅과 지상 생물이 만들어진 방법을 보면 창조주는 참으로 관심을 가지고 계신 사랑의 하나님이심을 알게 됩니다. 그리고 그분의 말씀인 성경도 그분이 관심을 가지고 계심을 보여 주는데, 성경은 '인류가 땅에 존재하게 된 이유는 무엇인가? 인류는 장차 어떻게 될 것인가?'라는 질문들에 관한 궁극적인 대답을 알려 주기 때문입니다.

우리는 그 대답을 얻기 위해 성경을 조사해 보아야 합니다. 하나님의 말씀은 이렇게 말합니다. "너희가 만일 저를 찾으면 저가 너희의 만난바 되시려니와 너희가 만일 저를 버리면 저도 너희를 버리시리라."(역대하 15:2). 그러므로 하나님의 말씀을 조사해 보면 우리에 대한 그분의 목적에 관하여 무엇을 알게 됩니까? 하나님께서 인간을 창조하신 이유는 이렇습니다. 성경은 하나님께서 특히 인간을 염두에 두고 땅을 준비하셨음을 알려줍니다. 이사야 45:18은 땅에 관하여 하나님께서 "땅도 헛되이 창조치 아니하시고 사람으로 거하게 지으셨다"고 알려 줍니다. 그리고 그분은 사람이 땅에 존재하는 데 필요한 것만 아니라, 인생을 온전히 즐기는 데 필요한 것도 모두 마련해 주셨습니다(창1,2장).

하나님께서는 그분의 말씀 가운데서 첫 인간 아담과 하와를 창조하신 일에 관하여 알려 주며 인류 가족을 위해 염두에 두신 것이 무엇인지를 밝혀 줍니다. 그분은 이렇게 말씀하셨습니다. "우리의 형상을 따라 우리의 모양대로 우리가 사람을 만들고 그로 바다의 고기와 공중의 새와 육축과 온 땅과 땅에 기는 모든 것을 다스리게 하자."(창세기 1:26). 인간은 "온 땅"과 지상의 동물을 감독하게 되어 있었습니다. 하나님께서는 중동에 있는 에덴이라는 지역에 공원 같은 거대한 정원을 만드셨습니다. 그 다음에 그분은 "그 사람을 이끌어 에덴동산에 두 사 그것을 다스리며 지키게" 하셨습니다. 그것은 첫 인간이 먹어야 할 모든 것이 갖추어진 낙원이었습니다. 그리고 그 안에는 "보기에 아름답고 먹기에 좋은 나무", 그리고 다른 식물과 여러 가지 흥미로운 동물이 있었습니다(창세기 2:7-9, 15).

첫 인간의 신체는 완전하게 창조되었기 때문에 그들은 병들거나 노쇠하거나 죽게 되어 있지 않았습니다. 그들은 자유 선택의 특성과 같은 다른 특성들도 부여받았습니다. 그들이 지으심을 받은 방법이 창세기 1:27에 이렇게 설명되어 있습니다. "하나님이 자기 형상 곧 하나님의 형상대로 사람을 창조하시되 남자와 여자를 창조하시니라." 우리는 하나님의 형상대로 창조되었기 때문에 신체적 속성과 정신적 속성만 부여받은 것이 아니라 도덕적이고 영적인 면도 지니게 되었으며, 우리가 참으로 행복하려면 이러한 것들이 충족되어야 합니다. 하나님께서는 식품·물·공기의 필요만이 아니라 그러한 필요를 충족시켜 줄 수단들도 마련해 주셨습니다. 예수 그리스도께서 말씀하신 바와 같이, "사람이 떡으로만 살 것이 아니요 하나님의 입으로 나오는 모든 말씀으로 살 것"입니다(마태 4:4).

더욱이 하나님께서는 첫 부부가 에덴에 있는 동안 그들에게 이러한 놀라운 명령을 내리셨습니다. "생육하고 번성하여 땅에 충만하라."(창세기 1:28). 그러므로 그들은 생식력을 가지고 있어 완전한 자녀를 낳을 수 있었습니다. 그리고 인구가 늘어감에 따라 그들은 공원 같은 원래의 에덴 낙원 지역의 경계를 확장하는 즐거운 일을 할 것이었습니다. 궁극적으로 온 땅이 개발되어 낙원이 되고 영원히 살 수 있는 완전하고 행복한 사람들이 거하게 되어 있었습니다. 성경은, 이 모든 일이 진행되게 하신 다음에 "하나님이 그 지으신 모든 것을 보시니 보시기에 심히 좋았더라"고 알려 줍니다(창세기 1:31; 시편118:17).

사람들은 정복한 땅을 활용하게 되어 있었음이 명백합니다. 그러나 책임감을 가지고 그렇게 해야 하였습니다. 사람은 존중심을 가지고 땅을 관리해야 하였으며, 땅을 망쳐 놓지 말아야 하였습니다. 오늘날 우리가 목격하는 것처럼 땅이 파괴되는 것은 하나님의 뜻과 반대되는 것이고, 그에 가담하는 자들은 지상 인생의 목적에 역행하는 것입니다. 그들은 그에 대한 형벌을 치러야 할 것입니다. 왜냐하면 성경에서는 하나님께서 "땅을 망하게 하는 자들을 멸망시키실" 것이라고 말하기 때문입니다(계 11:18).

그러므로 완전한 인류 가족이 지상 낙원에서 영원히 거하는 것이 하나님의 목적이었습니다. 그리고 그것이 여전히 그분의 목적입니다! 그 목적은 틀림없이 성취될 것입니다. 예수님께서 이 땅에 하나님의 나라를 건설하러 오셨기 때문입니다. 성경은 이렇게 말합니다. "만군의 여호와께서 맹세하여 가라사대 나의 생각한 것이 반드시 되며 나의 경영한 것이 반드시 이루리라." "내가 말하였은즉 정녕 이룰 것이요 경영하였은즉 정녕 행하리라."(이사야 14:24; 46:11).

예수 그리스도께서 미래에 대한 희망을 갖기 원한 어떤 남자에게 "네가 나와 함께 낙원에 있으리라"고 말씀하신 것은 지상에 낙원을 회복시키실 하나님의 목적에 관하여 말씀하신 것입니다(누가 23:43). 사도 베드로도 다음과 같이 예언하였을 때 다가오는 신세계에 관하여 말한 것입니다. "우리는 [하나님의] 약속대로 의의 거하는바 새 하늘[하늘에서 다스리는 새로운 정부 마련]과 새 땅[새로운 지상 사회]을 바라보도다."(벧후 3:13).

또한 시편 필자 다윗도 다가오는 신세계와 그것이 얼마나 지속될 것인지에 관하여 기술하였습니다. 그는 이렇게 예언하였습니다. "의인이 땅을 차지함이여, 거기 영영히 거하리로다."(시 37:29). 그렇기 때문에 예수께서도 이렇게 약속하셨습니다. "온유한 자는 복이 있나니 저희가 땅을 기업으로 받을 것임이라."(마태 5:5). 의인은 예수를 믿는 크리스천을 말합니다. 온유라는 것은 하나님의 성품입니다. 온유한자는 예수를 믿어 아담의 죄악을 사함 받고 성령으로 충만한 크리스천을 말하는 것입니다. 예수를 믿는 크리스천이 성령의 인도를 받으며 하나님과 교통하며 땅을 정복하고 다스리며 살아야 합니다.

악, 범죄, 질병, 슬픔 및 고통이 전혀 없는 지상 낙원에서 영원히 산다는 것은 얼마나 웅대한 전망입니까! 성경 마지막 책에서 하나님의 예언의 말씀은 그 웅대한 목적을 요약하여 이렇게 선언합니다. "[하나님이] 모든 눈물을 그 눈에서 씻기시매 다시 사망이 없고 애통하는 것이나 곡하는 것이나 아픈 것이 다시 있지 아니하리니 처음 것들이 다 지나갔음이러라." 그 예언은 이렇게 덧붙입니다. "보좌에 앉으신 이가 가라사대 보라 내가 만물을 새롭게 하노라 하시고 또 가라사대 이 말은 신실하고 참되니 기록하라 하시니라." (계시록 21:4, 5).

그렇습니다. 하나님께서는 웅대한 목적을 염두에 두고 계십니다. 그것은 의로운 신세계, 영원한 낙원이 될 것입니다. 그렇게 예언하신 분은 자기가 약속한 바를 이루실 수 있고 또 그렇게 하실 분입니다. 그분의 말씀은 "신실하고 참"되기 때문입니다. 예수를 믿는 크리스천은 인생을 사는 목적을 여기에 맞추어야 합니다. 여기에 맞추어 하나님의 계시(예언)의 말씀을 들려주시는 것입니다. 하나님은 모든 것을 알고 계셔도, 대화 자체를 좋아하시고, 우리가 구하는 것을 좋아하십니다. 구하라. 찾으라. 두드리라. 말씀하십니다. 사람은 하나님과 대화하며 지내도록 창조한 피조물입니다.

첫째, 창조 때부터 우리는 특별하게 만들어진 피조물 중에 피조물이다. 사람은 하나님과 교통하며 살아가도록 지음을 받은 특별한 존재입니다. 이는 창세기 1장 26-27절에서 잘 나타나 있습니다. "하나님이 이르시되 우리의 형상을 따라 우리의 모양대로 우리가 사람을 만들고 그들로 바다의 물고기와 하늘의 새와 가축과 온 땅과 땅에 기는 모든 것을 다스리게 하자 하시고, 하나님이 자기 형상 곧 하나님의 형상대로 사람을 창조하시되 남자와 여자를 창조하시고" 사람은 하나님에게 사람인 그 자체로 특별합니다. 하나님을 닮게 만드셨습니다.

그렇게 하나님은 사람을 만드시고, 그 사람과 대화하셨습니다. 언약을 하시기도 하고, 동물들을 이끌어 동물들의 이름을 지어주도록 하기도 했습니다. 그리고 언약을 어겨서 죄를 지었을 때도 하나님은 그들을 불러서 찾았고, 그들은 하나님 앞으로 나와서 대화하였습니다. 사람은 원래 처음부터 하나님과 대화를 하던 존재입니다.

둘째, 하나님은 택한 백성을 특별히 여기고 대화하신다. 신명기 7장 6-11절에 보면 "너는 여호와 네 하나님의 성민이라 네 하나님 여호와께서 지상 만민 중에서 너를 자기 기업의 백성으로 택하셨 나니 여호와께서 너희를 기뻐하시고 너희를 택하심은 너희가 다른 민족보다 수효가 많기 때문이 아니니라. 너희는 오히려 모든 민족 중에 가장 적으니라. 여호와께서 다만 너희를 사랑하심으로 말미 암아, 또는 너희의 조상들에게 하신 맹세를 지키려 하심으로 말미 암아 자기의 권능의 손으로 너희를 인도하여 내시되 너희를 그 종 되었던 집에서 애굽 왕 바로의 손에서 속량하셨나니, 그런즉 너는 알라 오직 네 하나님 여호와는 하나님이시요 신실하신 하나님이시 라 그를 사랑하고 그의 계명을 지키는 자에게는 천 대까지 그의 언 약을 이행하시며 인애를 베푸시되, 그를 미워하는 자에게는 당장 에 보응하여 멸하시나니 여호와는 자기를 미워하는 자에게 지체하 지 아니하시고 당장에 그에게 보응하시느니라. 그런즉 너는 오늘 내가 네게 명하는 명령과 규례와 법도를 지켜 행할지니라"

하나님은 많은 민족들 가운데 이스라엘을 택하셨습니다. 그렇 게 이스라엘을 택하신 이유는 모든 민족 중에 가장 적기 때문이라 고 하시며, 이스라엘 민족의 조상이 되는 아브라함에게 나타나셔 서 말씀하시고, 가나안 땅과 복을 주실 것을 약속하시고, 애굽에서 노예와 같이 고통당할 때는 이스라엘이 부르짖는 소리를 듣고, 하 나님은 모세를 준비하고, 그들 앞에 세워서 이스라엘 백성들을 애 굽에서 데리고 나오십니다.

세계 최고 강대국의 강력한 군대가 있는 애굽에게, 약하고, 작은 민족을 하나님이 택하셔서, 특별히 이스라엘의 하나님으로 그들에 게 말씀하시고, 그들을 위하여 재앙을 내리시고, 그들이 필요한 모든 것을 준비하여 주십니다. 택한 특별한 하나님의 민족, 하나님의 백성들에게 하나님은 말씀하시고, 대화하시면서 결국 약속하신 가나안 땅으로 이끌어 들이십니다.

셋째, 하나님은 이 세상을 만들기 전부터 특별히 택한 자기 백성들에게 말씀하신다. 하나님은 창세전에 택하셨습니다. 하나님께서 대화하며 하나님의 청지기의 삶을 살아가도록 하나님의 음성을 들을 마음의 귀를 주셨습니다. "곧 창세전에 그리스도 안에서 우리를 택하사, 우리로 사랑 안에서 그 앞에 거룩하고 흠이 없게 하시려고, 그 기쁘신 뜻대로 우리를 예정하사 예수 그리스도로 말미암아 자기의 아들들이 되게 하셨으니, 이는 그의 사랑하시는 자 안에서 우리에게 거저 주시는 바, 그의 은혜의 영광을 찬미하게 하려는 것이라"(엡 1:4-6).사람은 피조물 중에서 특별한 존재입니다. 그러나 그 중에서도 하나님의 택한 백성들은 사람들 가운데서도 특별합니다. 그 백성들을 세상을 만드시기 전부터 자기 백성으로 정하고, 예수 그리스도를 믿게 하고, 거룩하고, 흠이 없는 자기 아들들이 되게 하셨습니다.

자기 아들! 예수님이 세상을 만드실 때에, 하나님 아버지와 함께 의논하고, 계획하며, 친밀한 대화 속에서 세상을 만든 것처럼, 하나님은 우리를 자기 아들로 삼으시고, 예수님과의 친밀한 대화 속에서 그 뜻을 이루어 가시는 것과도 같이 우리를 아들로 삼고, 친밀한 대화를 하여, 하나님의 일에 동참시키고, 하나님의 일을 온전케 이루어가시고 있습니다. 그러기에 우리는 특별한 하나님의 백성, 자녀이기에 하나님과 끊임없이 대화하게 합니다.

넷째, 특별히 영과 진리로 예배하는 자를 찾고, 예배를 받으시고, 대화하기를 원하신다. 요한복음 4장 23-24절은 "아버지께 참되게 예배하는 자들은 영과 진리로 예배할 때가 오나니 곧 이 때라 아버지께서는 자기에게 이렇게 예배하는 자들을 찾으시느니라. 하나님은 영이시니 예배하는 자가 영과 진리로 예배할지니라" 하나님을 찾고 만나는 길은 열려있습니다. 우리가 하나님께 나아가는 것이 열려있습니다. 누구든지 영과 진리로 하나님께 예배하면, 하나님은 그 사람을 받아주시고, 그 예배를 받아주십니다. 그렇기 위해서 하나님은 임재하시고, 함께 하시고, 친밀한 가운데 역사하여 주십니다.

"진리의 성령이 오시면 그가 너희를 모든 진리 가운데로 인도하시리니 그가 스스로 말하지 않고 오직 들은 것을 말하며 장래 일을 너희에게 알리시리라"(요 16:13). 성령 하나님께 의지하여서 하나님께 참 예배를 드리는 자를 하나님은 찾으시고, 받으십니다. 그 성령 하나님은 진리 가운데로 인도하십니다. 말씀하십니다. 장래 일도 우리들에게 알려주십니다. 성령 하나님은 끊임없이 우리들에게 말씀하시고, 우리들은 성령을 쫓아 행합니다.

"내가 이르노니 너희는 성령을 따라 행하라 그리하면 육체의 욕심을 이루지 아니하리라"(갈5:16). 하나님은 우리를 자녀삼아 주셔서 찬송하게 하시고 찬송을 받으시고 즐거이 우리를 아무 조건 없이 그냥 기뻐하시므로 우리들에게 끊임없이 말씀하시고 대화하기를 원하십니다. 우리는 영과 진리로 주님을 찬송하며 예배드리며 주님을 주인으로 모셔야 합니다.

주님의 음성을 듣고 순종해야 합니다. 주님의 음성은 죽은 자에게 들리지 않습니다. 예수를 믿지 않아 영이 깨어나지 않은 생명 없는 모든 인류가 죽은 자입니다. 육신이 살아있다고 하나 실상이 생명 없는 죽은 자라는 것입니다. 하나님이신 예수님께서 모든 인류에게 하신 언약대로 친히 구원자로 오셨습니다. 모든 인류의 죄를 십자가에서 거두심으로서 모든 인류는 죄에서 해방되었습니다. 곧 낙원의 아담으로 회복되었습니다. 또한 언약하신대로 모든 인류에게 생명수[=생명말씀]를 거저 주시며 받아 마시라고 하셨습니다.

곧 낙원의 생명실과[=생명말씀]를 거저 주시며 먹으라고 하신 것입니다. 이 말씀을 듣고 죽은 영들이 나오면 영이 살아납니다. 산영이 됩니다. 성령의 전이 됩니다. 아담이 먹지 못했던 생명실과를 먹으면 사람이 하나님의 아들로 달라집니다. 생명실과를 먹는다는 것은 하나님이신 예수님의 말씀을 먹는다는 것이며, 생명수를 마신다는 것도 하나님이신 예수님의 말씀을 마신다는 것입니다. 하나님이신 예수님의 말씀은 생명의 살이며 생명의 피 입니다. 말씀으로 모든 만유를 창조하신 것 같이 말씀으로 사랑하시는 사람들을 하나님의 아들로 창조하시는 것입니다. 영이 죽은 자들이 생명의 말씀을 듣고 나오면 영이 살아납니다. 산영이 됩니다. 어서 하나님의 음성을 듣고 나오기를 소원합니다.

"나 예수는 선한 목자[=선하신 아버지]다. 내 양들[=아버지의 아들들]은 내 음성[=아버지의 말씀]을 알아듣고 다 내게로 오며, 나[=

아버지]는 내 양들[=아들들]을 다 아느니라."

"선한 목자[=선하신 아버지]는 자기 양들[=아버지의 아들들]을 살리기 위하여 자기 생명을 던지기도 하고 다시 찾기도 하느니라." "내가 어찌 다윗의 자손이냐? 다윗이 찬양한 선한 목자, 그 하나님이 바로 나 예수 이니라." 생명 없는 자들이 생명을 얻기 위하여 예수님을 사랑하는 마음으로 예수님께 생명을 얻기를 간절히 원합니다. 예수님께서는 이들을 사랑하사, 당신의 말씀 안으로 인도하시고 생명을 주십니다. 유일하신 하나님이시며, 유일하신 아버지이신 예수님의 실상을 볼 수 있는 생명을 주시는 것입니다. 그 생명은 곧 하나님의 아들 권세입니다.

"나 예수는 생명의 빛[=하나님]이다. 너희는 빛의 아들들[=하나님의 아들들]이 되라!" "누구든지 나 예수[=말씀]를 사랑하면 내[=성령]가 그를 사랑하여 내가 그에게 생명[=영]을 주어 나[=아버지]를 알아보게 하리라."

하나님이신 예수님은 사람들의 아버지가 아니시라, 성령에게서 난 영들의 아버지 이십니다. "나 예수가 너희에게 이른 말, 그 말씀들이 성령[=하나님]이요 생명이니라." 하나님의 음성을 들을 때, 하나님이신 예수님의 생명의 말씀으로 인도될 때라는 것입니다. 예수님이 주신 생명의 말씀을 통해서 사람이 보지 못한 것을 보게 하시고, 사람이 깨닫지 못한 것을 깨닫게 하시며, 사람이 알지 못한 것을 알게 하십니다.

곧 아버지이신 예수님의 실상을 알게 하시며 아버지의 아들인 나의 실상을 알게 하시며 아버지의 이름인 예수 이름을 알게 하십니다. 예수님을 아는 것 같이 중요한 것이 없습니다. 생명을 얻지 못하면 유일하신 하나님이신 예수님을 알 수 없습니다. 예수님을 믿는다고 하지만, 예수님을 정확히 알지 못하는 이유는 무엇일까요? 예수님인 생명을 원하지 않아 생명을 얻지 못했기 때문입니다. 예수님을 진실로 사랑하지 않아 생명을 얻지 못했기 때문입니다.

그들이 한 결 같이 원하는 건, 세상의 부귀영화와 무병장수입니다. 그들이 사랑하는 건 돈이요 금이요 재물입니다. 그들이 좋아하고 믿는 건 인간이 만든 교리요, 인간의 설교요, 인간이 만든 하나님의 이름입니다. 이들은 하나님의 음성을 듣지 못합니다. 예수님의 말씀을 보아도 보이지 않고, 깨달으려 해도 깨닫지 못하고, 알려 해도 알지 못합니다. 그 올무에서 나오십시오! 예수님을 직접 만나십시오! 예수님은 예수님의 말씀에 계십니다. 예수님께 오직 생명만을 원하십시오! 예수님을 사랑하는 마음으로 바뀌게 되시기를 바랍니다.

3부 하나님과 친밀하게 대화하며 음성 듣기

11장 하나님과 대화하며 음성을 쉽게 듣는 비결

(삼상3:9-11)"이에 사무엘에게 이르되 가서 누웠다가 그가 너를 부르시거든 네가 말하기를 여호와여 말씀하옵소서 주의 종이 듣겠나이다, 하라. 이에 사무엘이 가서 자기 처소에 누우니라. 여호와께서 임하여 서서 전과 같이 사무엘아! 사무엘아! 부르시는지라. 사무엘이 가로되 말씀하옵소서 주의 종이 듣겠나이다. 여호와께서 사무엘에게 이르시되 보라 내가 이스라엘 중에 한 일을 행하리니 그것을 듣는 자마다 두 귀가 울리리라."

하나님은 우리와 대화하시기를 원하십니다. 우리는 인격적인 하나님을 섬기고 그는 인간 전체를 하나의 족속으로 소원한 관계보다 긴밀하게 개인적인 관계를 갖기 원하십니다. 말씀에 따르면 아담과 이브가 죄를 지어, 하나님을 보는 눈이 어두워지고, 귀가 하나님의 말씀을 듣기 어려워지기 전에는 하나님께서 자유롭게 그들과 말씀을 나누시고 동행하셨습니다. 그러나 아담과 하와가 하나님의 명령을 어기고 선악과를 먹음으로 하나님과의 관계가 단절되었습니다. 그 후 인류는 불행히 하나님과 교제를 원하지도 않고, 그의 음성을 들을 수 있는 예민성도 잃어버렸습니다. 그러나 하나님은 각 개인과 교통하기를 원하시고 인간은 교제를 통해 하나님을 잘 알 수 있게 됩니다.

인간이 죄로 하나님의 말씀을 잘 듣지 못하는 것을 아시고, 그는 인간과 교통하실 수 있는 여러 가지 방법을 허락하셨습니다. 이 과정에서 하나님이 교통하기를 원하신다는 사실을 알고 하나님의 음성을 들을 수 있는 준비를 하는 것입니다.

첫째, 하나님은 지금도 말씀하고 계신다는 것을 믿어라. "하나님, 무엇 때문에 오늘날 우리들에게 말씀하시고자 하는가? 창세기부터 요한계시록에 이르기까지 이미 충분히 말씀하시지 않았는가?"라고 질문할 수도 있을 것입니다. 그러나 하나님께서 지금도 자신의 백성과의 대화의 길을 열어 놓으시는 데는 몇 가지 이유가 있습니다.

첫째로 무엇보다도 하나님께서 구약과 신약시대의 사람들을 사랑하신 것처럼 우리들을 사랑하시기 때문입니다. 하나님께서는 그들과 교제하신 것처럼 우리들과도 교제하기를 원하십니다.

둘째로 여호수아나 모세나 야곱이 그러했던 것처럼 오늘날의 우리들에게도 삶을 이끄시는 하나님의 분명하고 세밀한 인도가 필요하기 때문입니다. 하나님은 우리가 바른 선택을 하기를 원하시기 때문에 지금도 우리를 향하신 하나님의 말씀을 통해 참된 자료를 제공해 주시는 책임을 지고 계십니다.

셋째로 믿음의 조상들이 그러했듯이 우리들도 평안과 확신이 필요함을 아시기 때문입니다.

넷째로 우리들이 하나님을 알게 되기를 원하시기 때문입니다. 하나님께서 말씀하시는 것을 멈추신다면 우리는 과연 하나님이 어떤 분이신 지 알 수 없을 것입니다.

둘째, 하나님의 음성을 듣는 훈련은 성도들의 필수이다. 하나님은 우리와 대화를 나누기를 원하시기 때문에 음성 듣는 훈련이 필요합니다. 사무엘의 경우를 생각해 보시기를 바랍니다. 어린 사무엘과 나이가 들었을 때의 사무엘을 비교해 보시기를 바랍니다. 처음에는 하나님의 음성을 몰랐습니다. "여호와께서 사무엘을 부르시는지라 그가 대답하되 내가 여기 있나이다 하고, 엘리에게로 달려가서 가로되 당신이 나를 부르셨기로 내가 여기 있나이다. 가로되 나는 부르지 아니하였으니 다시 누우라 그가 가서 누웠더니, 여호와께서 다시 사무엘을 부르시는지라. 사무엘이 일어나서 엘리에게로 가서 가로되 당신이 나를 부르셨기로 내가 여기 있나이다. 대답하되 내 아들아 내가 부르지 아니하였으니 다시 누우라 하니라. 사무엘이 아직 여호와를 알지 못하고 여호와의 말씀도 아직 그에게 나타나지 아니한 때라. 여호와께서 세번째 사무엘을 부르시는지라. 그가 일어나서 엘리에게로 가서 가로되 당신이 나를 부르셨기로 내가 여기 있나이다. 엘리가 여호와께서 이 아이를 부르신 줄을 깨닫고"(삼상3:4-8).

엘리가 사무엘에게 하나님의 음성을 들을 수 있게 알려줍니다. "이에 사무엘에게 이르되 가서 누웠다가 그가 너를 부르시거든 네가 말하기를 여호와여 말씀하옵소서 주의 종이 듣겠나이다 하라 이에 사무엘이 가서 자기 처소에 누우니라. 여호와께서 임하여 서서 전과 같이 사무엘아 사무엘아 부르시는지라 사무엘이 가로되 말씀하옵소서 주의 종이 듣겠나이다. 여호와께서 사무엘에게 이르시되 보라 내가 이스라엘 중에 한 일을 행하리니 그것을 듣는 자마다 두 귀가 울리리라"(삼상3:9-11). 이와 같이 사무엘은 엘리 제사장이 음성이 들리거든 어떻게 하라고 알려 준 다음부터 음성을 듣기 시작했습니다.

고로 성도는 하나님의 음성을 듣는 훈련을 해서 하나님의 음성을 듣는 귀를 가져야 합니다. 저는 하나님의 음성을 듣는 훈련은 그리스도인들의 필수 과목이라고 생각을 합니다. 예수님은 우리에게 이렇게 말씀하십니다. "너희가 내 양이 아니므로 믿지 아니하는도다. 내 양은 내 음성을 들으며 나는 저희를 알며 저희는 나를 따르느니라"(요10:26-27). 하나님의 자녀는 음성을 들어야 삽니다. 잘못하면 길 잃은 양이 될 수가 있습니다. 길 잃은 양이 되면 마귀에게 잡혀서 비참하게 될 수도 있습니다.

셋째, 우리가 하나님의 음성을 들어야하는 이유. 하나님은 영이십니다. 영이신 하나님은 그의 자녀들을 통하여 세상에 하나님의 나라를 건설하십니다. 하나님의 나라를 자녀들을 통하여 건설해야 하기 때문에 대화가 필요한 것입니다.

첫째로 하나님은 하나님의 비밀을 자녀에게 알려주시기를 원하십니다. 하나님은 우리에게 이렇게 말씀을 하십니다. "주 여호와께서는 자기의 비밀을 그 종 선지자들에게 보이지 아니하시고는 결코 행하심이 없으시리라"(아모스3:7). 교회시대를 살아가는 성도들은 모두 성령이 임재 하여 계십니다. 그러므로 개별적으로 하나님이 말씀을 하십니다. 성도는 개별적으로 하나님의 음성을 들어야 합니다. 하나님의 음성을 듣기 위하여 성령으로 충만해야 합니다. 우리는 하나님의 자녀입니다. 종은 하나님의 음성을 못 들어도 친구는 아버지의 사정을 서로 나눕니다. "이제부터는 너희를 종이라 하지 아니하리니 종은 주인의 하는 것을 알지 못함이라 너희를 친구라 하였노니 내가 내 아버지께 들은 것을 다 너희에게 알게 하였음이라"(요15:15).

하나님의 음성을 개별적으로 직접적으로 들으려고 해야 합니다. 그래야 삽니다. 하나님의 음성은 필히 개인이 직접적으로 들어야 합니다. 그러므로 모든 성도는 하나님의 음성 듣는 훈련을 해야 합니다. "이 때에 예수께서 성령으로 기뻐하사 가라사대 천지의 주재이신 아버지여 이것을 지혜롭고 슬기 있는 자들에게는 숨기시고 어린 아이들에게는 나타내심을 감사하나이다. 옳소이다. 이렇게 된 것이 아버지의 뜻이니이다"(눅10:21). 하나님은 하나님의 자녀들에게만 하나님의 뜻을 알려주십니다. 당신이 하나님의 음성을 듣지 못한다면 하나님과 상관이 없는 사람이 될 수가 있습니다.

둘째로 하나님의 음성은 어두운 곳을 비추는 등불입니다. 성도는 하나님의 음성을 들어야 합니다. 음성을 들으면서 따라가야 하나님의 복을 받으면서 살아갈 수가 있는 것입니다. 성도가 어려가지 환란과 풍파를 당하면서 살아가는 것은 하나님의 음성을 듣지 않고 자신의 생각이나 마귀의 음성을 듣고 따라가기 때문입니다. 하나님은 형통입니다. 하나님의 음성을 따라가면 어려운 일이 있어도 막는 것이 없이 풀리는 것입니다. 이는 요셉의 생애를 보면 잘 이해 할 수가 있을 것입니다. "또 우리에게 더 확실한 예언이 있어 어두운데 비취는 등불과 같으니 날이 새어 샛별이 너희 마음에 떠오르기까지 너희가 이것을 주의하는 것이 가하니라. 먼저 알 것은 경의 모든 예언은 사사로이 풀 것이 아니니 예언은 언제든지 사람의 뜻으로 낸 것이 아니요 오직 성령의 감동하심을 입은 사람들이 하나님께 받아 말한 것임이니라"(벧후1:19-21).

우리가 가정의 문제나 마음의 상처 질병을 치유하기 위해서는 어두움을 비추는 하나님의 레마를 받아서 순종해야 문제가 풀립니다. 성도가 하나님의 음성을 듣고 따라가는 것은 하나님의 자녀로서 필히 해야 하는 필수입니다. 성도는 하나님의 음성을 듣는 훈련을 해서 영적인 상태에서 들리는 소리 중에서 하나님의 음성을 분별하여 내야 합니다. 세상의 여러 소리 중에서 하나님의 소리를 골라내어 순종하고 따라가는 사람이 성도입니다. "문지기는 그를 위하여 문을 열고 양은 그의 음성을 듣나니 그가 자기 양의 이름을 각각 불러 인도하여 내느니라. 자기 양을 다 내놓은 후에 앞서가면 양들이 그의 음성을 아는 고로 따라오되, 타인의 음성은 알지 못하는 고로 타인을 따르지 아니하고 도리어 도망하느니라"(요 10:3-5).

셋째로 하나님의 음성은 선한 싸움의 하나님의 능력입니다. 아담은 영적 싸움에 패했습니다. 사단의 소리를 듣고 순종했기 때문입니다. 그러나 예수님은 사단과의 영적 싸움에서 승리하셨습니다. 어떻게 승리했습니까? 성령의 인도를 받아 말씀으로 승리했기 때문입니다. 우리는 세상의 소리 중에서 하나님의 음성인가, 마귀의 음성인가를 분별하여 낼 줄알아야 합니다. 그래야 마귀와의 선한 싸움에서 승리할 수가 있습니다. "아들 디모데야 내가 네게 이 경계로써 명하노니 전에 너를 지도한 예언을 따라 그것으로 선한 싸움을 싸우며"(딤전1:18). 성도의 삶은 선한 싸움입니다. 선한 싸움은 음성을 통해서 이루어집니다. "근신하라 깨어라 너희 대적 마귀가 우는 사자같이 두루 다니며 삼킬 자를 찾나니"(벧전5:8). 마귀는 어찌하든지 성도들을 미혹하려고 합니다. 고로 성도는 성령의 충만으로 음성을 분별할 줄 알아야 합니다. 음성을 분별하기 위하여 말씀을 묵상하고 심비에 새겨야 합니다. "구원의 투구와 성령의 검 곧 하나님의 말씀을 가지라"(엡6:17). 성도는 음성을 분별하여 자신의 영을 지킬 줄을 알아야 합니다.

넷째로 하나님의 음성은 성령의 열매를 생산해 줍니다. 하나님은 심령에서 성령의 열매가 나오는 성도를 사용하십니다. 성령의 열매는 예수님의 성품입니다. 하나님은 은사가 있는 성도보다. 성령의 열매가 있는 성도가 되기를 원하십니다. 우리가 기도할 때 성령께서 마음에 감동을 주셔서 회개하게 하고 용서하게 합니다. 그래서 마음이 깨끗하게 치유되게 하십니다. 말씀과 성령은 성도의 마음을 정화하도록 인도합니다. 성령의 인도를 받아 심령을 치유하여 성령의 열매를 맺으면서 살아가기를 바랍니다. "오직 성령의 열매는 사랑과 희락과 화평과 오래 참음과 자비와 양선과 충성과 온유와 절제니 이같은 것을 금지할 법이 없느니라. 그리스도 예수의 사람들은 육체와 함께 그 정과 욕심을 십자가에 못 박았느니라"(갈5:22-24).

다섯째로 하나님의 음성을 들을 때 개인적인 축복이 임합니다. 하나님의 음성은 우리가 존재하는 목적을 알려줍니다(빌2:13). 하나님의 음성은 우리를 향한 하나님의 계획을 계시해 주십니다. "오직 너희는 택하신 족속이요 왕 같은 제사장들이요 거룩한 나라요 그의 소유된 백성이니 이는 너희를 어두운데서 불러내어 그의 기이한 빛에 들어가게 하신 자의 아름다운 덕을 선전하게 하려 하심이라"(벧전2:9).

하나님의 음성은 격려와 힘을 강화시켜 주십니다. 하나님은 우리의 목자이십니다. 하나님은 우리가 부족함이 없도록 하십니다. 하나님이 우리를 푸른 초장에 누이십니다. 쉴만한 물가로 인도하십니다. 우리의 영혼을 소생시키시고 자기 이름을 위하여 의의 길로 인도하십니다. 우리가 사망의 음침한 골짜기로 다닐지라도 해를 두려워하지 말아야 합니다. 왜냐하면 주님께서 우리와 함께 하시기 때문입니다. 항상 우리를 주님의 지팡이와 막대기가 우리를 안전하게 인도하십니다. 주님께서는 원수의 목전에서 우리에게 상을 베푸십니다. 기름으로 우리의 머리에 바르십니다. 그러므로 우리의 축복의 잔이 넘쳐납니다. 우리의 평생에 하나님의 선하심과 인자하심이 정녕 우리를 따르십니다. 그러므로 우리는 하나님의 집에 영원히 거해야 합니다. 하나님의 음성은 특히 어려움을 통과할 때 인도자이며 나에게 위로와 힘이 되어 주십니다.

제가 어느 금요일 날 설교 준비하다가 조배숙 권사가 간증하는 것을 들었습니다. 공부를 너무 잘했는데 사법시험에 낙방을 몇 번하니 자신의 부족함을 알았습니다. 낙심하고 우울해 하며 집안에

틀어 박혀 있은 데 친구의 전도로 예수를 믿었습니다. 저녁마다 찬양을 하며 설교를 들으며 지냈는데 어느 날부터 마음에 평안이 찾아왔다고 합니다. 주님의 참 평안이 찾아 온 것입니다. 그러던 어느날 꿈을 꾸었는데 법조계의 최고 총수가 자신에게 처음에는 검사 복을 입혀주고, 조금 있다가 판사 복을 입혀 주었는데 그대로 되었다고 간증하였습니다. 믿고 열심히 공부하며 기도했더니 꿈이 그대로 이루어졌다고 간증했습니다.

하나님의 음성은 우리에게 방향을 잡아줍니다. 하나님은 제가 무슨 목회를 할 줄 모르고 방황해할 때 저의 목회 방향을 꿈으로 알려주셨습니다. 제가 시화에서 교회를 개척하여 열심히 전도하면서 성령사역을 하려고 할 때 하나님이 저에게 꿈으로 말씀을 주셨습니다. 어느 날 꿈에 우리 교회에 성도들이 많이 왔습니다. 그래서 자세히 보니 전부 목사님과 사모님, 전도사님들이 주류를 이루었습니다. 그래서 우리 사모에게 꿈에 성도들이 많이 왔는데 보니 전부 목사님과 사모님, 전도사님들만 앉아 있던데 무슨 뜻인지를 잘 모르겠다고 했습니다. 그런데 그 꿈을 꾸고 한 육 개월이 지난 다음 꿈과 같이 목사님, 사모님, 전도사님들이 저희 교회에 와서 치유와 능력을 받으려고 오셔서 은혜들을 많이 받았습니다. 이일이 이루어진 상황을 설명하면 이렇습니다. 어느 기도원에 가서 고통당하는 목사님과 사모님을 기도해드렸는데 성령의 강한 역사로 치유되는 것을 보고 하나님이 나에게 이런 상처 입은 목회자와 성도들을 치유하라고 능력을 주셨구나 하고 성령의 감동이 와서 그때부터 본격적으로 치유사역을 시작하였습니다. 그렇게 사역을 하면서 기도원에 은혜 받으러 가면 상당히 많은 목회자들이 마음의 상처와 질병으로 고생하여 한쪽에 모시고 가서 기도해드리면 모두 성령의 강한 역사에 놀라 소문이 나서 목사님 사모님들을 많이 모시고 오셨습니다. 자연스럽게 그 꿈이 이루어 진 것입니다. 하나님은 이렇게 기도하면 앞길을 인도하여 주십니다.

하나님의 음성은 방향, 교훈, 바르게 함, 동기와 은사들을 나누어 줄 수 있습니다. 서울에 사는 집사님이 이렇게 간증했습니다. 남편이 다른 사람의 보증을 잘못서는 바람에 사업이 망했습니다. 스트레스를 너무 많이 받아서 그만 세상을 떠났습니다. 그때까지 이 집사님은 남편이 벌어다가 주는 돈으로 살림 만했습니다. 아무 것도 할 줄을 모르는데 갑자기 남편이 사망하자 아이들 셋 하고 살아갈 길이 막막했습니다. 그래서 죽으려고 생각을 했습니다. 죽어도 기도원에 가서 기도나 하고 죽겠다고 기도원에 가서 기도를 했습니다. 저 살길이 막막하니 죽겠습니다. 그러면서 하소연을 하면서 기도를 했습니다. 그러자 음성이 들렸습니다. 죽지마라! 죽지마라! 죽지마라! 니가 죽으면 자식들은 누가 돌보느냐! 죽지마라! 그래서 죽지 않고 기도원에서 집으로 돌아왔습니다. 돌아와서 자식들을 보니 살길이 막막했습니다. 그래서 다시 기도원에 가서 기도를 했습니다. 어린 자식들하고 무엇을 해서 먹고 삽니까? 알려주세요. 하나님 알려주세요. 하고 기도를 했습니다. 그러자 환상이 보이는 것입니다. 환상을 잘 보니 아기 옷이 보입니다. 그래서 이것이 무슨 듯입니까? 하고 기도를 계속하니까, 성령께서 이렇게 감동을 하시는 것입니다. 아기 옷 장사를 하라! 그래서 내려와서 장소

를 물색하러 다녔습니다. 그런데 화장품가게 옆에 비어있는 가게
가 있었습니다. 주인에게 물어보니 임대료가 감당할 만했습니다.
그래서 집 전세금의 일부를 월세로 돌리고 계약을 했습니다. 그래
서 아기 옷을 가져다가 장사를 하기 시작을 했습니다. 장사가 아주
잘되어 돈을 많이 벌었습니다. 번 돈으로 건물을 샀다는 간증을 들
었습니다. 하나님은 우리의 앞길을 인도하여 주십니다. 그래서 성
령으로 세례를 받고 성령의 인도를 받는 성도는 형통의 복이 따르
는 것입니다.

　하나님의 음성은 마음의 상처를 치료해 줍니다. 제가 병원전도
를 열심히 하고 다니던 어느 날 신경성 위장병으로 고생하던 남 집
사를 위해 기도하게 되었습니다. 그런데 성령의 역사가 강하게 나
타나서 악한 영이 발작을 일으켜 악을 쓰고 토하게 하였습니다. 악
쓰는 소리에 놀라 간호사가 달려왔습니다. 병실 문을 잠가 버렸습
니다. 다 마무리를 하고 병실을 나와 다른 병실로 가는데 이상하게
제 속이 쓰리고 아팠습니다. 아침 먹은 것이 잘못된 것 같다고 생
각하고 전도를 마친 후 교회에 들어갔더니, 아내가 밥풀만한 눈곱
이 눈에 달렸다고 떼어 내라고 했습니다. 그때 내 영육의 질병이
그 환자로부터 왔음을 직감하고 슬슬 걱정되기 시작하였습니다.
계속적으로 속이 아프고 소화도 잘 안 되어 고생하였습니다.

　그러던 즈음에 어떤 자매가 영적인 질병으로 고통당하고 있었습
니다. 축사를 하고 나면 정상으로 돌아왔다가도 이상하게도 2-3일
이 지나면 다시 원위치로 돌아가 고통을 당하기 시작하였습니다.
그래서 어느 목사님에게 전화로 물어봤더니 내적 치유를 먼저 하

라는 것이었습니다. 이 자매의 일과 저의 질병 상태를 놓고 기도하면서 생각해 보니 그냥 축사하고 안수 기도할 것이 아니었습니다. 그래서 서점에 가서 내적 치유에 대한 책을 사서 보니 무엇보다도 먼저 자신의 내면 치유가 이루어져야 한다는 것이었습니다.

또 그 책을 아내가 읽더니 감동을 받아 내적 치유를 받아야 한다는 마음으로 동요되기 시작했습니다. 그래서 서울에서 하는 치유기관에 일 년여 동안 아내와 같이 다니면서 내적 치유를 받았습니다. 많은 영적 체험과 치유를 경험했습니다. 그런데 그렇게 내적 치유를 일 년을 받아도 해결되지 않는 부분이 있었습니다. 아주 이것 때문에 굉장한 고생을 하였습니다. 위의 통증입니다. 전도하러 다녀도 꾹꾹 찌르고 설교준비를 하다가도 아팠습니다. 이것을 고치려고 6개월을 잠을 자지 않으면서 기도하였습니다. "하나님, 왜 이렇게 위의 질병이 치유되지 않습니까? 하나님 알려주세요. 하나님 알려주세요. 하나님, 도와주세요."

어느 날 하나님이 완벽하게 치유하여 주셨습니다. 그런데 그냥 치유하여 주신 것이 아닙니다. 저의 지나온 과거 속에서 상처받은 곳을 하나하나 구체적으로 보여주셨습니다. 상처받은 곳을 조목조목 보여 주시고 설명해 주시기를 무려 일곱 번을 하시더니 상처의 근원지를 보여주십니다. 근원지를 보니까 전부 저에게 문제가 있었다는 것을 깨달았습니다.

성장 과정의 문제로 제가 상처를 받고 응어리를 품고 살았던 것입니다. 모두 저에게 문제가 있었습니다. 하나님께 그대로 고백하고 인정하니까 하품이 막 나더니 배가 시원해지면서 위장병을 깨끗하게 치유하여 주셨습니다. 내적인 치유는 자신과의 영적 싸움입니다. 의지를 가지고 치유하여 뿌리를 뽑아야 합니다. 마지막 뿌리에 대한 내적 치유는 자신이 직접 하나님께 물어 가며 치유해야 합니다. "주 여호와의 신이 내게 임하였으니 이는 여호와께서 내게 기름을 부으사 가난한 자에게 아름다운 소식을 전하게 하려 하심이라 나를 보내사 마음이 상한 자를 고치며 포로 된 자에게 자유를, 갇힌 자에게 놓임을 전파하며"(사 61:1).

하나님의 음성은 우리에게 친밀한 관계를 맺도록 해주십니다. 하나님은 우리의 아버지 이십니다. 우리의 아버지이기 때문에 우리에게 음성을 들려주십니다. 음성으로 인도를 하십니다. 하나님은 아담과 대화를 하면서 지내셨습니다. 에녹과 대화하시면서 인도를 하셨습니다. 하나님은 노아와 대화를 하면서 친히 방주를 지어서 가족을 구원하셨습니다. 아브라함의 하나님은 우리의 아바 아버지이십니다. 하나님은 이렇게 자녀들과 대화하며 친밀하게 지내기를 즐겨하십니다. 자녀는 부모와 대화를 할 수 있는 것입니다. 부모의 말에 순종할 때 부모로부터 인정을 받는 것입니다. "이제부터는 너희를 종이라 하지 아니하리니 종은 주인의 하는 것을 알지 못함이라 너희를 친구라 하였노니 내가 내 아버지께 들은 것을 다 너희에게 알게 하였음이니라"(요15:15). 우리는 하나님의 자녀입니다. 절대로 종이 아닙니다. 하나님의 자녀입니다."너희는 다시 무서워하는 종의 영을 받지 아니하였고 양자의 영을 받았으므로 아바 아버지라 부르짖느니라"(롬8:15).

하나님의 음성은 우리에게 전도의 능력을 갖다 줍니다. 저는 전도하러 나갈 때 꼭 하나님에게 물어보고 갑니다. 하나님! 오늘은 어디로 가서 전도를 할까요? 하면서 물어보고 성령이 감동하는 곳으로 가서 전도를 했습니다. 성령의 감동을 받고 전도를 나가면 대상자를 만나기도 합니다. 어느 교회로 갈바를 모르고 있는 성도를 만나게 하기도 하십니다. 한번은 이런 일이 있었습니다. 하나님! 오늘은 어느 곳으로 전도하러 갈까요? 하고 질문을 했습니다. 그러니까, 주공아파트 오단지로 가라! 그런 감동을 받고 전도를 나갔습니다. 나가서 축호 전도를 하는데 한 가정의 벨을 누르니까, 토요일날 이사를 왔는데 아직 이사 예배를 들이지를 못한 것입니다. 제가 목사라고 하니까, 그렇게 반가워합니다. 그렇지 않아도 하나님에게 어느 교회 목사님을 청해다가 예배를 드려야 합니까? 하며 기도를 드렸는데 제가 왔다는 것입니다. 분명히 하나님이 저를 보냈다는 것입니다. 그래서 이사 예배를 하고 우리교회에 와서 신앙생활을 하게 되었습니다. 이렇게 하나님의 음성은 우리에게 영혼을 전도하도록 인도하기도 합니다. "빌립이 하나님 나라와 및 예수 그리스도의 이름에 관하여 전도함을 저희가 믿고 남녀가 다 세례를 받으니 시몬도 믿고 세례를 받은 후에 전심으로 빌립을 따라 다니며 그 나타나는 표적과 큰 능력을 보고 놀라니라"(행8:12-13).

하나님의 음성은 사역을 할 때 능력이 됩니다. 성령의 은사인 지식의 말씀으로 문제를 해결하게 합니다. 신유 사역에서 강력한 신유능력으로 역사합니다. 상담 사역할 때 문제의 원인과 해결책을 알게 합니다. 귀신으로부터 구원 사역에서 지식의 말씀으로 역사합니다. 고로 하나님의 자녀는 하나님의 음성은 들어야하며 음성 듣는 훈련을 꼭 받아야합니다. 가나안을 정찰하고 돌아와 보고하고 멸망하는 열 지파를 교훈 삼읍시다.

충만한 교회에서는 매주 화-수-목 성령치유 집회를 10:30-13:00까지 진행을 합니다. 무료집회입니다. 단 교재를 매주 구입을 해야 입장이 가능합니다. 매주 다른 과목을 가지고 집회를 인도합니다. 우리 교회 집회는 "성령의 불세례, 내적치유, 귀신축사, 신유, 성령의 은사 전이, 깊은 영의기도"는 기본으로 깔아놓고 집회를 인도합니다. 어느 집회에 오시더라도 "성령의 불세례, 내적치유, 귀신축사, 신유, 성령의 은사 전이, 깊은 영의기도"를 받을 수 있다는 말입니다

병원이나 세상 방법으로 해결하지 못하는 15가지 질병과 문제도 해결 받겠다는 믿음과 의지를 가지고 참석하면 모두 해결 받습니다. 단 성령께서 자신을 장악해야 치유가 되기 때문에 성령이 장악하는 기간이 사람마다 다릅니다. 그래서 무슨 문제이든지 믿음을 가지고 오시면 해결이 된다는 것입니다. 오셔서 모두 치유와 능력을 받으시기를 바랍니다.

12장 하나님과 대화하며 음성듣는 영적원리 I

(요10:27)"내 양은 내 음성을 들으며 나는 저희를 알며 저희는 나를 따르느니라."

하나님은 하나님에게 집중하여 하나님과 대화하며 하나님의 뜻을 알고 순종하는 성도를 축복하십니다. 우리 모두 하나님의 음성을 듣고 믿음으로 순종하여 하늘의 복을 받으시기를 바랍니다. 하나님의 음성을 듣는 것이 하나님의 자녀의 기본적인 권리이자 의무입니다. 하나님의 음성을 들으려면 들린 음성에 대한 분별력을 길러야 합니다. 하나님께서는 우리에게 말씀하시고 싶어 하십니다. 사람의 성장과정에서 부모와의 대화방법이 각각 달라집니다. 하나님께서는 우리가 유아기와 어린, 청년기를 거치면서 하나님과의 관계에 있어서 완전함과 성숙함에 이르는 동안 내내 우리를 인도하시고 싶어 하십니다. 우리가 영어나 수학을 하더라도 일정한 공식이 있는 것같이 하나님의 음성을 듣는 대도 적용할 일정한 공식이 있습니다.

첫째로 인도하심을 받는 것을 복잡하게 만들지 말라. 만약 우리가 정말 하나님을 기쁘시게 하고, 하나님께 순종하기 원한다면 하나님의 음성을 듣지 못한다는 것이 이상한 일입니다. 만약 우리가 겸손하기만 하다면 하나님은 나를 인도하신다고 약속하셨습니다. "사람이 마음으로 자기의 길을 계획할지라도 그의 걸음을 인도하시는 이는 여호와시니라"(잠16:9).

하나님의 음성을 듣는 간단한 3단계는 이렇습니다.

① 하나님이 나의 주인 되심에 복종하라. 우리의 마음에 가득한 내 자신의 생각, 희망, 그리고 다른 사람들의 의견에 대해 포기할 수 있도록 주님께 도움을 구하라. "하나님 아는 것을 대적하여 높아진 것을 다 무너뜨리고 모든 생각을 사로잡아 그리스도에게 복종하게 하니"(고후10:5). 우리가 아무리 웬만한 좋은 생각을 가지고 있다고 하더라도 이제는 가장 좋은 생각을 갖고 계신 하나님의 생각을 듣고 순종하도록 습관을 들여야 합니다. "너는 범사에 그를 인정하라 그리하면 네 길을 지도하시리라. 스스로 지혜롭게 여기지 말지어다 여호와를 경외하며 악을 떠날지어다."(잠3:5-6).

② 사탄을 대적하라. 사탄은 어떻게 해서라도 우리가 하나님의 음성을 듣고 따라가는 것을 방해 한다. 하나님의 음성을 듣는 순간에 사탄이 우리를 속이려 할 때, 예수 그리스도께서 사탄의 목소리를 잠잠케 하기 위해 우리에게 주신 그 권위를 사용하라. "그런즉 너희는 하나님께 복종할지어다 마귀를 대적하라 그리하면 너희를 피하리라"(약4:7). "마귀의 간계를 능히 대적하기 위하여 하나님의 전신 갑주를 입으라"(엡6:11).

③ 응답을 기대하라. 나의 생각 속에 있는 그 질문을 한 후에 그 분이 대답하시도록 기다리라는 것입니다. 우리의 사랑하시는 하늘의 아버지께서 당신에게 말씀해 주시기를 기대해야 합니다. 그 분이 말씀하실 것입니다. "내 양은 내 음성을 들으며 나는 그들을 알며 그들은 나를 따르느니라"(요10:27). "여호와여 나를 반기시는

때에 내가 주께 기도하오니 하나님이여 많은 인자와 구원의 진리로 내게 응답하소서"(시69:13). "사람이 자기의 친구와 이야기함 같이 여호와께서는 모세와 대면하여 말씀하시며 모세는 진으로 돌아오나 눈의 아들 젊은 수종자 여호수아는 회막을 떠나지 아니하니라."(출33:11). 하나님의 음성을 들으려면 들릴 때까지 응답을 기대하고 기다려야 합니다. 하나님의 음성을 하나님과 같은 영의 상태에서만 들립니다.

첫째로 하나님께 질문하라는 것이다. 하나님으로부터 음성을 들으려면 하나님을 찾아야 합니다. 그리고 들어야 하는 하나님의 말씀(계시)을 질문해야 합니다. 먼저 성령의 임재를 요청하면서 깊은 영의기도를 합니다. 기도가 깊어지면 하나님에게 물어봅니다. 하나님! 이 문제를 어떻게 할까요? 하나님! 어떻게 할까요? 계속 물어봅니다. 어느 때는 밤에 잠을 자지 않으면서 물어봅니다. 이틀을 물어볼 때도 있습니다. 좌우지간 응답이 올 때까지 물어보는 것입니다. 길을 걸어가더라도 임재를 이탈하지 않고 물어봅니다. 화장실에서 볼일을 볼 때에도 임재를 이탈하지 않고 물어봅니다. 계속 마음 안에 계신 하나님에게 집중하며 물어봅니다. 그러면 하나님이 응답을 하십니다. 제가 하나님이 원하시는 영적인 상태가 되었을 때 말씀을 들려주십니다.

그래서 하나님의 음성을 들으려면 무엇보다도 하나님과 같은 영적인 상태가 되는 것이 중요합니다. 그래서 하나님은 예레미야 33장 3절에서 "너는 내게 부르짖으라. 내가 네게 응답하겠고 네가 알지 못하는 크고 은밀한 일을 네게 보이리라"하신 것입니다. 계속 하나님에게 부르짖으니 영의 상태가 되는 것입니다. 영의 상태가 되니 하나님이 응답을 하시는 것입니다. 저는 무엇보다 영의 상태에 들어가려고 노력을 합니다. 이것이 저의 하나님의 음성을 듣는 비결입니다.

첫째로 하나님께서 원하시는 방법대로 나에게 말씀하시도록 허락하라. 하나님께서 우리가 원하는 인도하심의 방법에 대해 지시하려고 노력하지 말라는 것입니다. 우리는 그의 자녀일 뿐입니다. 모든 통로를 열어놓고 기다리는 것입니다. "엘리가 사무엘에게 이르되 가서 누웠다가 그가 너를 부르시거든 네가 말하기를 여호와여 말씀하옵소서 주의 종이 듣겠나이다 하라 하니 이에 사무엘이 가서 자기 처소에 누우니라"(삼상3:9). 그러므로 순종하는 마음을 가지고 전인격으로 들으려고 준비해야 합니다. 순종과 듣는 것에는 직접적인 연관이 있습니다. 하나님께서 나에게 말씀하실 것을 선택하실 것입니다. 그의 '말씀'을 통해서 말씀하십니다. 이것은 나의 매일 성경 읽기 시간을 통해 올 수 있습니다. 깨닫게 하실 수도 있으며, 아니면 특정한 성경 구절을 지시하실 것입니다. "주의 말씀은 내 발에 등이요 내 길에 빛이니이다"(시119:105).

모세가 호랩산 가시떨기 나무에서 하나님의 음성을 들은 것같이 들을 수 있는 음성을 통해서 인도하십니다. "여호와께서 그가 보려고 돌이켜 오는 것을 보신지라 하나님이 떨기나무 가운데서 그를 불러 이르시되 모세야! 모세야! 하시매 그가 이르되 내가 여기 있나이다"(출3:4).

꿈을 통해서도 인도하십니다. "그들은 꿈에 헤롯에게로 돌아가지 말라 지시하심을 받아 다른 길로 고국에 돌아가니라. 그들이 떠난 후에 주의 사자가 요셉에게 현몽하여 이르되 헤롯이 아기를 찾아 죽이려 하니 일어나 아기와 그의 어머니를 데리고 애굽으로 피하여 내가 네게 이르기까지 거기 있으라 하시니, 요셉이 일어나서 밤에 아기와 그의 어머니를 데리고 애굽으로 떠나가 헤롯이 죽기까지 거기 있었으니, 이는 주께서 선지자를 통하여 말씀하신바 애굽으로부터 내 아들을 불렀다 함을 이루려 하심이라. 이에 헤롯이 박사들에게 속은 줄 알고 심히 노하여 사람을 보내어 베들레헴과 그 모든 지경 안에 있는 사내아이를 박사들에게 자세히 알아본 그 때를 기준하여 두 살부터 그 아래로 다 죽이니"(마2:12-16). 예수님은 요셉을 통한 꿈으로 인도하여 생명을 구원하여 주셨습니다.

그리고 환상을 통해서도 말씀하십니다. "나 요한은 너희 형제요 예수의 환난과 나라와 참음에 동참하는 자라 하나님의 말씀과 예수를 증언하였음으로 말미암아 밧모라 하는 섬에 있었더니, 주의 날에 내가 성령에 감동되어 내 뒤에서 나는 나팔 소리 같은 큰 음성을 들으니"(계1:9-10).

손가락이 내려와서 글을 써서 알리기도 하십니다. "벨사살이 술을 마실 때에 명하여 그의 부친 느부갓네살이 예루살렘 성전에서 탈취하여 온 금, 은 그릇을 가져오라고 명하였으니 이는 왕과 귀족들과 왕후들과 후궁들이 다 그것으로 마시려 함이었더라. 이에 예루살렘 하나님의 전 성소 중에서 탈취하여 온 금 그릇을 가져오매 왕이 그 귀족들과 왕후들과 후궁들과 더불어 그것으로 마시더라. 그들이 술을 마시고는 그 금, 은, 구리, 쇠, 나무, 돌로 만든 신들을 찬양하니라. 그 때에 사람의 손가락들이 나타나서 왕궁 촛대 맞은 편 석회벽에 글자를 쓰는데 왕이 그 글자 쓰는 손가락을 본지라. 이에 왕의 즐기던 얼굴빛이 변하고 그 생각이 번민하여 넓적다리 마디가 녹는 듯하고 그의 무릎이 서로 부딪친지라. 왕이 크게 소리 질러 술객과 갈대아 술사와 점쟁이를 불러오게 하고 바벨론의 지혜자들에게 말하되 누구를 막론하고 이 글자를 읽고 그 해석을 내게 보이면 자주색 옷을 입히고 금사슬을 그의 목에 걸어 주리니 그를 나라의 셋째 통치자로 삼으리라 하니라"(단5:2-7).

그러나 가장 흔히 있는 방법은 성령의 감동으로 조용하게 내적으로 들려오는 음성을 통한 것입니다. "너희가 오른쪽으로 치우치든지 왼쪽으로 치우치든지 네 뒤에서 말소리가 네 귀에 들려 이르기를 이것이 바른 길이니 너희는 이리로 가라 할 것이며"(사 30:21).

첫째로 용서받지 못한 어떤 죄든지 있다면 고백하라. 내가 하나님의 음성을 듣기 원한다면 깨끗한 마음은 필수적입니다. 기도하시면서 성령의 감동에 따라 회개하시고 자복하시며 풀어라. 심령이 준비되어야 한다. 심령에 회개거리가 있으면 마귀가 역사하여 방해 할 수가 있습니다. 자범죄는 반드시 회개하여 해결해야 합니다. 혈통에 흐르는 죄악으로 인하여 더러운 영들이 성령의 인도를 받지 못하게 방해합니다. 하나님의 음성을 바르게 듣지 못하게 방해합니다. 반드시 혈통의 문제를 말씀과 성령으로 해결해야 음성이 바르게 들립니다. "내가 나의 마음에 죄악을 품었더라면 주께서 듣지 아니하시리라"(시66:18).

첫째로 최종적으로 음성을 들은 장소로 다시가라. 열왕기하 6장에 있는 이야기에서 나온 내용입니다. 내가 나가야할 방향을 잃어버린 것 같으면 하나님의 음성을 가장 마지막으로 들었다고 확신하는 그곳으로 돌아가라. 그리고 순종하라. 열쇠가 되는 질문은 "하나님께서 나에게 명령한 마지막 일에 나는 순종하는가." 입니다. "한 사람이 나무를 벨 때에 쇠도끼가 물에 떨어진지라 이에 외쳐 이르되 아아, 내 주여 이는 빌려온 것이니이다. 하니, 하나님의 사람이 이르되 어디 빠졌느냐 하매 그 곳을 보이는지라 엘리사가 나뭇가지를 베어 물에 던져 쇠도끼를 떠오르게 하고, 이르되 너는 그것을 집으라 하니 그 사람이 손을 내밀어 그것을 집으니라."(왕하6:5-7).

어느 목사님이 하나님께서 알려주신 대로 순종하지 않고 자기 생각대로 칠년을 갔는데 결국에 고생만하고 다시 최초 하나님께서 일려주신 대로 순종했다는 것입니다. 하나님의 말씀에 순종하지 않으니 칠년을 헛고생을 한 것입니다.

첫째로 나 자신이 직접적인 인도함을 받아야 한다. 하나님께서는 다른 사람을 사용하여 나의 방향을 확인시킵니다. 그러나 음성을 내가 하나님께로부터 직접 들어야 합니다. 나를 위한 하나님의 음성을 듣는데 다른 사람을 의지하는 것은 위험스러운 일입니다. 잘못하면 하나님에게서 떨어질지도 모릅니다.

열왕기상 13장에 나오는 실화입니다. "대답하되 나는 그대와 함께 돌아가지도 못하겠고 그대와 함께 들어가지도 못하겠으며 내가 이 곳에서 그대와 함께 떡도 먹지 아니하고 물도 마시지 아니하리니 이는 여호와의 말씀이 내게 이르시기를 네가 거기서 떡도 먹지 말고 물도 마시지 말며 또 네가 오던 길로 되돌아가지도 말라 하셨음이로다. 그가 그 사람에게 이르되 나도 그대와 같은 선지자라 천사가 여호와의 말씀으로 내게 이르기를 그를 네 집으로 데리고 돌아가서 그에게 떡을 먹이고 물을 마시게 하라 하였느니라 하니 이는 그 사람을 속임이라. 이에 그 사람이 그와 함께 돌아가서 그의 집에서 떡을 먹으며 물을 마시니라. 그들이 상 앞에 앉아 있을 때에 여호와의 말씀이 그 사람을 데려온 선지자에게 임하니, 그가 유다에서부터 온 하나님의 사람을 향하여 외쳐 이르되 여호와의 말씀에 네가 여호와의 말씀을 어기며 네 하나님 여호와께서 네게 내리신 명령을 지키지 아니하고, 돌아와서 여호와가 너더러 떡도 먹지 말고 물도 마시지 말라 하신 곳에서 떡을 먹고 물을 마셨으니 네 시체가 네 조상들의 묘실에 들어가지 못하리라 하셨느니라 하니라. 그리고 자기가 데리고 온 선지자가 떡을 먹고 물을 마신 후에 그를 위하여 나귀에 안장을 지우니라. 이에 그 사람이 가더니 사자가 길에서 그를 만나 물어 죽이매 그의 시체가 길에 버린 바 되니 나귀는 그 곁에 서 있고 사자도 그 시체 곁에 서 있더라. 지나가는 사람들이 길에 버린 시체와 그 시체 곁에 선 사자를 보고 그 늙은 선지자가 사는 성읍에 가서 말한지라. 그 사람을 길에서 데리고 돌아간 선지자가 듣고 말하되 이는 여호와의 말씀을 어긴 하나님의 사람이로다 여호와께서 그에게 하신 말씀과 같이 여호와께서 그를 사자에게 넘기시매 사자가 그를 찢어 죽였도다"(왕상13:16-26).

예수님은 이렇게 말씀하십니다. "예수께서 대답하시되 내가 너희에게 말하였으되 믿지 아니하는 도다. 내가 내 아버지의 이름으로 행하는 일들이 나를 증거하는 것이거늘 너희가 내 양이 아니므로 믿지 아니하는 도다. 내 양은 내 음성을 들으며 나는 그들을 알며 그들은 나를 따르느니라. 내가 그들에게 영생을 주노니 영원히 멸망하지 아니할 것이요 또 그들을 내 손에서 빼앗을 자가 없느니라."(요10:25-28).

첫째로 하나님께서 허락하실 때까지는 다른 이에게 내가 인도하심 받은 것을 말하지 말라. 때때로 이 일은 즉시로 일어납니다. 그러나 또 기다려야 하는 때도 있습니다. 기다리는 주요 목적은 인도하심을 받는데 따르는 4가지 함정을 피하기 위해서 입니다.

첫째로 교만입니다. 하나님께서 무엇인가를 우리에게 말씀하셨기 때문입니다.

둘째로 추측입니다. 내가 완전히 이해하기 전에 이야기하므로 생기는 오류입니다.

셋째로 하나님의 때와 방법을 놓치기 쉽습니다.

넷째로 다른 사람에게 혼란을 가져다줍니다. 그들도 역시 준비된 마음이 필요합니다. 체험이 필요하다는 말입니다. 거라사인의 지방에 귀신들린자를 구원한 예수님을 그 지방 사람들이 떠나라고 하는 것을 보면 이해가 될 것입니다. 그들은 한 영혼보다 자신들의 재산을 잃는 것을 더 중요하게 여겼기 때문입니다. 영적인 현상을 이해할 수 있는 영성이 필요합니다. 특이한 현상이기 때문에 이해하기가 어렵습니다. "치던 자들이 도망하여 읍내와 여러 마을에 말하니 사람들이 어떻게 되었는지를 보러 와서 예수께 이르러 그 귀신 들렸던 자 곧 군대 귀신 지폈던 자가 옷을 입고 정신이 온전하여 앉은 것을 보고 두려워하더라. 이에 귀신 들렸던 자가 당한 것과 돼지의 일을 본 자들이 그들에게 알리매, 그들이 예수께 그 지방에서 떠나시기를 간구하더라. 예수께서 배에 오르실 때에 귀신 들렸던 사람이 함께 있기를 간구하였으나 허락하지 아니하시고 그에게 이르시되 집으로 돌아가 주께서 네게 어떻게 큰일을 행하사, 너를 불쌍히 여기신 것을 네 가족에게 알리라 하시니"(막5:14-19). 은혜를 받은 사람이 상황을 설명함으로 이해를 할 수 있다는 것입니다. "소리가 그치매 오직 예수만 보이더라 제자들이 잠잠하여 그 본 것을 무엇이든지 그 때에는 아무에게도 이르지 아니하니라."(눅9:36).

첫째로 동방박사의 원칙을 사용하라. 세 동방박사는 각각별을 따라 왔습니다. 그러는 동안 모두 다 똑같이 그리스도에게로 인도함을 받았습니다. 이는 하나님께서 지시하시는 대로 순종하라는 것입니다. 하나님께서는 때때로 둘이나 그 이상의 더 영적으로 민감한 사람들을 사용하여 하나님께서 당신에게 말씀하신 것을 확인

하실 것입니다. 이는 죄로나 우로나 치우치지 말고 주 만 바라보고 가라는 것입니다.

하나님께 직접적인 계시를 받았으면 사람이 무어라고 해도 현혹되지 말고 순종하라는 것입니다. 하나님은 사람의 말을 듣고 자신의 행동을 결정하는 사람과 상관하시지 않습니다. 인간적으로 합리적으로 이해가 되지 않아도 하나님께서 말씀하신대로 요지부동 순종해야 합니다.

"박사들이 왕의 말을 듣고 갈새 동방에서 보던 그 별이 문득 앞서 인도하여 가다가 아기 있는 곳 위에 머물러 서 있는지라. 그들이 별을 보고 매우 크게 기뻐하고 기뻐하더라. 집에 들어가 아기와 그의 어머니 마리아가 함께 있는 것을 보고 엎드려 아기께 경배하고 보배합을 열어 황금과 유향과 몰약을 예물로 드리니라. 그들은 꿈에 헤롯에게로 돌아가지 말라 지시하심을 받아 다른 길로 고국에 돌아가니라."(마2:9-12). "내가 이제 세 번째 너희에게 가리니 두세 증인의 입으로 말마다 확정하리라"(고후13:1)

첫째로 속임수에 대해 조심하라. 위조지폐에 대해 들어본 적이 있습니까? 우리는 종이봉지를 위조하였다는 소리를 들어본 적이 있습니까? 없을 것입니다. 그 이유는 위조할 가치가 있는 것만 위조하기 때문입니다. 사탄은 그가 할 수 있는 한 하나님의 모든 것을 모조 하려고 합니다. 무당 같은 예언자가 있을 수 있다는 말씀입니다. 자신이 하나님을 따라가는데 절대로 사람을 의지하면 낭패를 당합니다. 자신이 직접 분별력을 가지고 분별하면서 성령의 인도만 따르시기를 바랍니다. 무당들도 과거일은 귀신같이 알아맞힌다는 것을 명심해야 합니다. "그 성에 시몬이라 하는 사람이 전부터 있어 마술을 행하여 사마리아 백성을 놀라게 하며 자칭 큰 자라 하니, 낮은 사람부터 높은 사람까지 다 따르며 이르되 이 사람은 크다 일컫는 하나님의 능력이라 하더라. 오랫동안 그 마술에 놀랐으므로 그들이 따르더니"(행8:9-11). "애굽 요술사들도 자기들의 요술로 그와 같이 행하므로 바로의 마음이 완악하여 그들의 말을 듣지 아니하니 여호와의 말씀과 같더라"(출7:22).

예를 들면 점괘, 강신술, 운수, 점성학 등을 통해 미혹할 것입니다. "접신한 자와 박수무당을 음란하게 따르는 자에게는 내가 진노하여 그를 그의 백성 중에서 끊으리니"(레20:6). "너희는 무엇이든지 피째 먹지 말며 점을 치지 말며 술법을 행하지 말며"(레19:26). 우리는 이런 유의 사람들하고 교통을 말아야 합니다. 혹이라도 자신이 이런유의 사람이 아닌지 자신을 보는 시간을 가져야 합니다. 자신을 말씀과 성령으로 성찰하라는 말입니다.

"또 자기의 아들을 불 가운데로 지나게 하며 점치며 사술을 행하며 신접한 자와 박수를 신임하여 여호와께서 보시기에 악을 많이 행하여 그 진노를 일으켰으며"(왕하21:6). 마귀의 하수인들이나 신접한 자들을 통해 가짜 인도하심을 나타낼 것입니다. 성령님의 인도하심은 나를 예수님께로 가까이 이끌고, 진정한 자유를 얻게 하실 것입니다. 사탄의 인도는 하나님께로부터 우리를 멀어지게 하고, 나를 사단은 속박할 것입니다. 진정한 인도하심인가를 시험해보는 한 가지는 내가 받았다고 생각하는 그 인도하심이 성경의 원칙을 따르고 있는가를 보는 것입니다. 성령님께서는 결코 하나님의 말씀에 어긋나도록 인도하시지 않습니다.

하나님은 크리스천들에게 온전하라고 하십니다. 하나님의 음성을 듣는 훈련을 하는 것도 온전해지기 위해서 하는 것입니다. 하나님은 창세기 17장 1절에서 "아브람이 구십구 세 때에 여호와께서 아브람에게 나타나서 그에게 이르시되 나는 전능한 하나님이라 너는 내 앞에서 행하여 완전하라."말씀하십니다. 예수님도 마태복음 5장 48절에서 "그러므로 하늘에 계신 너희 아버지의 온전하심과 같이 너희도 온전하라."말씀하시는 것입니다. 온전 하라는 것은 하나님께서 말씀하시면 인간적인 것을 섞지 말고 순종하라는 것입니다. 이렇게 온전하게 순종하는 온전한 구원을 위해서 성령의 인도를 받아야 합니다.

세상의 법은 인간의 행위를 규정합니다. 하지만 천국의 법은 사람의 마음까지 다스립니다. 신명기 6장 5절은 말씀합니다. "네 마음을 다하고 뜻을 다하고 힘을 다하여 네 하나님 여호와를 사랑하라." 행위로 법을 지키는 것은 어렵지 않습니다. 빨간 신호등 앞에 멈추면 됩니다(사실 이것도 쉽지 않습니다). 하지만 마음으로 하나님의 법을 지키는 것은 어렵습니다. 마음 안에 계신 성령님의 은혜로 하나님의 법을 지키는 것입니다. 마음은 눈에 보이지 않습니다. 마음을 다해 하나님을 사랑하고 마음으로 이웃을 사랑하고 마음으로 순결을 지키는 것. 이런 삶이 천국 백성의 삶입니다. 좁은 문으로 들어가는 것은 마음과 생각과 가치관이 예수님의 말씀을 따르도록 순종하는 것입니다.

하나님의 음성을 듣는 것에 특별한 비법이 있을 수가 없습니다. 비결이라고 한다면 빨리 하나님이 원하시는 영적인 상태로 들어가는 것입니다. 이 비결을 터득하기 위하여 저는 십년을 넘게 말씀을 묵상하고 깊은 영의기도를 했습니다. 하나님의 음성을 듣는 비결은 다름이 아니라, 성령의 인도 하에 영적인 상태를 만드는 것입니다. 어떻게 하면 빨리 하나님의 수준과 같은 영적인 상태로 들어갈까 생각하면서 성령의 인도로 깊은 기도를 해야 합니다. 하나님의 음성을 들으려면 안정한 심령이 되어야 가능하기 때문입니다. 안정한 심령이 되게 하기 위하여 모세는 광야에서 사십년간 훈련을 받았습니다. 밖에서 들리는 소리에 신경을 접고 내면에서 올라오는 잡념에 귀를 기우리지 않고, 오로지 하나님에게 집중하는 상태를 안정한 심령이라고 할 수 있습니다. 안정한 심령을 만들기 위하여 상처를 치유하고, 자아를 부수고, 혈통의 문제를 치유하는 것입니다. 그리고 각종 음성 듣는 비결을 가지고 훈련하는 것입니다. 하나님은 우리를 훈련하십니다. 어떻게 훈련할까요? 하나님에게 집중하도록 훈련하십니다. 빨리 하나님의 음성을 듣고 싶습니까? 하나님에게 집중하는 훈련을 하십시오. 세상에 무슨 일이 있더라도 거기에 동요되거나 귀를 기우리지 말고 하나님에게 집중하는 것입니다. 세상의 시끌벅적한 백화점이나 기차역에 가서 있더라도 마음 안에 계시는 하나님에게 집중할 수 있는 수준을 만들면 음성은 들리게 되어 있습니다. 하나님에게 집중하는 훈련을 하십시오. 당신은 하나님의 음성을 듣게 될 것입니다.

13장 하나님의 대화하며 음성을 듣는 영적원리 II

> (요 5:25) "진실로 진실로 너희에게 이르노니 죽은 자들이 하
> 나님의 아들의 음성을 들을 때가 오나니 곧 이 때라 듣는 자는 살
> 아나리라"

하나님의 음성을 듣고자 한다면, 제일 중요한 것은 겸손하고 가난한 마음입니다. 주권이 하나님께 있기 때문입니다. 그분이 말씀하실 수도 있고, 하지 않으실 수도 있습니다. 다만 모든 경우에 있어 하나님은 선하시며 옳으십니다. 말씀을 하실 때에도 이유가 있고, 하지 않으실 때에도 이유가 있습니다.

그리고 그 이유는 잘 설명하지 않으십니다. 왜냐하면 하나님은 왕이시기 때문입니다. 또한 하나님의 지혜는 끝이 없어서, 사실 소상하게 설명해 주신다고 하여도 우리가 다 이해할 수 있는 수준의 것이 아니기 때문이기도 합니다. 하지만 하나님은 필요한 경우에는 반드시 말씀 하십니다. 그리고 우리가 믿음을 가진다면, 또한 그 말씀을 들을 수 있습니다.

첫째, 음성이 들을 수 있는 준비를 하라. 구체적으로 어떻게 하나님의 음성을 들을 것인가? 듣는 귀를 개발하고 싶다면 반드시 하나님의 말씀을 사랑하고 묵상하는 방법을 배워야 합니다. 사람은 사랑하는 대상에게 관심을 갖게 되어 있습니다. 당신이 하나님을 사랑한다면 하나님에게 집중하게 될 것입니다.

놀라운 사실은 많은 성도들이 뜨거운 기도, 통성기도는 잘 드리

지만, 침묵하고, 묵상하며 기다리라고 하면 좀이 쑤셔서 견디질 못합니다. 뭔가 잘못된 신앙입니다. 통성기도도 필요하지만 나의 목소리를 멈추고 주님이 말씀하시도록 주님의 음성이 들리도록 고요 속에 나의 소리를 멈추고 외적침묵과 내적침묵이 된 상태에서 인내하며 기다릴 필요가 있습니다. 하나님은 영이 십니다. 우리가 성령으로 충만하여 안정한 심령이 되고 성령으로 장악되어 영적인 상태가 되었을 때 하나님의 음성이 들린다는 것을 명심해야 합니다. 성령의 임재 하에 말씀을 읽고 묵상하면 말씀하시는 하나님의 음성을 듣는 법을 알게 될 것입니다.

고요한 가운데 하나님의 주파수에 자신을 맞추어야 합니다. 자기가 하는 말에 심취되어 하나님의 주파수를 무시하지 마시기를 바랍니다. 하나님에 대한 불신이나 죄와 무지로 자신의 귀를 막지 말아야 합니다. 성령의 임재하에 성경을 읽을 때 기도하는 마음과 말씀에 집중해야 합니다. 말씀을 읽는 중에 성령님의 음성을 들을 수 있도록 귀를 열어 놓는 자세가 필요합니다. 저의 경험으로는 성령으로 충만한 상태에서 성경을 읽을 때 성령 하나님의 음성이 잘 떠올랐습니다. 매일 성실하게 끊임없이 성경을 묵상하는 자세가 중요합니다.

성령 안에서 기도하라. 자신의 머리를 써가지고, 자기 욕심이 담긴 말이나, 자기 하소연으로 이리저리 구하지만 말라는 것입니다. 고요히 내 안에 계신 성령님이 기도를 이끌어 가도록 하라는 것입니다. 성령 부어주심을 기대하고 깊은 영적인 상태에서 성령의 임재가운데 기도하면 성령의 감동이나 음성이 들려옵니다. 기도할 때 잡념에 빠져서 자신의 소리로 기도하다가 성령님을 소멸치 말고 성령의 임재 하에 몰입하여 기도하면 성령의 음성이 들립니다.

아담의 타락이후 인간은 자기 육체와, 욕심, 감정, 의지, 본성을 의지하는 명수가 되고 말았습니다. 우리가 하나님의 음성을 듣지 못하는 이유가 바로 여기에 있습니다. 인간의 욕심 때문에 고요하게 들려오는 하나님의 음성을 듣지 못하는 것입니다.

기도할 때 이런 사심들을 내려놓고 성령 안에서 기도하기를 힘쓰는 훈련을 지속적으로 하세요. 무엇보다 예수님의 보혈을 의지하여 기도하세요. 성령의 이끌림을 받아 성령의 언어인 방언으로 기도하세요. 그러면 분명하게 당신은 하나님의 음성이 들리게 될 것입니다.

하나님의 보청기는 성령이십니다. 그리고 성령이 깨닫게 하고 알려주는 레마입니다. 우리는 항상 기뻐하고 쉬지말고 기도하며 범사에 감사하여 영의 상태에 머물러야 합니다. 영적인 상태가 되어야 영이신 하나님과 통할 수 있기 때문입니다. 영이신 하나님과 통할 수 있도록 기도해야 합니다. 기도도 머리로 생각하여 하는 기도가 아니라. 성령의 인도를 받는 영의 기도를 해야 합니다. 깊은 영의기도는 성도를 성령으로 충만하게 하여 영의상태에 들어가게 하는 적극적인 수단입니다. 그러므로 무시로 기도해야 합니다. 기도할 때 성령으로 하나님의 음성을 들을 수가 있습니다.

그러므로 기도하지 않는 성도는 하나님의 마음을 알 수가 없습니다. 하나님과 교통할 수가 없습니다. 하나님으로부터 오는 아무 것도 받을 수가 없는 것입니다. 그래서 하나님은 성령으로 충만함을 받으라고 하시는 것입니다. 우리를 위하여 성령으로 충만하라고 하시는 것입니다. 영으로 기도하여 성령으로 충만한 상태가 되어 하나님의 음성을 밝히 들으시기를 바랍니다.

첫째, 사람의 반대는 때때로 하나님께로부터 온 인도하심이 아닐 수 있다. 하나님의 음성을 듣고 순종하며 따라가려면 사람의 이론(말)과는 관계를 끊어야 합니다. 하나님은 자신의 자녀에게 분명하게 직접 말씀하십니다. 예수를 믿고 성령으로 거듭나 성령의 인도를 받는 성도는 성령으로부터 직접적인 인도를 받아야 합니다. 사람들의 소리는 참고사항입니다. 성도는 하나님이 자신에게 말씀하신다는 믿음이 있어야 합니다. 그러나 그 하나님의 음성을 들으려면, 그분이 우리 안에 우리가 그 분 안에 있어야 합니다. 그분이 우리 안에 우리가 그 분 안에 라는 말을 쉽게 해석하면 하나님과 당신이 같은 영적인 상태가 되어야 한다는 것입니다. 이것이 음성듣기에 핵심입니다. 하나님과 같은 영적인 상태가 되어야 한다는 것입니다. 실제로 하나님이 우리 안에, 우리가 하나님 안에 살아가는 동안에는, 하나님께서 아무런 대답을 안 하실 지라도, 우리는 하나님의 뜻이 무엇인지 알 수 있습니다. 마치 오래 살아온 가족이 서로의 의도를 그 느낌만으로도 알 수 있듯이, 굳이 어떤 음성이 들리지 않아도 그냥 아는 것입니다.

하나님의 말씀에 순종하는 바울의 순종을 보고 교훈을 얻어야 합니다. 우리도 이렇게 하라고 성령께서 성경에 기록한 줄로 믿습니다. "여러 날 머물러 있더니 아가보라 하는 한 선지자가 유대로부터 내려와 우리에게 와서 바울의 띠를 가져다가 자기 수족을 잡아매고 말하기를 성령이 말씀하시되 예루살렘에서 유대인들이 이같이 이 띠 임자를 결박하여 이방인의 손에 넘겨 주리라 하거늘 우리가 그 말을 듣고 그 곳 사람들과 더불어 바울에게 예루살렘으로 올라가지 말라 권하니 바울이 대답하되 여러분이 어찌하여 울어 내 마음을 상하게 하느냐 나는 주 예수의 이름을 위하여 결박당할 뿐 아니라. 예루살렘에서 죽을 것도 각오하였노라 하니 그가 권함을 받지 아니하므로 우리가 주의 뜻대로 이루어지이다 하고 그쳤노라."(행21:10-14).

필자가 군에서 나와서 목회를 하겠다고 하니 여러 사람들이 말렸습니다. 만약에 그 때 제가 그 사람들의 말을 듣고 목회의 길을 접었더라면 지금 많은 환란과 고통을 당했을 것입니다. 저는 우로나 좌로 치우치지 않고 목회의 길로 왔더니 지금에 이른 것입니다. 하나님의 인도를 받는데 사람을 의식하는 것은 절대로 금해야 합니다. 하나님은 사람을 의식하는 성도와 같이 하지 않으십니다. 하나님은 이렇게 말씀하십니다. "여호와께서 이와 같이 말씀하시니라 무릇 사람을 믿으며 육신으로 그의 힘을 삼고 마음이 여호와에게서 떠난 그 사람은 저주를 받을 것이라"(렘17:5).

우리 자신을 돌이켜 볼 때 우리는 나중에야 그것을 깨달았습니다. 우리 교파로부터 장애를 받는다고 여겨졌던 것이 사실은, 하나님께서 더 넓은 규모의 사역으로 우리를 인도하시기 위한 것이었습니다. 여기서 중요한 것은 주님께 복종하는 것입니다.

죽음의 위험에서도 하나님께 영광을 돌리는 베드로의 담대함을 배워야 합니다. "그들을 불러 경고하여 도무지 예수의 이름으로 말하지도 말고 가르치지도 말라 하니 베드로와 요한이 대답하여 이르되 하나님 앞에서 너희의 말을 듣는 것이 하나님의 말씀을 듣는 것보다 옳은가 판단하라. 우리는 보고 들은 것을 말하지 아니할 수 없다 하니, 관리들이 백성들 때문에 그들을 어떻게 처벌할지 방법을 찾지 못하고 다시 위협하여 놓아 주었으니 이는 모든 사람이 그 된 일을 보고 하나님께 영광을 돌림이라"(행4:18-21). 하나님의 뜻을 거역하는 것은 결코 주님께로부터 온 것이 아닙니다. 그러나 때때로 주님은 우리를 나의 지도자로부터 잠시 곁으로 비켜서 있기를 원하실 때가 있습니다. 반항하기 때문이 아니라, 하나님의 계획의 일부로써 말입니다. 하나님께서 나의 마음에 이 둘이 어떻게 다른지 알려주실 것을 기대하시기 바랍니다.

우리는 분명하게 성령의 인도를 받아야 삽니다. 마태복음7장 13,14절을 보십시오. "좁은 문으로 들어가라. 멸망으로 인도하는 문은 크고 그 길이 넓어 그리로 들어가는 자가 많고 생명으로 인도하는 문은 좁고 길이 협착하여 찾는 자가 적음이라." 두 문이 있습니다. 큰 문(넓은 문)과 좁은 문입니다. 넓은 문은 넓은 길 끝에 있고, 좁은 문은 좁은 길 끝에 있습니다. 넓은 길에는 사람이 많습니다. 큰 문으로 들어가려는 사람이 많습니다. 길이 넓고 문이 크니 편하고 좋아 인기가 있습니다. 좁은 문은 인기가 없습니다. 길이 좁아 한 사람 다니기도 불편합니다. 문이 작아 몸을 구부리고 숙여야 들어갑니다.

사람이 없어 외롭습니다. 그런데 예수님은 두 문 중에서 좁은 문을 선택하라 하십니다. "좁은 문으로 들어가라." 어리석은 선택 아닙니까? 그렇지 않습니다. 넓은 문 너머에 멸망이 있고, 좁은 문 너머에 생명이 있기 때문입니다. 사람들은 넓은 문으로 들어가면 화려한 세상이 있으리라 기대합니다. 좁은 문으로 들어가면 괴로움만 있을 것 같습니다. 그런데 반전이 있습니다. 넓은 문 뒤에 죽음이 있고, 좁은 문 뒤에 생명이 있습니다.

좁은 문으로 들어가는 것은 어떻게 하는 것입니까? 고행을 하는 것입니까? 좁은 문으로 들어가는 것은 예수님의 말씀(음성)을 듣고 행하는 삶을 사는 것입니다. 성령으로 거듭나 영이신 하나님의 음성을 듣고 행하는 사람입니다.

첫째, 예수님의 모든 제자들은 각자가 다 독특한 사역이 있었다. 다른 사람이 잘한다고 따라하지 말라는 것입니다. 그리고 인간의 욕심을 가지고 일을 하려고 하지 말라는 것입니다. 하나님이 나에게 원하는 목회사역과 사업이 무엇인지 아는 것이 급선무입니다. 이것은 목회자나 성도님들이나 다 마찬가지 입니다. 하나님에게 질문하여 나에게 원하는 일을 찾아내야 합니다. "각각 은사를 받은 대로 하나님의 여러 가지 은혜를 맡은 선한 청지기 같이 서로 봉사하라. 만일 누가 말하려면 하나님의 말씀을 하는 것 같이 하고 누가 봉사하려면 하나님이 공급하시는 힘으로 하는 것 같이 하라 이는 범사에 예수 그리스도로 말미암아 하나님이 영광을 받으시게 하려 함이니 그에게 영광과 권능이 세세에 무궁하도록 있느니라 아멘"(벧전 4:10-11).

우리가 하나님의 음성을 더 자세히 들을수록 우리는 당신의 부르심에 더욱 효과적이 될 것입니다. 인도하심을 받는 것은 장난이 아닙니다. 하나님의 사역에 있어서 우리가 무엇을 하기를 원하시는 지, 그리고 그것을 어떻게 하기를 원하시는지를 배우는 것은 심각한 것입니다. 하나님의 뜻은, 올바른 사람과 함께, 올바른 일의 연결 안에서, 올바른 지도력 하에서, 올바른 마음의 태도를 가지고, 올바른 수단을 사용함으로써 옳은 일을 옳은 장소에서 행하고 말하는 것입니다.

첫째, 하나님의 음성은 들을 수 록 더욱 쉬워질 것이다. 것은 마치 전화를 받자마자 가장 가까운 친구의 음성을 알아내는 것과 같습니다. 내가 그 음성을 많이 들어 왔기 때문에 그의 음성을 아는 것입니다. 어린 사무엘과 나이가 들었을 때의 사무엘을 비교해 보시기 바랍니다. "여호와께서 사무엘을 부르시는지라 그가 대답하되 내가 여기 있나이다 하고 엘리에게로 달려가서 가로되 당신이 나를 부르셨기로 내가 여기 있나이다 가로되 나는 부르지 아니하였으니 다시 누우라 그가 가서 누웠더니 여호와께서 다시 사무엘을 부르시는지라 사무엘이 일어나서 엘리에게로 가서 가로되 당신이 나를 부르셨기로 내가 여기 있나이다 대답하되 내 아들아 내가 부르지 아니하였으니 다시 누우라 하니라. 사무엘이 아직 여호와를 알지 못하고 여호와의 말씀도 아직 그에게 나타나지 아니한 때라"(삼상3:4-7).

사무엘도 처음에는 하나님의 음성을 몰랐습니다. 엘리제사장이 알려 준대로 하여 하나님의 음성을 듣는 통로가 열리니 이제 하나님과 자연스럽게 음성을 들으며 교통하게 됩니다. "여호와께서 사무엘에게 이르시되 백성이 네게 한 말을 다 들으라 그들이 너를 버림이 아니요 나를 버려 자기들의 왕이 되지 못하게 함이니라. 내가 그들을 애굽에서 인도하여 낸 날부터 오늘날까지 그들이 모든 행사로 나를 버리고 다른 신들을 섬김같이 네게도 그리하는 도다. 그러므로 그들의 말을 듣되 너는 그들에게 엄히 경계하고 그들을 다스릴 왕의 제도를 알게 하라"(삼상8:7-10).

사무엘이 점점 하나님과 친밀해져서 하나님의 말씀을 전하는 선지자가 됩니다. 이렇게 음성은 들으면 들을수록 쉬워지는 것입니다. "여호와께서 여룹바알과 베단과 입다와 나 사무엘을 보내사 너희를 너희 사방 원수의 손에서 건져내사 너희로 안전히 거하게 하셨거늘 너희가 암몬 자손의 왕 나하스의 너희를 치러옴을 보고 너희 하나님 여호와께서는 너희의 왕이 되실지라도 너희가 내게 이르기를 아니라 우리를 다스릴 왕이 있어야 하겠다 하였도다"(삼상12:11-12).

첫째, 주님의 음성을 듣는 가장 중요한 이유는 하나님께 집중하는 것이다. 하나님께서는 무한하실 뿐 아니라 인격적이십니다. 하나님은 우리와 개인적으로 친밀한 관계를 갖기를 원하십니다. 만약 우리가 하나님과 대화를 하지 않는다면 우리는 하나님과 개인적인 관계를 갖고 있는 것이 아닙니다. 진정한 인도하심은 달린이 지적한 대로 인도하시는 분에게 더욱 가까이 가는 것입니다. 여러분 주님의 마리아와 같이 무릎 앞에 앉기를 즐겨하시기를 바랍니다. 그러면 하나님께서 우리에게 말씀하시고, 우리가 하나님께 귀를 기울이고 순종하여 그의 마음을 기쁘시게 해드릴수록 우리는 주님을 더욱 잘 알아 가게 될 것입니다. "사람이 자기의 친구와 이야기함 같이 여호와께서는 모세와 대면하여 말씀하시며 모세는 진으로 돌아오나 눈의 아들 젊은 수종자 여호수아는 회막을 떠나지 아니하니라."(출33:11).

"그러므로 누구든지 나의 이 말을 듣고 행하는 자는 그 집을 반석 위에 지은 지혜로운 사람 같으리니"(마7:24). "비가 내리고 창수가 나고 바람이 불어 그 집에 부딪치매 무너져 그 무너짐이 심하니라."(마7:27). 만약에 나에게 음성이 들리지 않으면 문제의 근원지가 어디 무엇인지 빨리 알아내어야 합니다. 그리고 조치를 취해야 합니다. 여리고 사람들이 엘리야를 찾아 물 근원을 치유한 사례를 마음에 두어야 합니다. "그 성읍 사람들이 엘리사에게 말하되 우리 주인께서 보시는 바와 같이 이 성읍의 위치는 좋으나 물이 나쁘므로 토산이 익지 못하고 떨어지나이다. 엘리사가 이르되 새 그릇에 소금을 담아 내게로 가져오라 하매 곧 가져온지라. 엘리사가 물 근원으로 나아가서 소금을 그 가운데에 던지며 이르되 여호와의 말씀이 내가 이 물을 고쳤으니 이로부터 다시는 죽음이나 열매 맺지 못함이 없을 지니라 하셨느니라 하니, 그 물이 엘리사가 한 말과 같이 고쳐져서 오늘에 이르렀더라"(왕하 2:19-22). "모든 지킬 만한 것 중에 더욱 네 마음을 지키라 생명의 근원이 이에서 남이니라"(잠4:23). 사울왕은 하나님에게 불순종하니 음성이 안 들렸습니다. 엘 리 제사장도 마찬 가지입니다. 치명적인 것입니다.

첫째, 음성을 들었으면 반드시 순종하라. 하나님은 노아에게 방주를 만들 것을 말씀하십니다. 그리고 노아는 하나님의 말씀에 그대로 다 준행합니다. 즉 순종했다는 것입니다. 방주를 120년 동안 만들었습니다. 우리도 성경에 약속하신 명령에 따라 순종해야 합니다. 노아처럼 순종하면 우리도 하나님께 은혜를 받고 죽음에서도 살려주십니다. 노아는 죽음에서 살았습니다. 세상에 사람이 번성할 무렵, 노아라는 사람이 살고 있었습니다. 당시는 하나님 보시기에 아주 악한 세대였습니다.

성경은 하나님께서 사람 지으신 것을 후회하셨다고 기록하고 있습니다. 세상에는 선을 찾아볼 수가 없었고, 사람의 생각은 악한 것으로 가득 차 있었습니다. 때문에 하나님께서는 세상을 멸하시기로 작정하셨습니다. 그러나 당시에 하나님께 은혜를 입은 사람이 있었으니, 그의 이름은 노아였습니다. 노아는 의인이었으며, 하나님의 말씀에 순종할 줄 아는 하나님 앞에서 완전한 자라고 성경은 기록하고 있습니다. 또한 성경은 노아가 하나님과 동행하였다고 기록하고 있습니다.

하나님께서는 범죄한 세상에 분노하시고 드디어 홍수로 심판하시기로 작정하셨습니다. 수많은 죄악의 관영함 가운데에서 하나님과 동행하였던 노아에게 하나님은 산 위에 방주를 만들도록 말씀하셨으며, 영문도 모른 채 노아는 하나님의 말씀이기에 순종하였습니다. 많은 사람들이 비웃었습니다. 600살이나 되는 노인이 끙끙대며 나무와 연장들을 운반하여 산꼭대기에 배를 만드는 모습은 코미디였기 때문입니다. 그것도 120년 동안 만들었습니다. 노인이 미쳤다고 손가락질도 했을 것입니다.

그러나 노아는 신경을 쓰지 않았습니다. 신실하신 하나님의 말씀이기에 분명한 목적과 계획이 있음을 믿었기 때문입니다. 드디어 배가 완성되고, 각기 종류대로 많은 짐승들과 먹을 양식, 그리고 노아의 8식구는 배에 올랐습니다. 배의 문은 밖에서 하나님께서 닫으셨습니다. 배의 문이 닫히자 하늘이 열리고 땅이 열려 홍수와 비가 내리기 시작했습니다. 많은 사람들이 산꼭대기로 올라와 노아에게 살려달라고 했지만, 이미 문은 하나님께서 닫으셨기에 노아도 열지 못했습니다. 그리고 세상은 멸망하고 노아의 식구만이 살아남았습니다.

노아의 이야기를 통해 우리는 무엇을 깨달을 수 있습니까? 그것은 바로 노아의 순종입니다. 노아는 사람들의 놀림에 신경을 쓰지 않았습니다. 노아는 사람들의 조롱에 개의치 않았습니다. 노아에게는 오직 하나님의 말씀만이 그의 삶에 유효한 것이었기 때문입니다. 우리는 하나님의 사람입니다. 예수를 믿는 사람이요, 그 뜻대로 행하는 사람들입니다. 이러한 우리는 어떻게 해야 합니까? 가정에서든지, 학교에서든지, 직장에서든지, 교회에서든지 우리는 하나님의 말씀에 순종해야 합니다.

하나님이 주인이십니다. 그분의 음성을 듣고 교통하며 따라가기만 하면 하나님이 하십니다. 성도도 하나님의 자녀입니다. 하나님의 뜻을 알고 하나님이 안내하는 길을 따라가노라면 인생은 성공합니다. 그러나 마귀가 가는 길에 어떻게 해서든지 해방을 놓습니다. 그래서 우리는 성령의 충만함으로 기도해야 합니다. 성령님 나의 앞길을 인도 하소서. 저는 성령님만 믿습니다.

첫째, 마음의 상처와 혈통의 문제를 해결하라. 예수를 믿고 교회에 들어와 말씀과 성령으로 치유 받지 못한 더러운 심령에는 마귀가 역사하기 쉽습니다. 그래서 베드로는 너희가 각각 회개하고 성령을 선물로 받으라고 합니다. 성령은 우리의 깨끗한 심령에 역사를 합니다. 고로 말씀과 성령으로 자신의 구습을 치유해야합니다.

1) 태아에서 현재까지의 마음의 상처를 치유 받아야 합니다. 마음의 상처는 영적인 사람으로 변화하는데 많은 장애요인이 됩니다. 이스라엘 민족이 가나안 정찰을 가서 열지파가 잘못보고 하나님의 진노를 산 것도 상처 때문인 것입니다. 과거 애굽에서의 상처로 인하여 현실을 볼 때 하나님의 입장에서 본 것이 아니고 자신이 느끼는 감정으로 보고 본대로 전하여 이스라엘 사람들을 대노하게 하여 광야에서 40년간 유리하다가 죽는 신세가 된 것입니다. 이와 같이 과거 상처로 인하여 하나님이 알려주시는 감동을 정확하게 듣지 못하고 자기위주로 해석한다든지 육으로 판단하여 하나님의 뜻과는 정반대로 갈 수가 있습니다. 하나님의 음성을 들으려면 반드시 과거 상처를 치유해야합니다.

2) 혈통을 타고 내려오는 영적인 문제를 치유해야 합니다. 이는 나도 모르게 혈통을 타고 나에게 흘러들어와 나의 영적 생활을 방해합니다. 마귀는 하나님과 깊은 교제의 관계로 나가지를 못하게 합니다. 조상의 우상숭배가 올무가 되어 하나님의 음성을 들으려고 하면 세대에 지속적으로 역사하던 악한 마귀가 방해를 하거나 거짓 음성을 들려주기 때문에 성령의 능력으로 치유를 받아야 합니다. 혈통으로 내려오는 우상숭배 뒤에는 악한 영의 역사가 있습니다. 저는 치유사역을 하면서 혈통으로 흐르는 영육의 문제를 치유하지 않아 늙어서 고생하는 성도를 너무나 많이 보았습니다. 혈

통의 문제는 젊은 나이에 해결하는 것이 최상입니다.

충만한 교회에서는 매주 토요일 10:00-12:30까지 각각 2시간 30분씩 개별 특별집중 기적치유 시간을 갖고 있습니다. 한번에 4-6명밖에 할 수 없으므로 1주일 전에 지정된 선교헌금을 입금하시고 예약을 합니다.

*대상은 이렇습니다. 여기서도 저기서도 치유와 능력을 받지 못한 분/ 불치병, 귀신역사를 빨리 치유 받을 분/ 목과 허리디스크, 허리어깨통증, 근육통, 온몸이 아프고 무거움에서 치유해방 받고 싶은 분/ 자녀나 본인의 우울증, 공황장애, 조울증, 불면증을 빨리 치유 받을 분/ 가슴이 답답하고 기도하기가 힘이 드는 분/ 축복과 영의 통로를 뚫고 싶은 분/ 성령의 불세례를 체험하고 싶은 분/ 최단기간에 현실문제 해결과 성령치유 능력 받고 싶은 분입니다.

천국을 누리고 싶은 분은 믿음을 가지고 오시기만 하면 무슨 문제라도 치유되고 해결이 됩니다. 염려하시지 말고 성령께서 감동하시면 오셔서 빠른 시간에 치유 받고 권능을 받아 쓰임을 받으시기를 바랍니다. 반드시 일주일 전에 선교헌금을 전화 확인하시고 입금 후 예약해야 합니다(전화 02-3474-0675).

14장 하나님과 대화하며 순종하여 축복받은 의인

(창 12:1-4) "여호와께서 아브람에게 이르시되 너는 너의 고향과 친척과 아버지의 집을 떠나 내가 네게 보여 줄 땅으로 가라. 내가 너로 큰 민족을 이루고 네게 복을 주어 네 이름을 창대하게 하리니 너는 복이 될지라. 너를 축복하는 자에게는 내가 복을 내리고 너를 저주하는 자에게는 내가 저주하리니 땅의 모든 족속이 너로 말미암아 복을 얻을 것이라 하신지라. 이에 아브람이 여호와의 말씀을 따라갔고 롯도 그와 함께 갔으며 아브람이 하란을 떠날 때에 칠십오 세였더라"

우리가 하나님과 대화하며 음성을 듣는 것은 아브라함과 같은 복을 받으면서 살아가기 위함입니다. 목적을 바르게 해야 합니다. 하나님의 음성을 듣는 다고 목에다가 힘을 주면서 믿음이 약한 성도들 앞에 군림하기 위해서 음성을 듣는 것이 아닙니다. 하나님께서 아브라함을 부르셨습니다. 부르신 이유는 연단하고 단련하여 온전해진 다음에 하나님의 영광을 나타내기 위해서입니다. 하나님의 부르심에는 반드시 예비한 축복이 있습니다. 축복하시기 위해서 부르신 것입니다. 순종하면 받는 축복입니다. 우리도 축복하시기 위해서 세상에서 부르신 것입니다. 나도 축복을 받아 누린다는 믿음을 가져야 합니다. 우리는 아브라함을 믿음의 조상이라고 말합니다. 육체의 조상은 아담과 하와였지만 영적인 조상인 아브라함이 우리의 조상이 되시는 것입니다. 그는 한없는 축복을 받은 사람이지만 그러나 그의 생활은 결코 평탄하지 않았습니다. 불같은 시험을 당해서 그는 복과 함께 믿음과 순종을 배웠던 것입니다. 우리가 아브라함의 복을 받으면서 세상을 살아가기 위하여 아브라함이 하나님과 동행하면서 무슨 일들을 체험 했나 말씀 속에서 교훈을 얻어야 합니다.

첫째, 너는 너의 고향과 친척과 아버지의 집을 떠나. 옛 사람을 떠나라는 것입니다. 아브라함이 하나님의 부르심을 받을 때까지 하나님은 이 세상에 당신이 구주의 영광을 나타내지 아니하셨습니다. 그러나 75세까지 자기 멋대로 산 아브라함을 하나님이 택하셨습니다. 하나님께서는 아브라함을 부르시되 "너는 너의 고향과 친척과 아버지의 집을 떠나 내가 네게 보여 줄 땅으로 가라"(창12:1-3)고 새 출발을 명령하신 것입니다. 아브라함은 하나님의 부르심을 받아 있는 둥지를 다 털어버리고 떠나서 내가 지시할 땅으로 가라고 했습니다. 우리가 하나님의 부르심을 받을 때는 하나님이 반드시 아브라함과 같은 순서를 주십니다. 떠날 때는 떠나라. 그리고 갈 때로 가라. 떠나고 가는 것이 분명해야 하나님 앞에 은혜와 축복을 받는 것입니다. 하나님께서는 아브라함에게 살고 있던 고향과 친척과 아버지의 집을 떠나 네가 가나안 땅으로 가라고 한 것입니다(창12:1-3).

엄청난 하나님이 축복을 주신 것입니다. 아브라함이 복이 되겠다고 하신 것입니다. 아브라함에게 축복을 하는 자는 축복을 주고 저주하는 자에게는 하나님이 저주하겠다고 하신 것입니다. 그런 약속을 주셨음에도 불구하고 하나님께서는 아브라함에게 시련과 고난도 허락하신 것입니다. 떠나온 땅에서 완전히 손을 털고 오도록 만드시고, 들어온 가나안 땅에 와서도 믿고 순종하는 사람이 되도록 하나님께서 지시하신 것입니다.

우리들도 마찬가지입니다. 하나님은 훈련되지 않는 사람에게 절대로 복을 허락하지 않습니다. 성령의 인도를 받으며 하나님의 혹독한 시험을 통과해야 합니다. 그러나 아무리 시험이 어려워도 하나님께서 동행하기 때문에 넉넉하게 이길 수가 있습니다. 시험은 육체로 살던 세상을 버리고 하나님의 말씀에 순종하는 삶으로 바꾸는 것입니다. 오로지 하나님만 바라보고 하나님의 음성을 듣고 순종하는 사람으로 만들어 가십니다.

자신이 하나님을 위하여 무엇을 하려고 하는 사람이 되면 시험은 길어집니다. 하나님은 사람의 도움을 받아서 세상을 치리하지 않습니다. 오로지 하나님께서 하라는 대로 순종하는 사람을 통해서 세상에 하나님의 나라를 만들어 가십니다. 그렇기 때문에 하나님은 우리자녀들을 하나님의 음성을 듣고 순종하는 사람으로 바꾸는 사람으로 만들어 가십니다.

둘째, 하나님은 혈육의 문제를 해결하게 하신다. 떠나온 땅에서 많이 아브라함은 갖고 데리고 이고 지고 가나안 땅으로 온 것입니다. 하나님이 내 고향과 친척과 아버지의 집을 떠나라고 했는데 떠난 것이 힘듭니다. 더구나 75년 동안 살아온 고향산천을 떠난다는 것이 쉽지 않을 것입니다. 그렇기 때문에 하나님께 순종한다고 떠나는 왔지만 떠나올 때 친척들이 와서 "날 따라와! 봇짐 싸! 하나님이 나에게 복 주신다고 했으니 따라와!" 그리고 종들도 "너희들 다 계속 내게 고용되어 있으니 따라와! 월급 줄 테니까! 다 따라와!" 종들도 데리고 재산도 그가 모아놓은 재산을 나눠주고 올 수가 없어 아까워서 전부 꾸러미를 만들어서 걸머지고 그는 고향산천을 떠났습니다.

아마 하늘에서는 하나님이 내려다보시고 있는데 천사장이 와서 이런 말을 했을 것입니다. 하나님! 저 사람이 누굽니까? '아브라함이 나의 명령을 따라 고향 친척 있는 것을 떠나서 갈대아 땅으로 가는 길이다.' 안 그런 것 같은데요? 보니까 온갖 일가친척이 다 따라오고, 조카도 따라오고, 그다음에 소, 짐승들도 다 데리고, 종들도 데리고 일대 군단이 걸어가는데요? 그러니 아버지 하나님이 웃으시면서 하나님께서 이렇게 말씀하십니다. '시련을 톡톡히 당해야 저것 다 떨어져 나갈 것이다. 두고 봐라!' '지금부터 아브람이 나와 직접적인 관계를 맺으면서 나만 의지하는 사람이 되도록 훈련한다.' 아브람에게 광야훈련이 시작된 것입니다.

그런데 아브라함은 당장 가면 축복이 마구 떨어질 줄 기대했습니다. 그리고 가나안에 왔는데 아니 이럴 수가 있습니까? 비가 안 와서 전부 땅이 바짝 말랐습니다. 초목, 곤충이 다 타죽고 의지할 곳이 없고 농사지을 곳이 없습니다. 그러니 아브라함을 따라온 친척들이 모두 불평을 말하고 종들도 야반도주하고 엉망진창이 되고만 것입니다. 하나님! 복을 주신다고 해서 하나님 따라서 나왔는데 복은 안 와도 화가 이렇게 다가오니 어떻게 합니까? 하나님 날 버렸습니까? 아무 대꾸가 없습니다. 하나님께 기도하며 물어보지 않으니 하나님은 묵묵부답입니다.

그 땅에 기근이 들었으므로 아브라함이 도저히 견디지 못하므로 살러 가야 되겠다. 하나님이 하라는 데로만 했다가는 큰일 나겠다. 그저 적당히 믿어야지 100% 믿었다가는 신세 망치겠다. 지금 이런 기근이 가나안에는 왔어도 애굽 땅에는 물이 풍부하고 농사도 잘되고 사람들이 많이 와서 사니 우리 애굽으로 살러 가자. 이제는 하나님이 가라고 말하지 않은 곳에 마음대로 갑니다. 자기 생각대로 행동합니다.

그리고 꾀를 자기 마음대로 부리는 것입니다. 아브라함은 오랜 세월 동안 사라와 같이 살았으나 자식은 없었는데 아브라함은 자기가 보기에도 사라는 너무나 절세미인이었습니다. 아브라함은 그 긴 세월동안 살아오면서 인생에 별 재미는 없었으나 자기 부인 얼굴 쳐다보는 재미로 살았습니다. 절세미인이었다고 했습니다. 마음에 감탄할 정도로 예뻤습니다. 그렇기에 아브라함이 내려갈 때 그 아내에게 부탁을 한 것입니다. 여보! 당신하고 오래 살아서 당신이 굉장히 미인인 것을 내가 아는데 내가 미안해서 입으로는 그 말 못했지만, 오늘 시인한다. 틀림없이 내려가면 애굽 사람들은 당신의 아름다움을 보고 기절초풍을 할 것이다. 그리고 나를 잡아서 죽이는 것은 간단한 문제다. 나는 당신을 뺏기고 목숨도 잃을 것인데 나를 좀 살려주시오.

사래가 어떻게 살려줘요? 이제부터는 여보라고 말하지 말고 오빠라고 말하십시오. 요사이 같으면 아무것도 아니지요. 요사이는

다 오빠 하니까 누가 진짜 오빠인지 가짜 오빠인지 모르는데 '나를 오빠라고 하면 나는 동생, 동생이라고 할 테니까' '그러다가 진짜 내가 동생인 줄 알고 장가오겠다고 하면 어떻게 합니까?' '그때는 그때 가서 보자.' '좌우간 나를 보고 오빠라고 해달라고.' 그래서 애굽에 도착하니까 뭐 새로운 사람이 오면 원래 다들 호기심을 가지지만 이번에는 그야말로 절단강산입니다. 사람들마다 다 아브라함의 여동생 구경한다고 떼를 지어서 모여오니 아브라함이 기가 막힙니다.

그런데 임금님이 그 소식을 들었습니다. 바로가 듣기로 가나안에서 한 가족이 왔는데 여자는 기가 막히게 아름다운 여자다. '빨리 데려오너라.' 그래서 아브라함은 자기 아내를 데리고 왕궁이 들어가니까 왕궁에 들어가자마자 부인이 아브라함을 보고 오빠 여기 어디에요? 동생, 여기가 바로의 궁이란다. 바로에게 절을 하니까 너희 어떻게 되느냐? 그러니까 아브라함이 내 부모가 일찍 세상을 뜨시고 내가 이 여동생 데리고 떠돌아다니는 나그네 같이 삽니다. 너 진짜 여동생이냐? 내 여동생입니다.

네 여동생은 이렇게 예쁜데 너는 왜 호박 같나? 나는 호박 같아도 내 여동생은 틀림이 없습니다. 자네, 정말 이것이 네 오빠냐? 네! 내 오빠입니다. 그럼 잘되었다. 나하고 결혼하자. 그날로 당장 결혼해서 바로가 데리고 가 버리고 그 대가로써 소와 양과 짐승을 잔뜩 얻었습니다. 그런데 왕궁에 들어갈 때는 동생하고 같이 들어갔다가 만들어 놓은 동생하고 들어갔다가 나올 때는 짐승을 데리고 대신 나왔어요. 가만히 있으니 기가 막힙니다.

그때 비로소 아브라함이 기도를 많이 했을 것입니다. 하나님 살려 주십시오. 이 길만이 내가 살 길이라고 생각하고 꾀를 내었는데 내 꾀가 통과되지 않습니다. 하나님이 바로의 궁전을 쳤습니다. 하나님께서 나타나셨습니다. 하나님이 화를 주니까 다 회개하고 도로 내주어서 그 아내를 데리고 애굽땅에서 있지도 못하게 빨리 떠나라. 그래서 가나안 땅으로 왔습니다. 오니까 가나안 땅에는 그동안 비가 많이 와서 곡식이 잘되고 풀도 푸르고 좋습니다. 그런데 또다시 인위적으로 사니까 시련이 다가왔습니다. 그 시련이 뭐냐면 조카하고 싸움이 벌어진 것입니다.

조카도 삼촌 따라다니다가 삼촌에게 조금씩 도움을 받아서 큰 목장을 가진 사람이 되었습니다. 많은 양 떼와 소 떼와 짐승 떼를 거느린 목장주가 되었는데 삼촌의 목장 목동들과 자기의 목장 목동들이 싸움이 붙어서 야단법석이 났습니다. 왜냐하면, 서로 좋은 초지를 얻기 위해서 삼촌이 가진 초지에 자기 짐승들이 와서 풀을 뜯어 먹이니 삼촌의 목장들이 쫓아내고 그래서 아재비와 싸움이 벌어지고 그곳에 있는 다른 이방 민족들도 손가락질하고 야단법석입니다.

하나님 뜻을 거역하면 언제고 문제가 생겨나는 것입니다. 내 아비 집을 떠나라고 했는데 조카는 아버지 혈통에 이은 조카입니다. 조카를 떠나고 와야 되는데 조카를 데리고 왔기 때문에 그런 문제가 생긴 것입니다. 그래서 조카를 보고 '우리 헤어지자! 여기 타민족도 많은데 아재비와 조카가 싸워서 피투성이가 되고 소문이 자자하게 나는데 우리 헤어지자. 네가 동이라 하면 내가 서로가고,

네가 남이라 하면 내가 북으로 가겠다.' 아무리 일가친척 간이라도 물질 문제 가지고는 양보가 없습니다. 그렇게 하면 조카가 삼촌을 따라왔으니 '삼촌이 먼저 좋은 데를 택하십시오. 그러면 내가 다른 데를 택하겠습니다.' 그렇게 말하지 않았습니다. '얼씨구~ 내가 먼저 택하지 삼촌이 어떻게 되든지.' 그래서 소돔과 고모라가 있는 요단강 쪽을 바라보니 풀도 많고 물도 많고 좋았습니다.

롯이 보니까, 여호와의 동산 같고 애굽 땅과 같았습니다. 나는 풀도 많은 저 고모라성이 있는 동쪽을 택하고 갈 테니 그러면 삼촌만 여기 계세요. 그렇게 하라. 그리고 떠나버렸습니다. 이제는 메마른 초지가 있는 한쪽에 앉아 있으니 하나님이 조카가 떠나고 나니 일어서라! 동서남북을 바라보라. 똑똑히 바라보라. 네 눈에 보이는 그 땅을 내가 네게 주리니 영원하리라. 가볼 필요 없이 바라봄의 법칙을 통해서 네가 바라볼 수 있는 그 땅을 내가 다 주겠다. 우리도 성경을 읽어서 하나님께서 주신 약속을 믿음으로 바라볼 수 있는 것을 다 바라보면 은혜로서 축복을 주실 것입니다(창 13:7-12).

하나님은 이제 아브람에게 믿음으로 사는 법을 가르쳐 주었습니다. 갈대아 우르를 떠날 때 하나님의 말씀을 믿음으로 살았으면 괜찮을 것인데 그는 자기의 계획과 자기의 지혜를 따라 애굽으로도 내려갔고, 조카 롯에게 짐승들도 많이 나눠 주었고, 자기 인간의 수단과 방법으로 잘 살려고 했다가 실패를 많이 했습니다. 성경에는 주님께서 나의 의인은 믿음으로 말미암아 살리라고 했는데 오늘날 우리도 이 세상살이를 떠나서 하나님을 따라서 나왔으면 믿음으로 살아야 되는 것입니다.

　믿음으로 사는 것이 쉽지 않기 때문에 훈련을 통해서 배우는 것입니다. 장막에서 늘 엎드려서 기도할 때도 땅만 보고 기도하면 소용이 없습니다. 꿈을 마음속에 품고 기도해야 하나님이 축복을 해 주시는 것입니다. 이렇게 성경에 기록한 것은 우리들에게 이런 교훈을 깨달아 아브라함과 같이 불필요한 고생을 하지 않게 하기 위하여 기록한 것입니다. 하나님은 성령으로 인도하면서 아브라함과 같이 인간적인 모든 것을 끊어내게 하십니다.

　셋째, 이성과 감각, 인본주의, 물질주의의 삶을 정리하라. 인간적인 삶을 살던 장막에서 나와야 되는 것입니다. 아브라함의 이성과 감성과 지성이 하나님의 말씀을 따르라는 것입니다. 자신을 죽이라는 것입니다. 이제 아브라함의 이성과 감성과 지성으로 살지 말고 하나님의 말씀에 순수하게 순종하면서 살아가라는 것입니다. 천막 속에서 자꾸 기도만 하면 천막과 흙밖에 보이지 않습니다. 그러나 천막 밖에 나오면 하늘을 쳐다보면 수많은 별들이 보이는 것입니다. 하나님은 기도를 그렇게 하라는 것입니다. 세상의 부귀, 영화, 공명, 낭패, 실망만 생각하고 땅만 바라보고 기도하지 말고 천막 밖에 나와서 우리말로 다 한다면 이성이라는 천막, 감각이라는 천막, 인본주의라는 천막, 물질주의적인 천막에서 나와서 하늘을 바라보라. 수많은 별들이 있지 않느냐. 그 별들을 통해서 하나님이 아브람보고 네 자손이 저 별들처럼 많을 것을 생각하라. 마음에 꿈을 가지고 생각하고 바라보고 기도하라. 꿈을 가지고 무슨 꿈이냐. 별 하나가 내 한 자식이 된다는 것을 꿈을 꾸면 말로 다할 수 없는 많은 자식 아닙니까? 나는 저 많은 자손들의 아버지가 되고 할아버지가 되고 조상이 된다. 그것을 마음속에 그려라! 오늘 예수 믿는 사람들은 하나님의 나라를 바라보고 하나님의 약속의 말씀으로 마음에 그림을 그려야 되는 것입니다. 물론 하나님의 말씀에 온전하게 순종하지 못하고 아내 사래의 말을 듣고 종 하갈을 통하여 이스마엘을 생산하고 상당한 기간 동안 고역을 치렀습니다. 이는 우리가 하나님의 말씀을 믿지 않고 사람의 말을 듣고 행했을 때 찾아오는 고통을 감내해야 한다는 것을 알게 하기 위함입니다. 성령의 인도를 받는 성도는 하나님의 말씀 외에 다른 말을 듣고 행동하면 반드시 고통이 따릅니다.

우리가 어떻게 하늘을 쳐다보고 별들을 헤아리라는 것입니까? 우리의 하늘은 성경이 우리 하늘인 것입니다. 창세기부터 계시록까지 성경을 바라보고 읽고 성경에 있는 하나님의 약속의 말씀을 별처럼 마음에 간직하라는 것입니다. 성경을 읽고 말씀의 별을 가슴에 품고 기도하면 기적이 일어나는 것입니다. 마음속에 오랫동안 간직하고 바라보고 기도하는 그 목표의 별은 이루어지는 것입니다. 목표를 마음속에 그림으로 그려놓고 꿈을 꾸면서 기도하지 아니하면 믿음이 생겨나지 않습니다. 믿음이라는 것은 참 힘이 있되 꿈이 있어야 믿음이 있는 것입니다. 제가 묻겠습니다. 당신은 무엇을 믿습니까? 몰라요. 그러면 믿음이 뭔지 모르지 않습니까? 무엇을 믿지요. 목적이 있어야 되지 않습니까? 몸이 아프니까 몸이 나으려고요. 그렇지요. 몸이 낫겠다고 꿈을 꾸면 그 꿈을 믿는 것입니다. 몸이 낫는 건강의 꿈을 꾸기 때문에 네 믿음대로 될 것이라고 할 것입니다.

이와 같이 아브라함에게 하나님께서 상속자를 준 것도 아브라함이 오랫동안 85세에 기도했으나 꿈이 없이 기도했습니다. 천막 아래서 불평을 해가면서 내 아내는 지금 75세가 되고 나는 85세인데 아들을 못 낳았으니 이제 아들을 낳을 수가 없습니다.

하나님이 아들을 안 주므로 나는 종을 키워서 아들로, 후사를 삼겠습니다. 불평을 말하고 하나님을 공갈하고 그렇게 했습니다. 그러니까 하나님께서 이 사람아, 꿈을 갖고 기도해야지. 꿈이 없는 기도를 어떻게 하느냐. 저녁까지 기다려라! 저녁이 되니까 천막에서 나와라! 꿈을 가지고 기도하기 위해서 하늘 쳐다보라! 하늘을 쳐다보니까 뭐가 보이니? 별들이 보입니다.

헤아려 보아라! 아이고 헤아릴 수 없이 많은데요. 너의 자손이 저것처럼 많을 것이다. 아브람이 입을 딱 벌리고 별들을 바라보고 별들이 자기의 자손이 된 것 같은 느낌으로 가슴에 꽉 들어차니 하나님, 내가 믿습니다. 전에는 무엇을 믿을 줄 몰랐는데 저 별들이 내 자손인 것을 믿습니다. 하나님이 아브람 보고 만족한다. 잘했다. 그것이 너의 의로움이 된다. 그래서 그는 서나 앉으나 이제는 아들이 가슴속에 별들처럼 꽉 있는 것을 바라보았습니다. 그 결과로 그 아내가 90이 되고, 아브라함의 나이가 100세가 되었을 때 아들을 낳으니 이름이 이삭인 것입니다. 그러므로 장막에서 나와서 하늘을 바라본 것이 그는 큰 계기가 되었습니다(창15:3-6). 바라봄과 믿음, 그 법칙을 통해서 역사가 일어난 것입니다. 꿈이 생길 때 믿음이 생깁니다. 무엇을 믿느냐. 꿈을 믿는 것입니다. 현재 있는 것 보고 믿을 사람이 어디 있습니까? 꿈이란 것은 장차 생겨날 것을 지금 믿는 것을 말합니다. 뭘 믿느냐. 건강을 믿습니다. 그것이 바로 꿈을 믿는 것입니다. 무엇을 믿느냐. 사업이 일어날 것을 믿습니다. 그것이 꿈입니다. 그것이 믿음이고. 그러므로 꿈은 마음 속에 현재 그림으로 그리고 그것을 바라보고 있으면 그것이 내 것이 되었다는 믿음이 생겨나는 것입니다. 믿음이 생겨나면 믿음을 입술로 고백하는 것입니다. 그것이 내 것이라고 고백을 하면 현실적으로 날이 가고 달이 가면 이루어지게 되는 것입니다.

넷째, 완전하게 순종하는지 시험하시는 하나님. 하나님의 시험을 통과해야 합니다. 하나님을 삶의 목표로 삼지 않고는 지위나 명예나 돈이나 이런 것이 생활의 목표가 될 수 없다는 것입니다. 그러므로 우리는 하나님 말씀을 읽고 듣고 성령님을 환영하고 모셔드리며 의지할 때 성령이 우리 마음속에 훈련시켜서 하나님을 제일주의로 만들어서 살게 해주시는 것입니다. 오늘날 우리가 인생을 살면서 한편에는 복을 주시면서 다른 면에는 시험과 환난을 반드시 주십니다.

왜냐하면, 믿음을 가르쳐주고 사랑을 가르쳐 주는 데에는 시련이 필요한 것입니다. 학교 다닐 때 어린아이들이 공부하는데 공부 좋아하는 애들 보았습니까? 공부가 싫어요. 그래도 공부가 장차 그를 현명하게 만들고 더 놀라운 삶을 살게 만들어 주기 때문에 억지로라도 공부를 해야 되는 것입니다. 공부는 싫으나 해야 된다. 시험과 환난을 하나님이 못 지킬만한 것을 주지 않지만, 반드시 시련과 환난을 통해서 신앙이 자라고 사랑이 자라게 해서 이 세상을 훌륭하게 살도록 만들어 주는 것입니다.

순종도 마찬가지입니다. 순종이란 하나님의 말씀에 온전하게 순종하는 것입니다. 한마디로 하나님의 수족같이 움직이는 것을 순종이라고 합니다. 여러 가지 환란과 시험을 통해서 자신의 힘으로는 세상을 이기기에 역부족하다는 것을 깨닫는 것입니다. 자동적으로 하나님의 말씀에 순종하도록 훈련하십니다. 하나님께서는 아브라함에게 고난을 준 것은 그를 통해서 하나님 순종하는 것을 배우고 하나님을 사랑하는 것을 배운 것입니다.

그가 하나님이 대한 절대적인 사랑을 배운 것은 외아들 이삭을 모리아 산에서 제물로 바치라는 것입니다. 시험치고 그렇게 흉악한 시험이 어디 있습니까? 100살에 낳은 아들을 모리아 산에 데리고 가서 죽여서 각을 떠서 제물로 드려라. 시험치고는 굉장히 어려운 시험입니다. 답을 써야 돼요. 무슨 답을 씁니까? 하나님 좀 시험을 쉽게 만들어 주시옵소서. 그렇게 하든지 나는 못해요. 그렇게 하든지. 내가 시험을 성심껏 응답하겠습니다.

그렇게 하든지. 좌우간 시험을 쳐야 되는 것입니다. 그래서 점수를 매기는 것입니다. 아브라함은 엄청난 시험을 당했습니다. 축복을 많이 받은 이상, 그 축복을 잘 간수할 수 있는가 시험을 치르는 것입니다. 아브라함은 자기 아내 사라에게 이야기도 하지 않고, 자기 아들을 보고 '야! 하나님이 제사를 드리라고 하는데 모리아 산에 나와 같이 가자.' 한 사흘 걸릴 테니까 장작 매고 칼 들고 불

씨 내가 가지고 가자! 사흘 길을 걸어서 모리아 산에 왔습니다. 그리고 그 아들 데리고 장작 걸머지고 불 횃불 들고서 모리아 산으로 올라가는데 "아버지, 장작은 내가 걸머지고 불도 손잡고 있는데 제사드릴 양은 어디에 있나이까?" 기가 막힌 질문 아닙니까? "얘야! 이것은 중요한 제사니까 제물은 하나님이 직접 준비한다고 하더라. 가자!" 그래서 가서 아들과 함께 제단을 쌓고 장작을 펴놓고, 그 다음에 이삭에게 네 손발 내놓아라. 왜요? 하나님이 너를 잡아서 제물로 드리라고 한다. 어찌할 도리가 없다. 아마 그 아들이 아버지를 쳐다보고 눈물을 뚝뚝 흘렸을 것입니다. 아버지, 나이가 많으셔서 머리가 좀 어떻게 된 것 아닙니까? "백살에 낳은 아들이라고 그렇게 자랑하고 사랑하더니 나를 잡아서 제물로 드린다네요." "그래도 너를 주신 이도 하나님이시오 너를 도로 데리고 갈 이도 하나님이시니 나는 하나님을 위해서 너를 낳고 기른 대리인에 불과하다." 칼을 받아 잡고 그를 눕혀서 잡고 칼을 들었습니다.

그때 마지막 순간까지 가만히 있던 하나님께서 보좌에서 확 일어났을 것입니다. "아브라함아! 아브라함아! 네 외독자 이삭에게 칼 대지 마라! 네가 네 외독자 이삭도 아끼지 아니하고 나에게 내놓았으니 내가 이제 안다. 네가 나를 사랑한 줄 안다." 사랑은 증거가 있어야 되는 것입니다. 대가가 있어야 되요. "내가 너를 사랑한다." 적은 대가가 있으면 적게 사랑하는구나. 많이 사랑하면 많은 대가를 지불하게 되는 것입니다.

하나님의 시험 동안에 고통스럽다고 고함을 치면 "다 되었어. 다 되었어. 조금만 참아." 그렇게 말하시는 것입니다. 실제로 조금만 참으면 시련은 끝나는 것입니다. 하나님이 우리에게 유익을 주시는 것입니다. 그러므로 고난당할 때 불평할 것이 아니라, 그것이 내게 유익이 될 것이라 믿고, 더욱 하나님께서 하라는 대로 순종하며 견뎌야 되는 것입니다. 그러면 고난이 변하여 오히려 복이 되는 것입니다. "하나님을 사랑하는 자 곧 그의 뜻대로 부르심을 입은 자들에게는 모든 것이 합력하여 선을 이루느니라." 우리들이 아브라함의 복을 받기 위해서는 하나님의 음성에 온전하게 순종하며 살아야 합니다. 마음으로 하나님의 음성을 듣는 목적이 아브라함과 같은 축복을 받으면서 살아가기 위함입니다.

충만한 교회는 지방에 계시는 분들을 위하여 성령치유 집회 CD와 교재를 33종류를 비치하고 있습니다. 과목별 CD는 12시간을 녹음하여 12개입니다. 가격은 전화로 확인 바랍니다. 교재는 과목당 만원입니다. 필요하시면 주문하여 영성을 깊게 하실 수가 있습니다. 교재를 보며 CD를 들으면 현장에서 집회를 참석한 것과 같은 효과가 있습니다. CD를 들으면서 치유를 체험했다고 간증하는 분들이 많습니다. 전화는 02-3474-0675. 신청은 번호를 알려주시면 됩니다. 메일주소는 kangms113@hanmail.net 를 이용하여 신청이 가능합니다(필요CD/교재번호. 주소. 전화전호. 우편번호).

과목별 상세한 내용은 홈페이지 www. ka0675.com 에 들어오셔서 확인 바랍니다. 홈피에 보시면 계좌번호와 과목별 상세목록을 확인하실 수 있습니다.

15장 하나님과 기도로 대화하며 기적 일으키는 의인

(삼상 17:49-51) "손을 주머니에 넣어 돌을 가지고 물매로 던져 블레셋 사람의 이마를 치매 돌이 그의 이마에 박히니 땅에 엎드러지니라. 다윗이 이같이 물매와 돌로 블레셋 사람을 이기고 그를 쳐죽였으나 자기 손에는 칼이 없었더라. 다윗이 달려가서 블레셋 사람을 밟고 그의 칼을 그 칼집에서 빼내어 그 칼로 그를 죽이고 그의 머리를 베니 블레셋 사람들이 자기 용사의 죽음을 보고 도망하는지라."

다윗은 하나님과 대화하며 음성을 듣고 그대로 선포하는 영감이 깊은 영적 거장입니다. 다윗은 바로 광야에서 이 위험과 죽음을 수시로 대면하면서도 동시에 하나님의 신비와 생명의 소중함을 함께 깨달은 사람입니다. 다윗의 광야가 제공하는 영적인 의미를 아는 것은 우리 신앙을 깊은 영성의 차원으로 업그레이드 시킵니다. 이새의 여덟 번째 아들로 태어난 다윗은 목동이었습니다. 벌판에서 양을 치고 있던 어느 날 아버지가 찾는다는 말에 영문도 모르고 끌려옵니다. 와서 본즉 제사장인 사무엘과 예루살렘 성읍 장로들이 모두 모여 있습니다. 아버지와 일곱 형들도 다 함께 있어 자신을 바라보는 눈길은 평상시와는 전혀 다른 공기를 느끼게 합니다.

얼떨떨한 채로 그 자리에 들어서니 제사장인 사무엘이 모든 사람들 보는 앞에서 그에게 머리에 기름을 붓습니다. 사울을 왕으로 세우셨던 하나님께서 왕위를 이제 다윗에게 옮기시는 순간입니다. "사무엘이 기름 뿔 병을 가져다가 그의 형제 중에서 그에게 부었더니 이 날 이후로 다윗이 여호와의 영에게 크게 감동되니라"(삼상 16:13). 성경이 다윗의 심정이 어떠했는지는 말하고 있지 않기 때문에 우리는 상상력을 발휘해 볼 필요가 있습니다. 이스라엘에서는 제사장과 선지자 그리고 왕에게만 기름부음의 의식을 행합니다. 그러므로 자신이 기름부음을 받는 것이 무엇을 의미하는지는 다윗도 알고 있습니다. 게다가 하나님의 영에 크게 감동되었다는 것으로 봐서는 자신에게 일어난 커다란 변화를 체험하고 지금까지는 평범한 목동에 불과했으나 앞날에 대한 전혀 다른 꿈을 가졌을 것이 틀림없습니다. 기름 부음을 받은 이후에도 여전히 목동의 일을 하고 있던 그에게 굉장한 사건이 생깁니다. 하나님의 영에 크게 감동된 자로서의 승리라고 할 수 있는 것으로 바로 블레셋의 장수 골리앗을 무너뜨린 일입니다.

골리앗에 밀려서 사울 왕이 절절맬 때 여기에 다윗이 나타났습니다. 다윗은 형들의 안부를 묻기 위해서 군대에 동원된 형들에게 문안편지를 가지고 왔습니다. 그런데 형들은 다윗을 보고 화를 냈습니다. 목축이나 하지 전쟁 구경하러 왔냐고 고함을 쳤습니다. 그런데 다윗은 하나님을 잘 믿는 소년으로 하나님의 생각과 눈으로 골리앗을 보니 다윗의 눈에는 골리앗이 큰 고깃덩어리로 밖에 안 보이는 것입니다.

골리앗이 다윗에게 말할 때 다윗은 하나님의 말씀으로 응전을 한 것입니다. 다윗은 도전적인 말을 했습니다. "다윗이 블레셋 사람에게 이르되 너는 칼과 창과 단창으로 내게 나아오거니와 나는 만군의 여호와의 이름 곧 네가 모욕하는 이스라엘 군대의 하나님의 이름으로 네게 나아가노라"(삼상 17:45). 하나님의 말씀을 그는 담대하게 말한 것입니다. 말을 할 때 바라는 것을 말해야 되는 것입니다. 믿음을 보고 말하는 것은 현재를 보고 말하는 것이 아니라, 장차 잘될 것을 보고 말하는 것입니다. 나는 할 수 있다. 하면 된다. 해 보자. 나았다. 건강하다. 이것은 현재 일어나는 것이 아니라 장차 될 것을 현재 고백하는 것입니다.

이제 결전의 장면을 보는 것입니다. 다윗이 말했습니다. 내가 가서 싸우리다. 그래서 사울 왕이 자기의 투구를 씌워주고 자기의 갑옷을 입혀주고 자기의 칼을 채워주니 아 사울왕의 옷을 입으니 너무 크고 거기에다 투구를 씌워주니까 눈까지 다 덮어지고 칼을 옆에 차니까 칼을 끄는 것도 힘이 듭니다. 그가 몇 번 왔다 갔다 끌어보니 도저히 입지 못하겠습니다. 이거 머리가 무겁고 옷이 안 맞고 칼이 무거워서 안 되겠으니까 벗어버리겠습니다. 그리고는 단출한 목동으로서 목동의 옷을 입고 그는 지팡이 하나를 들고 내려가서 물매 돌 매끈매끈한 것 다섯 개 집어서 가지고 나갔습니다.

골리앗이 산천을 쩡쩡 울리면서 너희 용사가 누구냐. 그러면서 산 밑에서 찾아보니 이스라엘에서 나오는 용사가 안보입니다. 어디 있느냐…. 숨어있지 말고 나오너라. 자기처럼 큰 용사가 나올 줄 알고 위를 쳐다보니까 안 보이는 데 밑에 내려다보니까 조그만 소년이 "나 여기 있다" 그러면서 나옵니다. 이것 골리앗이 계산해 보니 기가 막힌 일입니다. 그는 다윗을 보고 웃을 수도 없고 울 수도 없었습니다. 조그마한 아이가 나오니 그는 마음속에 모욕감을 느꼈습니다. 야~ 이놈아! 네가 나를 개인 줄 알고 부지깽이를 들고 나오느냐? 이 나쁜 놈아…. 내가 오늘 너를 죽여서 공중의 새와 땅의 짐승들의 밥으로 만들겠다. 그러면서 소름이 끼치도록 자기의 신들의 이름을 부르면서 다윗을 저주했습니다.

그럴 때 다윗은 인간의 눈으로 골리앗을 계산하지 않았습니다. 다윗은 하나님을 의지하고 골리앗을 바라보니 하나님 앞에 골리앗은 아무 것도 아닙니다. 그러므로 인간이 키가 크냐. 작으냐가 문제가 아닙니다. 현실적으로 다윗은 키는 작았지만, 그 마음속에 하나님을 의지하고 그 믿음에 배짱이 골리앗보다 훨씬 컸습니다. 그러므로 다윗은 골리앗을 보니 이거 아무 것도 아닙니다. 사자와 곰 새끼만도 못합니다. 그래서 그는 그가 죽인 사자와 곰 중의 하나로 보고 담대한 신앙고백을 했습니다. 다윗은 이렇게 외칩니다. "너는 칼과 단창으로 내게 나아오거니와 나는 만군의 여호와의 이름 곧 네가 모욕하는 이스라엘 군대의 하나님의 이름으로 네게 나아가노라 오늘 여호와께서 내가 너를 쳐서 네 목을 베고 블레셋 군대의 시체를 오늘 공중의 새와 땅의 들짐승들에게 주어 온 땅으로 이스라엘에 하나님이 계신 줄을 알게 하겠고 또 여호와의 구원하심이 칼과 창에 있지 아니함을 이 무리에게 알게 하리리 전쟁은 여호와께 속한 것인즉 그가 너희를 우리 손에 넘기시리라"(삼상 17: 45-

47).

그래서 오늘날 전쟁은 사람의 손에 있지 않고 칼과 창에 있지 않고 여호와의 손에 있는 것을 알게 하고, 오늘 온 세상 사람으로 하여금 이스라엘의 하나님이 계신 것을 네게 알게 하리라. 입으로 담대한 시인을 하니까 얼마나 좋습니까. 골리앗도 협박과 공갈을 치고 나왔지만 다윗은 그것에 조금도 굴하지 않고 하나님에 대한 담대한 신앙고백을 했습니다. 그가 비록 작더라도 입에서 나오는 신앙고백을 들을 때 그의 신앙고백이 천지를 진동하는 하나님의 능력의 말씀에 서면 그는 위인인 것입니다.

그래서 다윗은 그 신앙고백을 하고 그 큰 골리앗을 향해 쏜살같이 뛰어가면서 그의 목자의 도구에서 물매 돌을 물매에 먹여서 막 돌면서 나가서 그를 놓아버리니까, 하나님이 그 돌을 인도해서 온 전신의 갑옷을 입어서 어디 손톱하나 들어갈 때가 없는데 눈 사이 여기는 틈이 있는지라. 여기에 돌이 날아가 때려서 이마를 파고 안으로 들어 가버렸습니다. 얼마나 돌이 세었던지 맞아서 떨어져도 안 되겠는데 골속으로 들어 가버렸습니다. 그래서 여기에 구멍만 펑 뚫어져 있었습니다. 제 아무리 용사라도 골속에 돌이 들어가도 살아남을 수가 있습니까. 골리앗은 앞으로 거꾸러졌습니다.

그러자 다윗이 뛰어가서 그 골리앗의 칼을 뽑고 그 칼로 목을 베어서 눈이 피를 뚝뚝 흘리는 골리앗의 머리를 감아 드니까 이스라엘 군인들이 사기가 충천하여 천지가 진동하는 고함을 치고 산 밑으로 내려옵니다. 블레셋 군인들은 혼비백산하여 도망을 치고 그

날의 전쟁은 이스라엘의 위대한 승리로 끝나버리고 만 것입니다.

다윗이 거대한 골리앗 앞에서 담대하게 말할 수 있었던 것은 평소에 함께하시는 하나님을 체험했기 때문인 것입니다. 우리 기독교 신앙은 체험을 많이 해야 됩니다. 자기가 하나님의 역사를 체험해야 담대해지는 것입니다. 다윗은 목동 생활을 하면서 평소에 하나님과 함께함으로 사자와 곰을 이긴 경험을 가지고 있었습니다. 그랬기 때문에 싸워야 할 적이 짐승에서 인간으로 바뀌었을 뿐이며, 다윗의 눈에 골리앗은 하나의 고깃덩어리에 지나지 않았습니다. 그러므로 체험적인 신앙이 매우 중요합니다. 하나님은 다윗을 체험하면서 담대해지도록 훈련하십니다.

골리앗을 쓰러뜨린 일을 계기로 사울의 아들 요나단과 친구도 되고 사울의 사위까지 되어 지위도, 명예도 한 몸에 받게 된 그는 아무것도 두려울 것이 없었습니다. 모든 것이 다 잘되어가고 있었습니다. 그런데 호사다마, 사울의 시기심으로 인해 그야말로 갑자기 최고의 자리에서 최악의 자리로 떨어져버렸습니다. 결국 생명의 위협을 느껴 광야로 쫓겨나는 신세가 되고 맙니다. 사무엘상 19장에서 시작된 다윗의 도피는 결국 사울이 죽은 후에야 끝이 나게 되는데 이때까지 그가 광야에서 머무른 기간이 10년이나 됩니다. 그야말로 기가 막힌 도피생활을 하게 됩니다. 사울을 피해 광야로 쫓겨 가서 이리저리 돌아다니다 한번은 사울의 손에 죽을 것이 두려운 나머지 자신이 죽였던 골리앗의 나라인 블레셋으로 들어간 적도 있습니다. 블레셋이라면 이스라엘의 적국입니다. 블레셋의 아기스왕 앞에 섰을 때 아기스의 부하들이 경계하자 위험을 느껴 살아남기 위해 미친척하고서는 그곳을 빠져나왔습니다(삼상 21장).

게다가 떠돌이 생활을 하다 보니 함께 한 식솔들이 생겨났습니다. 삼상 22장을 보면 환난 당한 모든 자, 빚진 자, 마음이 원통한 자들이 다 다윗에게로 모이게 되어 400명가량이었다고 기록되어 있습니다. 갈 곳 없는 사회의 부적격자들의 우두머리가 되어 함께 도망 다니는 것은 또 얼마나 힘든 일입니까? 도대체 이거 뭐지? 싶은 생각이 왜 없었겠습니까? 자신이 기름부음 받았던 날을 떠올리는 것도 지쳤습니다. 과연 나에게 좋은 날이 올 것인가 하는 의심이 들지 않을 수 없습니다.

차라리 그냥 목동으로 살았더라면 이 고생은 안 해도 되지 싶습니다. 그렇게 목숨을 부지하기 위해 도망 다니기를 5년째 되던 때입니다. 다윗은 드디어 삼상 24장에 나오는 엔게디 광야로 숨어들게 됩니다. 엔게디는 지구상에서 가장 험하고 황량한 지역으로 일컬어지는 곳입니다. 쫓겨 다니는 다윗으로서는 엔게디의 지형만큼 숨기 좋은 곳은 없습니다. 그런데 다윗이 엔게디 근처에 있다는 것을 안 사울이 쫓아왔습니다.

원수는 외나무다리에서 만난다고 이들의 만남은 참으로 기가 막힙니다. 사울이 갑자기 화장실이 가고 싶었습니다. 볼일을 보기 위해 동굴로 들어가게 되는데 그 동굴이 마침 다윗 일행이 쉬고 있던 바로 그 동굴이었습니다. 동굴 안으로 들어간 사울은 그 안에 있는 사람들을 알아보지 못합니다.

한 낮의 태양 빛 가운데 있다 동굴로 들어온 자들은 어둠에 익숙지 않기 때문에 동굴 안쪽 어두운 구석에 있는 사람을 알아보지 못합니다. 영화가 시작된 극장에 들어가면 캄캄해서 앞뒤 분간이 어려워 허둥대는데 앉아 있는 사람들은 그 모습을 훤히 보는 것과 같은 것이지요. 등을 돌리고 앉은 사울은 자신의 볼일을 보고 있습니다. 사울이 다윗을 쫓아온 것인데 모양새는 마치 하나님께서 사울을 다윗에게 완전히 양도된 상황으로 만들어주신 것 같이 느껴집니다.

부하도 없이 그리로 들어온 사울은 꼼짝없이 당할 운명에 놓였습니다. 지금 이 상황은 우연이라 하기에는 너무 절묘한 타이밍입니다. 사울임을 알아 본 다윗의 부하들은 그를 죽일 절호의 기회라고 여겨 다윗을 조릅니다. 사실 누가 봐도 이것은 하나님께서 허락하신 기회라고 여기는 것이 당연합니다. 그러나 다윗은 다만 사울의 옷자락을 조금 벨뿐입니다. 고대 근동에서는 사람의 옷자락을 자르는 것은 그 사람의 명예를 박탈하기 위한 상징적인 법률행동으로 여겼습니다. 그래서 옷자락을 벤 것만으로도 사울의 명예를 박탈한 것 같은 마음에 편치 않았습니다. 얼마 후 하길라 산이란 곳에서 이와 비슷한 일은 한 번 더 되풀이 되었습니다(삼상 26장).

이미 자신을 죽이려고 여러 번 시도했었고 지금도 죽이기 위해 쫓아온 자가 바로 자기 눈앞에 있습니다. 이쯤 되면 그가 사울을 죽여도 잘못은 아닙니다. 게다가 자신은 이미 차기 왕으로 기름 부음 받았습니다. 그런데도 다윗은 사울을 죽이지 않았을 뿐 아니라 옷을 조금 벤 것만 가지고도 불편해 했습니다. 왜 그랬을까?

사무엘상 24장 6절에 보면 "자기 사람들에게 이르되 내가 손을 들어 여호와의 기름 부음을 받은 내 주를 치는 것은 여호와께서 금하시는 것이니 그는 여호와의 기름부음을 받은 자가 됨이니라." 다윗이 사울을 죽이지 않은 가장 큰 이유는 생명의 주권이 하나님께 있다는 자신의 신앙고백에 있습니다. 사울을 사울로 보는 것이 아니라, 하나님의 사람으로 보는 안목이 그로 하여금 사울에게 손대지 않게 하였습니다. 원수 갚는 것이 하나님께 있다는 것을 안 것입니다.

광야는 다윗에게 생명의 고귀함을 가르쳐 주는 학교였습니다. 광야의 훈련을 받은 다윗의 눈에는 사울이 적이 아니라, 하나님의 기름 부으심 받은 자로 보였습니다. 사람들이 만들어 낸 소음과 소란에서 멀리 떨어져 아무것도 없는 광야에서 홀로 침묵가운데 살던 다윗은 사울에게서 다른 누구도 보지 못했던 하나님의 영광을 볼 수 있었습니다. 비록 자신을 죽이러 쫓아다니는 사울일지라도 그를 세우신 하나님의 영광을 먼저 볼 수 있는 영적인 눈이 열렸던 것입니다. 이 말은 하나님과의 관계를 맺으며 살아간 광야 생활을 통해 다윗 안에는 신성함을 알아 볼 줄 아는 감각이 크게 자라났다는 것을 의미합니다.

세상에서는 버려진 땅을 광야라고 하지만, 하나님의 자녀들에게는 광야가 하나님의 임재, 말씀을 인식하는 장소라고 합니다. 다윗

의 광야에서는 바로 이 버려진 땅과 같은 존재인 사울이 하나님의
기름 부음을 입은 영광스러운 존재로 여김을 당할 수 있다는 엄청
난 교훈이 들어 있음을 알게 됩니다.

다윗의 생애를 엿볼 수 있는 성경의 기록은 사무엘상하서로 알
고 있습니다. 그러나 다윗의 외적 생애를 기록한 것이 사무엘 서
라면 그의 내면을 기록한 것은 시편이라 할 수 있습니다. 대부분
의 시편 저자가 다윗이라는 것을 아는 사람들도 그 시편 가운데 많
은 부분이 다윗의 광야 생활 10년 동안에 기록된 것이라는 것은 잘
모릅니다. "내 마음이 내 속에서 심히 아파하며 사망의 위험이 내
게 이르렀도다. 두려움과 떨림이 내게 이르고 공포가 나를 덮었도
다. 내게 비둘기같이 날개가 있다면 날아가서 편히 쉬리로다"(시
54:4-6). 광야 10년의 도피로 인해 마음이 상한 다윗의 글입니다.

이 외에도 사울을 피하며 쓴 글은 많지만 그 가운데 시편 57편
은 사무엘상 24장의 내용입니다. "그들이 내 걸음을 막으려고 그
물을 준비하였으니 내 영혼이 억울하도다. 그들이 내 앞에 웅덩이
를 팠으나 자기들이 그 중에 빠졌도다. 하나님이여 내 마음이 확정
되고 확정되었사오니 내가 노래하고 내가 찬송하리이다." 자신을
죽이려고 쫓아왔으나 지금 자신이 친 웅덩이에 빠진 사울에 대한
노래입니다. 그러나 그의 마음은 하나님을 향하고 있어 사울에 대
한 복수 따위는 전혀 안중에 없습니다.

그가 광야에서 쓴 시편을 보면 다윗이 어떻게 광야생활 속에서
하나님과 관계를 맺으며 살았는지 알 수 있습니다. 척박한 광야에

있는 모든 것들은 가치 없이 버려진 것들이지만 그 속에서 그는 하나님의 아름다움을 찾아내었습니다. 소망 없는 400명의 비렁뱅이들 속에서도 그들과 함께 하시는 하나님의 임재를 읽어낼 수 있어 그들을 품을 수 있었습니다. 왕이 쭈그리고 앉아 대변을 보는 참으로 흉한 꼴을 보여주었으나 그 속에서조차 그는 하나님의 택하심을 입은 한 왕을 보았고 그에게 경의를 표했습니다.

광야가 그에게 허락한 영성입니다. 광야는 누구나 피하고 싶어하는 고난의 장소입니다. 예기치 않은 어려움과 환난을 겪어야 하는 곳이며, 육체적으로 정신적으로 황폐함과 삭막함을 피할 수 없는 곳이기 때문입니다. 육신의 정욕, 안목의 정욕, 이생의 자랑 등을 생각할 수 없는 곳입니다. 모든 것을 눈에 보이는 대로 귀에 들리는 대로 하려는 세상에서는 절대로 배울 수 없는 귀한 선물입니다. 자신이 원해서 스스로 광야에 들어간 것이 아니라 쫓겨 간 그곳에서 다윗은 대단히 의미 있는 세월을 보냈습니다.

생명을 보존하기 위해 도망간 곳이 광야였습니다. 그러나 자신의 생명만큼 다른 사람의 생명도 소중함을 그곳에서 머무르면서 배우게 되었습니다. 어쩌면 다윗이 광야에서 보낸 세월은 그의 인생에서 가장 좋은 시간에 속하는 시간일지도 모릅니다. 그에게 삶과 인간 그리고 하나님에 대한 지평을 새롭게 열어주었을 것이니 말입니다. 다윗의 광야는 전혀 기대하지 못했던 장소와 사물들 안에서 하나님을 알아보는 법을 배우게 합니다. 광야를 통해서만이 버려진 것들처럼 여겨진 것에서도 하나님의 거룩을 볼 수 있는 영적 통찰력이 생깁니다.

다윗은 10년 동안 광야에서 도대체 무엇을 경험하고 배웠습니까? 자신의 힘으로 아무것도 할 수 없다는 것을 깨닫는 곳입니다. 홀로 있음을 견딜 수 있는 강인함을 배웁니다. 외로움을 넘어 침묵을 지키며 홀로 있는 것을 즐길 수 있어야 합니다. 하나님과 직접적으로 교통하는 방법을 배웁니다. 광야는 하나님께서 말씀하시며, 그분의 영으로 채움을 받는 장소입니다. 광야라는 고난의 학교에서 자기를 죽이고, 하나님에게만 집중합니다. 그분에게 기도하게 하시고, 감사하는 법을 배웁니다. 때가 이르니 하나님께서 다윗을 유다의 왕으로 기름을 부으십니다.

"이스라엘 모든 지파가 헤브론에 이르러 다윗에게 나아와 이르되 보소서 우리는 왕의 한 골육이니이다. 전에 곧 사울이 우리의 왕이 되었을 때에도 이스라엘을 거느려 출입하게 하신 분은 왕이시었고 여호와께서도 왕에게 말씀하시기를 네가 내 백성 이스라엘의 목자가 되며 네가 이스라엘의 주권자가 되리라 하셨나이다. 하니라, 이에 이스라엘 모든 장로가 헤브론에 이르러 왕에게 나아오매 다윗 왕이 헤브론에서 여호와 앞에 그들과 언약을 맺으매 그들이 다윗에게 기름을 부어 이스라엘 왕으로 삼으니라. 다윗이 나이가 삼십 세에 왕위에 올라 사십 년 동안 다스렸으되, 헤브론에서 칠 년 육 개월 동안 유다를 다스렸고 예루살렘에서 삼십삼 년 동안 온 이스라엘과 유다를 다스렸더라"(삼하5:1-5).

다윗을 절대로 독단으로 일을 하지 않았습니다. 불레셋을 칠 때에도 하나님께 기도하여 승인을 받고 토벌합니다. "이스라엘이 다 윗에게 기름을 부어 이스라엘 왕으로 삼았다 함을 블레셋 사람들이 듣고 블레셋 사람들이 다윗을 찾으러 다 올라오매 다윗이 듣고 요새로 나가니라. 블레셋 사람들이 이미 이르러 르바임 골짜기에 가득한지라. 다윗이 여호와께 여쭈어 이르되 내가 블레셋 사람에게로 올라가리이까 여호와께서 그들을 내 손에 넘기시겠나이까 하니 여호와께서 다윗에게 말씀하시되 올라가라 내가 반드시 블레셋 사람을 네 손에 넘기리라 하신지라. 다윗이 바알브라심에 이르러 거기서 그들을 치고 다윗이 말하되 여호와께서 물을 흩음 같이 내 앞에서 내 대적을 흩으셨다 하므로 그 곳 이름을 바알브라심이라 부르니라"(삼하5:17-20).

기브온 족속과의 계약을 어긴 사울 때문에 다윗 때에 전 민족이 삼년 동안 기근을 당하였습니다(삼하21:1-14). 다윗의 시대에 해를 거듭하여 3년 기근이 있으므로 다윗이 여호와 앞에 간구합니다. 그러니까 여호와께서 이르시되 "이는 사울과 피를 흘린 그의 집으로 말미암음이니, 그가 기브온 사람을 죽였음이니라."라고 말씀하십니다. 그래서 다윗이 기브온 사람을 불러 그들에게 물어봅니다. "내가 너희를 위하여 어떻게 하랴 내가 어떻게 속죄하여야 너희가 여호와의 기업을 위하여 복을 빌겠느냐?"라고 합니다. 그러니까 기브온 사람들이 다윗 왕께 아룁니다.

"우리를 학살하였고 또 우리를 멸하여 이스라엘 영토 내에 머물지 못하게 하려고 모해한 사람의 자손 일곱 사람을 우리에게 내어 달라고 합니다. 그러면 여호와께서 택하신 사울의 고을 기브아에서 우리가 그들을 목매어 달겠나이다."라고 합니다. 그러니까 다윗 왕이 그렇게 하겠다고 합니다.

그래서 사울의 후손 일곱을 기브온 사람의 손에 넘기니 기브온 사람이 그들을 산 위에서 여호와 앞에 목을 매어 달았습니다. 그들 일곱 사람이 동시에 죽으니까 하늘에서 비가 내리기 시작했다고 기록되어 있습니다.

다윗은 이스라엘을 통일한 왕이 되었습니다. 그러나 우리아의 아내 밧세바를 마음대로 범하여 죄의 대가를 혹독하게 치렀습니다. 하나님을 주인으로 모시는 일에 철저했습니다. 그는 매사를 하나님께 물어보고 수행했다는 말입니다. 그래서 "이새의 아들 다윗이 온 이스라엘의 왕이 되어, 이스라엘을 다스린 기간은 사십 년이라 헤브론에서 칠 년간 다스렸고 예루살렘에서 삼십삼 년을 다스렸더라. 그가 나이 많아 늙도록 부하고 존귀를 누리다가 죽으매 그의 아들 솔로몬이 대신하여 왕이 되니라"(대상29:26-28).

16장 대화하며 말씀대로 행하여 기근을 종료한 의인

(왕상 18:36-39)"저녁 소제 드릴 때에 이르러 선지자 엘리야가 나아가서 말하되 아브라함과 이삭과 이스라엘의 하나님 여호와여 주께서 이스라엘 중에서 하나님이신 것과 내가 주의 종인 것과 내가 주의 말씀대로 이 모든 일을 행하는 것을 오늘 알게 하옵소서, 여호와여 내게 응답하옵소서, 내게 응답하옵소서, 이 백성에게 주 여호와는 하나님이신 것과 주는 그들의 마음을 되 돌이키심을 알게 하옵소서, 하매, 이에 여호와의 불이 내려서 번제물과 나무와 돌과 흙을 태우고 또 도랑의 물을 핥은지라. 모든 백성이 보고 엎드려 말하되 여호와 그는 하나님이시로다 여호와 그는 하나님이시로다 하니"

엘리야는 하나님과 대화하며 음성을 듣고 순종한 선지자입니다. 이스라엘 아합 왕의 시대에 그 아내 이세벨의 충동으로 말미암아 온 나라가 바알과 아세라신을 섬기는 우상숭배로 떨어지고 말았습니다. 여호와의 선지자들은 다 잡아 죽이고 혹은 가두고 여호와를 섬기는 신앙은 이스라엘에서 금지되고 사라졌습니다. 하나님이 진노하사 선지자 엘리야를 아합 왕에게 보내어서 3년 6개월 동안 이스라엘의 우로가 없을 것이고 말했습니다. 그날 이후로부터 시작해서 하늘이 놋같이 푸르고 전혀 우로가 없으매 모든 산천초목이 다 불타 죽고 마실 물조차 없고 기근이 극심하여 수많은 사람들이 죽었습니다. 그 때에 하나님의 종 엘리야가 하나님의 음성을 듣고 이

방 땅 시돈의 사르밧으로 갔습니다.

첫째, 사르밧 과부의 순종. 엘리야가 사르밧으로 가니까 한 과부가 성문에서 나무를 줍고 있는지라 그 과부에게 말했습니다. 빨리 집에 가서 물 한 그릇 갖다 주어 마시게 하라 그러니까 그 부인이 하는 말이 나는 우리 집에 밀가루 한 움큼과 기름병에 기름 조금 밖에 없소. 그것으로 마지막 과자를 구워서 자식하고 나누어 먹고 죽으려고 합니다. 그러니까 엘리야가 하는 말이 물만 한 그릇만 가져올 것이 아니라 그 과자를 구워서 먼저 나에게 가져 오라 그래서 그 과부가 어안이 벙벙했습니다. 이 건장한 청년 엘리야가 다 죽어 가는 과부와 기근에 처한 그 아들이 마지막 먹고 죽으려고 하는 과자를 구워서 자기에게 먼저 가져오라고 하니 이 어떤 일인가. 그러나 엘리야가 말하기를 네가 만일 그렇게 하면 이 가뭄이 지날 때까지 너의 밀가루 통에 너의 밀가루가 떨어지지 아니하고 기름병에 기름이 마르지 아니하리라고 말했습니다.

그래서 과부가 가서 그 과자를 굽고 물을 가져와서 엘리야에게 주니 이 엘리야가 그 물을 다 마시고 그 과자를 다 먹었습니다. 그리고 그 과부의 집에 우거하는데 그 밀가루 통에 밀가루가 먹고 나면 또 생기고 먹고 나면 또 생기고 기름병에 기름을 붓고 나면 또 생기고 3년 6개월 동안 가뭄이 지날 때까지 그 식구가 다 먹고 마시고 기근을 피할 수가 있었습니다.

둘째, 과부와 아들을 살리다. 사르밧에 살던 과부와 그의 아들은 먹을 양식이 없어서 마지막으로 남은 가루 한 움큼과 약간의 기름으로 마지막 떡을 만들어서 먹고 죽으려고 했습니다. 그런데 이게 웬일입니까? 자신의 집을 찾아온 엘리야가 베푼 기적으로 그들의 가루 통에 가루가 다하지 아니하고 병에 기름이 떨어지지 아니하는 은혜를 맛봤던 것입니다.

그런데 그일 이 있은 후 여인의 아들이 병이 들더니 갑자기 죽어 버렸습니다. 그러자 여인은 엘리야를 찾아가서 따지듯이 하소연을 합니다. 엘리야는 여인에게서 그 아이를 받아서 자신의 방에 자기 침상위에 누이고 하나님 앞에 부르짖어 기도를 했습니다. 엘리야도 참으로 답답했습니다. 하나님께서 사르밧 과부가 자신을 공궤할 것이라고 하셔서 자신은 하나님의 말씀대로 사르밧의 과부에게로 가서 같이 기거하였는데 하나님께서 그녀의 아들을 죽도록 놔두신 이유를 알 수 없었던 것입니다. 엘리야는 그 아이를 자신의 침상에 누이고 그 아이 위에 몸을 세 번 펴서 엎드리고 하나님께 그 아이의 혼이 돌아오게 해 달라고 부르짖었습니다.

그러자 하나님께서 엘리야의 소리를 들으시고 아이의 혼이 몸으로 다시 돌아오게 하셨던 것입니다. 그때 여인은 엘리야에게서 자신의 아들을 건네받으면서 자신이 이제야 엘리야가 하나님의 사람임을 알았고 엘리야의 입에 잇는 말씀이 진실한 줄로 알았다고 고백했던 것입니다. 그렇다면 이 여인은 그전에는 엘리야가 하나님의 사람임을 알지 못했던 것일까요?

그렇지가 않은 것이 이 여인은 엘리야의 음성에 순종하여 자신이 마지막으로 자신의 아들과 함께 먹고 죽으려고 하던 가루 한 움큼으로 떡을 만들어서 엘리야를 먼저 공궤했을 때 정말 자신의 통에 가루가 다하지 아니하고 병에 기름이 떨어지지 아니하는 기적을 맛봤습니다. 그것은 어떤 요술이 아니라 하나님이 아니시면 불가능한 일이었습니다. 그리고 그녀의 아들이 죽었을 때에 그녀는 엘리야를 항해서 하나님의 사람이라고 불렀습니다.

그런 것을 봤을 때 그녀는 엘리야가 하나님의 사람임을 알고 있었습니다. 그런데 그녀의 아들이 죽었다가 살아난 이후에야 그녀는 엘리야가 하나님의 사람인 것을 알았다고 했던 것은 어떤 이유에서일까요? 바로 사르밧 여인은 자신의 아들의 죽음과 다시 사는 것을 통해서 엘리야를 통한 하나님의 참 능력을 맛보게 됐던 것입니다. 어떤 사람이 죽을병에 걸렸다가 낳으면 기적이라고 합니다.

또 사르밧 과부가 체험한 것처럼 가루 통에 가루가 다하지 아니하고 기름병에 기름이 다하지 아니하는 일을 보면 분명한 기적이라고 합니다. 그런데 그러한 것들보다 더 큰 기적은 무엇일까요? 바로 죽은 자가 다시 살아나는 것입니다. 사람이 한번 죽으면 다시 살아날 수 없습니다. 그런데 엘리야는 그렇게 죽은 아들을 다시 살려 냈던 것입니다. 엘리야가 그렇게 할 수 있었던 것은 바로 생명의 주관자인 하나님께 여인의 아들의 생명을 맡겼기 때문이었습니다. 우리가 믿는 진정한 믿음은 무엇입니까? 물론 우리 주위에 많은 사람들 중에 큰 병에 걸렸던 사람이 나음을 입고 다 망해서 완전히 거지가 됐던 사람이 다시 일어서는 기적 같은 일들을 볼 수 있습니다. 하지만 하나님을 믿는 자가 말하는 진정한 믿음은 바로 죽은 자가 다시 살아나는 것입니다.

예수님이 이 땅에 오셔서 삼년 반 동안 복음을 전하시고 병든자를 고치시다가 결국 십자가에서 돌아가셨습니다. 예수님께서는 살아생전에 자신이 어떠한 죽음을 당할 것인지를 제자들에게 말씀하셨습니다. 하지만 예수님이 돌아가신 이후에 제자들은 그 사실을 까맣게 잊고 있었습니다.

제자들이 예수님의 말씀을 기억하고 살아계신 예수님을 찾아 나선 것이 아니라, 예수님께서 생전에 당신께서 하신 약속대로 죽은 지 삼일 만에 살아나셔서 제자들 가운데로 나아오셨습니다. 그리고 얼마간 계시다가 하늘로 승천하셨습니다. 제자들이 예수님께서 사역을 하실 때 귀신을 쫓아내고 병든 자를 고치며 물위를 걷고 풍랑을 잠잠케 하는 기적들을 보면서 예수님을 믿지 않았던 것이 아닙니다. 베드로는 예수님께서 하나님의 아들이심을 고백했고 다른 제자들도 믿었습니다.

하지만 예수님께서 십자가에서 돌아가신 후 그들은 어떠했습니까? 어느 한 사람도 생전에 예수님께서 하시던 말씀을 기억해 내고 예수님을 찾아보려고 하지 않더라는 것입니다. 그들의 마음속에 있던 예수님은 예수님께서 십자가에서 돌아가심과 동시에 그들 마음속에도 완전히 돌아가셨던 것입니다. 예수님의 죽음 앞에 예수님께서 살아생전에 하나님의 아들로서 나타내셨던 많은 능력들도 예수님의 말씀도 아무 소용이 없었습니다.

　그들 마음에서도 예수님은 죽었던 것입니다. 그런데 그렇게 죽은 줄로만 알았던 예수님이 어느 날 자신들의 눈앞에 살아생전의 모습으로 나타나셨습니다. 그리고 그들 앞에서 승천하셨습니다. 그 후에 예수님의 제자들은 어떻게 변했습니까? 그들은 더 이상 여태까지의 형편에 잘 매이고 나약한 자들이 아니었습니다. 그들의 입에서는 예수님을 증거 하는 소리가 담대하게 흘러나왔고 그들은 감옥에 가는 것도 죽는 것도 두려워하지 아니하는 작은 예수가 됐던 것입니다. 예수님께서는 부활 승천하시기 전에나 후에나 똑같은 분이셨는데 제자들이 그토록 달라졌던 이유는 무엇입니까? 제자들은 바로 죽은 줄로만 알았던 예수님의 부활승천의 모습을 보면서 살아계신 하나님의 진정한 능력을 알게 됐던 것입니다.

셋째, 갈멜산에서 엘리야의 기도. 왕상 18장에 보면 3년 6개월 동안 이스라엘이 우상을 섬김으로 하나님이 진노하사 비를 내리지 않았습니다. 그때 엘리야가 아합 왕에게 도전장을 던졌습니다. 아합왕과 그 아내 이세벨이 데리고 온 바알의 선지자 450인, 아세라 선지자400인을 갈멜 산으로 모아와서 우리 시합하자. 불로 응답하는 신을 참 하나님으로 섬기자, 그래서 그들은 두 제단을 쌓고 송아지를 각을 떠 얹고 시험을 했는데 바알의 제사장들이 오정이 되도록 부르짖어 기도해도 불이 임하지 않았었습니다. 그러나 오후 소제 드릴 때 엘리야가 하나님 앞에 기도하매 하늘에서 불이 떨어져서 제물을 불태우셨습니다. 그래서 모든 이스라엘 백성이 거기에 엎드려서 여호와 그는 참 하나님이라고 고백을 했습니다. 여기에서 엘리야는 바알 선지자 450명을 잡아서 기손 시냇 가에 내려가 칼로 써 그들 목을 다 쳐서 죽였습니다. 그러고 난 다음에 그는 갈멜산에 올라가서 3년 6개월 동안 안온 메마른 땅에 비가 오도록 기도를 했습니다. 그는 기도를 할 때 한 번한 것이 아닙니다. 한번 기도하고 자기의 종을 산꼭대기에 올라가서 징조가 보이냐고 하니까 안 보인 다고 그랬습니다. 두 번째 기도하고 또 보냈습니다. 세 번째 기도하고 또 보냈습니다. 네 번째 기도하고 또 보냈습니다. 아무 징조가 없습니다. 다섯 번째 기도하고 또 보냈습니다. 아무 징조가 없습니다. 여섯째 기도하고 또 보냈습니다. 아무 징조가 없습니다. 일곱 번째 기도하고 보내니깐 저 바닷가에 손바닥만한 구름이 뜬 징조가 보인 것입니다.

이것이 엘리야의 결사적인 기도입니다. 성경에 보면 얼마나 그가 간절히 부르짖었던지 이 허리가 굽어져서 머리가 다리 사이로 들어 가 버렸다고 말한 것입니다. 우리도 기도하면 너무나 간절히 기도 하면 배가 그냥 딱 등에 붙어버립니다. 엘리야가 얼마나 고함 쳤던 지 새우같이 오그라져 가지고서 머리가 다리 사이로 들어가 버리고 말았었습니다. 그는 기도할 때 한번 기도할 때 그의 맘속에 시험이 다가왔습니다. 가뭄으로 눈에 보이는 모든 것이 메말랐는데도 니가 기도한다고 비가 오겠는가, 그러나 그것을 기도로써 그는 극복했습니다.

그 다음에 자기 종이 와서 아무 것도 안보입니다. 그러니깐 또 마음속에 의심이 들어옵니다. 햇빛이 불같이 내려 쬐이는데도 네가 믿겠는가, 그러나 그것을 또 극복하고 그는 부르짖고 종을 보냈는데 또 아무 것도 안 보인다고 하니깐 그 다음 맘속에 하늘이 놋같이 푸른데 너 그래도 믿어서 뭐가 되겠는가, 그러나 그것은 또 자기가 기도로써 그것을 극복하고 또 부르짖어 기도하고 종을 보냈는데 내려와서 또 아무 흔적도 없습니다. 그러자 그 마음속에 또 마귀의 시험이 다가왔습니다. 야 이 사람아 3년6개월 가뭄이 갑자기 해결되겠는가, 웃기는 소리하지 마라. 그러나 그것을 또 극복하고 그는 부르짖어 기도하고 종을 보냈는데 또 와서 아무 징조도 안 보인다고 말합니다.

그러니까 마음속에 또 마귀가 와서 속삭입니다. 기도로 비가 온다는 것은 비이성적인 것이 아닌가, 기도로서 무슨 비가 오는가, 그러나 그것을 또 극복하고 그는 하나님께 부르짖었습니다. 그리고 종에게 보냈더니 종이 와서 아무 것도 안 보인다고 그럽니다. 그러니까 마귀가 와서 또 속삭입니다. 전에도 그런 경험이 없는데 네가 요사이 기도한다고 갑자기 그런 일이 일어나겠는가 웃기는 소리하지 마라. 그러나 그는 그것을 또 기도로서 극복을 했었습니다. 종을 위에 보냈었습니다. 그러나 그가 또 아무 것도 안 보인다고 그럽니다. 그래서 일곱 번째 그는 기도하는데 마귀는 웃습니다. 아무 징조도 없을 꺼야. 너 기도해도 아무 징조도 없을 거야. 그러나 엘리야는 그 모든 마귀의 비웃음과 그 모든 마음의 의심을 극복하고 일곱 번째 기도하고 종을 보내니깐 종이 저 바다 끝에 손바닥만 한 구름이 떠올랐다고 말한 것입니다. 그것을 보자 엘리야는 뛸 듯이 기뻤습니다. 그는 말하기를 아합에게 말하기를 빨리 먹고 마시고 병거를 타고 이스라엘로 빨리 들어가십시오. 큰비의 소리가 들린다고 말한 것입니다. 그러자 즉시로 손바닥만 한 구름장은 온 하늘을 덮는 먹장구름이 되고 그리고 3년 6개월 만에 하늘에서 폭우가 쏟아졌습니다.

이러므로 그는 온전한 믿음에 도달할 때까지 마음에 조그마한 의심도 없을 때까지 기도를 계속해서 그 모든 것을 극복하고 마음에 완전한 믿음이 점령할 때까지 뒤로 물러가지 않았었습니다. 하나님은 일곱 번 시험했습니다. 일곱 번이라는 것은 완전한 믿음이 들어올 때까지 하나님께서는 시험해 보는 것입니다. 쉽게 뒤로 물러가면 안 됩니다. 그는 기도할 때 바로 비를 막고 있는 공중에 권세 잡은 원수마귀와 대결한 것입니다. 그의 기도가 상달하려고 할 때 원수마귀가 막습니다. 다니엘이 자기 조국을 위해서 얼레강가에 가서 기도할 때 하루를 기도해도 응답 없습니다. 열흘을 기도해도 응답이 없습니다. 같이 기도하던 사람들은 낙심해서 다 뒤로 나가 떨어졌습니다. 다니엘 혼자 남았습니다. 그는 열하루, 열이틀, 열사흘, 열나흘, 열닷새, 열엿새, 열이레, 열여드레, 열아흐레, 스무날, 금식하면서 그는 버팁니다. 끝까지 버팁니다. 마지막 21일째 되자 하늘의 천사가 나타나서 하나님의 지극히 사랑 받은 다니엘아 너의 기도가 하늘에 첫날 상달되었으나 내가 응답을 가지고 내려오는데 하늘에 바사 나라를 다스리는 원수마귀가 나를 대적했었음으로 스무

하루동안 대치해 있다가 군장 미가엘이 와서 나를 도우므로 오늘 네게 응답을 가지고 왔다고 말하는 것입니다. 이 사실은 우리의 기도가 하늘에서 원수마귀에 의해서 대적되고 있다는 사실을 알아야 되는 것입니다. 그러기 때문에 우리는 끝까지 대적해야만 하는 것입니다. 끝까지 일곱 번 기도하라. 완전히 끝까지 물러가지 말고 마귀와 대적을 하고 대결을 하는 것입니다. 그래야 마귀의 진이 무너지고 하나님의 응답이 다가오는 것입니다. 그뿐 아니라 여기에서도 역시 기도 드리는 자는 온전한 순종으로 나가야 되는 것입니다. 하나님께서 아브라함에게 산제사를 요구했습니다. 하나님께서는 100살에 낳은 아들 이삭을 모리야 산에 와서 제물로 드리라고 했었습니다. 그것은 그 아들을 제물로 드린다는 것보다도 여기에 전적으로 순종하는 아브라함 그 자신을 제물로 드린 것과 한가지인 것입니다.

100살에 낳은 아들을 잡아서 각을 떠서 장작 위에 펼쳐 놓고 불을 붙여서 제물로 드리라고 할 때 두말하지 않고 순종해서 그 아들을 사흘 길을 걸어 데려 가서 모리아 산에 올라가 장작 위에 잡아서 드리려고 칼을 들 때는 아들을 잡는 것이 아니라 자기를 잡는 것입니다. 자기를 온전히 순종하지 않고는 절대로 그렇게 할 수가 없습니다.

바로 그와 같은 순종의 제사를 하나님은 원하는 것입니다. 그 순종의 제사를 드릴 때 하나님 감동하십니다. 아브라함에게 내가 네게 복 주고 복 주며 너를 번창하고 번창케 하리라고 말씀하신 것입니다. 이처럼 우리의 기도는 우리가 완전히 산 제물이 될 때까지 하나님께서 기다리는 것입니다. 완전한 믿음, 원수마귀에 대한 완전한 대적, 그리고 완전한 산 제물이 될 때 하나님께서는 기꺼이 우리의 기도를 응답하여 주시는 것입니다.

넷째, 세미한 음성을 듣자 당황했던 엘리야. 하나님은 엘리야에게 '하나님의 음성을 듣는 훈련'을 시키기 위해서 그를 호렙산 꼭대기로 인도하셨습니다. 그리고 마치 예화설교 방식처럼, 엘리야의 기억에 길이 남을 설교를 주셨습니다. "여호와께서 가라사대 너는 나가서 여호와의 앞에서 산에 섰으라 하시더니 여호와께서 지나가시는데 여호와의 앞에 크고 강한 바람 이 산을 가르고 바위를 부수나 바람 가운데 여호와께서 계시지 아니하며 바람 후에 지진이 있으나 지진 가운데도 여호와께서 계시지 아니하며, 또 지진 후에 불이 있으나 불 가운데도 여호와께서 계시지 아니하더니 불후에 세미한 소리가 있는지라. 엘리야가 듣고 겉옷으로 얼굴을 가리우고 나가 굴 어귀에 서매 소리가 있어 저에게 임하여 가라사대, 엘리야야 네가 어찌하여 여기 있느냐?"(왕상19:11-13). 크고 강한 바람 이 휘잉 거리며 불어와서 소리를 울릴 때 엘리야는 아마 이렇게 속으로 생각했을 것입니다.

"주여, 이제야 때가 되었군요. 저 강한 바람이 불어서 나를 죽이려고 찾는 이세벨을, 그 보좌에서 확 날려버리소서! 이왕 날리시는 김에, 그 조력자들도 한꺼번에 다, 저 강한 바람에 확 날려 보내소서!" 그러나 하나님은, 그 강한 바람 가운데, 계시지 않으셨습니다.

그 바람으로, 응답하지 않으셨던 것입니다.

그러자 갑자기 이번에는 큰 지진이 일어났습니다. 엘리야는 '옳거니! 드디어 기다리던 것이 왔구나!' 하고 생각했을 것입니다. "하나님이여! 지진으로 역사하소서! 하나님, 대적들을 지진으로 치셔서, 제가 하나님의 종인 것을 증명해 주소서. 그들이 신발이 벗어지며 도망할 정도로, 두려워하게 하소서!" 그런데 그 지진도, 그냥 보통 지진일 뿐이었습니다. 하나님의 특별한 응답, 하나님의 심판의 지진은 아니었습니다.

엘리야는 또 기다리고 기다렸습니다. 기도하고 기도하면서, 하나님이 자기의 원수를 갚아 줄 것을 기다렸습니다. 그러자 불이 일어나는 것이 보였습니다. 이제는 드디어 하나님이, 자기 기도에 응답하시는 것으로 확신했습니다. 불이 어디에서 보였는지, 성경에 확실히 기록되어있지는 않지만, 과거에 하늘에서 불을 내린 엘리야의 경험을 볼 때, 이번에도 하늘이 붉게 물들면서, 하늘에서 불이 일어났을 가능성이 높습니다. 엘리야는 아마 감격하며 이렇게 기도했을 것입니다. "주님, 그들은 갈멜산에서 제단 위에, 하늘로부터 불이 내려 사르는 것을 보고서도, 주님의 역사를 인정하지 않고 있습니다.

주여! 이제 다시 한 번 더 불을 내리셔서, 저들을 불살라 버리소서. 악한 아합을 불사르시고, 사악한 이세벨을 불로 심판하소서! 악한 자의 편에 선 모든 이들에게, 불로 심판을 내리소서!" 그런데 이게 도대체 어떻게 된 영문입니까? 하나님은, 불로도 역사하지 않으셨습니다. 하늘에서 불이 나타나긴 했지만, 그건 '심판의 불'은 아니었습니다.

엘리야는 이제 거의 지치고, 실망했습니다. 하나님께서 자기의 간절한 산상기도에, 전혀 묵묵부답, 응답이 없으신 것 같습니다. "불후에, 세미한 음성이 있어" 한번 잘 생각해보세요. 정말 뜻밖의 일입니다. 그런데 더 놀라운 것은, 엘리야의 반응입니다. 허리케인 같은 강한 바람이 나타나도 끄떡도 하지 않았고, 지축을 뒤흔드는 지진이 일어나도, 하늘에서 불이 보여도 전혀 겁내지 않던 대 선지자 엘리야가, 작고 세미한 음성이 들리자.. 잔뜩 겁을 내고 있습니다. 그 증거는, '자기 겉옷으로 자기 얼굴을 가린' 것입니다.

"불후에 세미한 소리가 있는지라 엘리야가 듣고 겉옷으로 얼굴을 가리우고, 나가 굴 어귀에 서매 소리가 있어 저에게 임하여 가라사대, 엘리야야 네가 어찌하여 여기 있느냐"(왕상:12~13). 아마 '하나님을 뵈면 죽는다'는…. 그런 의식이 있으니까, 엘리야가, 그 세미한 음성이, 하나님의 음성인줄은, 확실히 깨달았던 것입니다. 그런데 그 하나님의 음성을 들을 때, 엘리야는, 하나님과 친밀함으로 나아가기 보다는, 하나님을 두려워함으로 나아갔습니다.

엘리야는, 이전에도 하나님께 많이 기도하고, 하나님과 많이 교제했을 것입니다. 그런데 진짜 하늘에서 세미한 하나님의 음성이 들렸을 때, 그는 두려워서, 겉옷으로 자기 얼굴을 가립니다. 하나님을 경외함으로, 두려워서 그랬을 수도 있고, 하나님이 진짜 친 음성으로 응답하시자, 어쩌면 당황해서 그랬을 수도 있습니다. 전혀 기대하지 않았던 방식의 응답이었으니까요.

필자는 이렇게 생각을 했습니다. '엘리야가, 하나님의 음성을 처음 들어보지 않았나?'하고 생각해 봅니다. 엘리야가 겉옷으로 자기 얼굴을 가린 것을 볼 때, 그것이 하나님을 경외함, 경배함으로 자기를 가렸다고 보기 보다는(그럴 수도 있겠습니다만), 갑자기 당황하고, 두려워서, 또 생소해서, 자기를 가렸다고 볼 수가 있기 때문입니다. 하나님은, 자기가 평소에 생각하고 기대하던 방식과는 전혀 다른 방식으로, 친히 음성으로, 작고 세미한 소리로, 응답해 주셨기 때문입니다.

오늘날 우리 가운데도, 그럴 수 있습니다. 하나님의 크고 놀라운 가시적인 역사를 기대하면서도, 즉, 강한 바람-지진-불꽃같은, 가시적인 눈에 보이는 큰 역사를 기대하면서도, 하나님의 세미한 음성, 그것을 기대하지도 않고, 그것을 기다리지도 않고, 막상 그것이 나타나면.. 심지어 당황할 수도 있습니다.

하나님의 음성을 듣는 길은… 하나님 앞에서, 오래 기다리는 것입니다. 기도드릴 때, 한 번 아무 간구도 하지 말아 보십시오. 그저 한 시간, 두 시간… 아니면 더 오랫동안…. 그저 하나님이 무슨 음성을 주시기를…. 기다려만 보십시오. 하나님은 오늘날에도 세미한 '내적 음성'으로 말씀하십니다. 진짜 친 음성은 예외적인 경우고요, 보통은 '내적 음성 inner voice'로 말씀하십니다. 그런데 내가 그 음성을 들으려면, 오래 잠잠히 기다려야 합니다.

세미한 음성은, 주위가 시끄러우면 안 들리잖아요. 작은 음성은, 주위가 조용하고 고요할 때… 비로소 들리는 법입니다. 그러면 '내가 들은 세미한 음성'을, 그게 어떻게 하나님의 음성으로 확신할 수 있나요? 혹시 내 마음의 생각을… 내가 하나님의 음성으로 착각할 수도 있잖아요? 그게 하나님의 음성이라면… 강한 내적 확신이 듭니다. 내 마음에 믿음이 생깁니다. 확신이 생기고, 흔들리지 않게 됩니다. 영적인 에너지가 강하게 때문입니다. 그러나 강한 확신이 들지 않는 것은… 그저 내 마음의 생각일 뿐입니다.

오늘날 많은 신자들이, 하나님의 사역에 다들 바쁩니다. 너무 바쁜 나머지, 분주하기까지 합니다. 그리고 명분도 거창합니다. 위대합니다. 여러 행사, 집회, 컨퍼런스, 세마나… 그런데 하나님의 음성을 듣지 못하면, 그게 좋은 일이긴 하지만, 엉뚱한 일을 할 수도 있습니다. 좋은 일이긴 하지만, 주인이 시키지 않은, 자기 생각대로, 자기 마음대로… 무슨 (쓸데없는) 일을 할 수도 있습니다. 하나님과 관계를 열려고 노력해야 합니다.

그런데 엘리야를 보십시오. 그 세미한 음성을 들었습니다. "여호와께서 저에게 이르시되 너는 네 길을 돌이켜 광야로 말미암아 다메섹에 가서 이르거든 하사엘에게 기름을 부어 아람 왕이 되게 하고 너는 또 님시의 아들 예후에게 기름을 부어 이스라엘 왕이 되게 하고 또 아벨므홀라 사밧의 아들 엘리사에게 기름을 부어, 너를 대신하여 선지자가 되게 하라."(왕상19:15-16). 하나님의 음성은, 전혀 '좋은 발상'이 아니었습니다. 엘리야 자기가 원하지 않는 일일 수 있습니다. 그러나 세미한 음성을 들은 엘리야는… 주인의 뜻에 순종했습니다.

4부 하나님과 친밀한 대화에 필요한 영성

17장 하나님과 친하게 대화할 때 필요한 영성

> (요 10:27)"내 양은 내 음성을 들으며 나는 그들을 알며 그들
> 은 나를 따르느니라."

하나님과 대화하며 음성을 듣는 것은 하나님의 자녀로서 생사
간의 문제입니다. 예수를 믿은 성도는 하늘에 속한 사람입니다. 하
늘에 속한 성도는 하나님과 친밀하게 지내야 합니다. 친밀하게 지
낸다는 것은 무엇이든지 의논하며 하나님에게 집중하는 것입니다.
서로 인정하고 통해야 친밀해지는 것입니다. 하나님과 통하려면
하나님과 같은 영적인 상태가 되어야 가능합니다. 하나님이 영이
시기 때문에 하나님과 같은 영의 상태가 되어야 친밀해질 수가 있
는 것입니다. 마음이 세상에 가있고 욕심이 있는 육의 상태로는 하
나님과 교통할 수가 없습니다. 성도가 하나님의 음성을 듣지 못하
는 것은 하나님과 같은 영의 상태가 되지 않았기 때문입니다.

하나님은 말씀을 하시는데 육체가 알아듣지 못하는 것입니다.
영은 같은 영끼리 통하고 교통할 수가 있는 것입니다. 하나님과 같
은 영적인 상태가 되어야 하나님의 음성을 들을 수가 있는 것입니
다. 하나님은 고린도전서 2장 10-14절에서 "오직 하나님이 성령
으로 이것을 우리에게 보이셨으니 성령은 모든 것 곧 하나님의 깊

은 것까지도 통달하시느니라. 사람의 일을 사람의 속에 있는 영외에 누가 알리요 이와 같이 하나님의 일도 하나님의 영외에는 아무도 알지 못하느니라. 우리가 세상의 영을 받지 아니하고 오직 하나님으로부터 온 영을 받았으니 이는 우리로 하여금 하나님께서 우리에게 은혜로 주신 것들을 알게 하려 하심이라. 우리가 이것을 말하거니와 사람의 지혜가 가르친 말로 아니하고 오직 성령께서 가르치신 것으로 하니 영적인 일은 영적인 것으로 분별하느니라. 육에 속한 사람은 하나님의 성령의 일들을 받지 아니하나니 이는 그것들이 그에게는 어리석게 보임이요, 또 그는 그것들을 알 수도 없나니 그러한 일은 영적으로 분별되기 때문이라." 말씀하시는 것입니다. 그러므로 하나님의 음성을 들으며 친밀하게 지내려면 이렇게 해야 합니다.

첫째, 영의 상태가 되도록 하라. 하나님은 영이십니다. 영이신 하나님과 교통하려면 성도가 성령으로 영적인 상태가 되어야 합니다. 영적인 상태는 성령으로 충만한 상태를 말합니다. 성령으로 충만한 상태란 이론으로 충만한 상태가 아닙니다. 실제적으로 살아 있는 성령의 역사가 자신을 장악한 상태입니다. 성령으로 장악이 되려면 먼저 성령으로 세례를 받아야 합니다. 그런데 문제는 성령의 충만도 성령의 세례로 모두 말로 아는데 있습니다. 이론적으로 알면 성령으로 충만하고 성령세례를 받은 줄로 착각을 하면서 지낸다는 것입니다. 지금 착각 속에 믿음 생활을 하는 성도들이 의외로 많습니다. 예수를 믿고 교회에 들어와 말씀을 듣고 배우면 성령으로 충만한 것으로 안다는 것입니다. 그래서 예수를 믿고 30년간 교회를 다녀서 장로가 되고 권사가 되면 성령 충만한 것으로 알고 믿어버립니다.

그러다가 영육으로 문제가 발생하여 치유 받으려고 이곳저곳을 헤매다가 충만한 교회를 옵니다. 충만한 교회에 와서 비로소 성령을 체험하고 생전 처음 이런 경험을 한다고 간증합니다. 이때부터 치유가 되기 시작을 합니다. 성령의 음성을 듣습니다.

하나님은 영이시기 때문에 성도가 영의 상태가 되어야 비로소 교통이 되는 것입니다. 영의 상태란 성령의 임재로 의식이 잠잠해지고 오로지 그분에게 집중하는 상태를 말합니다. 잠을 자는 것도 아니고 깨어있는 것도 아닌 잠잠한 상태를 영의 상태라고 할 수가 있습니다. 항상 영의 상태에 머물러 있는 성도가 권능 있는 성도입니다.

성도는 자신의 영적인 상태를 분별 할 줄 알아야 합니다. 내가 영적으로 어린아이인, 청년인지, 장년인지를 분별 할 줄 알아야 합니다. 육체의 나이는 시간의 흐름에 따라 누구나 같이 먹게 됩니다. 그러나 영혼의 나이는 시간이 지남에 따라 누구나 같이 먹는 것이 아닙니다. 영적 성숙이란 외모나 지위나 신앙경력을 통해서 알 수 있는 것이 아닙니다. 신앙생활을 오래했다고 영적으로 성숙한 것이 아닙니다. 목사나 장로나 권사나 안수집사나 직분을 받았다고 영적으로 성숙한 것이 아닙니다. 책을 많이 읽어서 많이 안다고 영적으로 성숙한 것도 아닙니다. 그렇다면 나의 영적인 수준과, 영적인 나이를 분별하는 기준이 무엇일까요?

첫째로. 내 영이 자유롭고, 풍성한가를 봐야 합니다. 내 영이 자유롭고 풍성하다면, 내가 주님과 실제적인 교류를 가지고 있을 것입니다. 내가 주님의 임재를 알고, 천국에서 오는 생명의 흐름이 나타나게 될 것입니다.

둘째로. 내게서 사랑의 영이 흘러나오는지 봐야 합니다. 또한 내게서 주님을 사랑하고, 영혼을 사랑하는가? 이러한 것들은 내 영이 어느 정도 발전 되었으며, 풍성하다는 것을 보여 주는 근거가 되는 것입니다.

셋째로. 내게서 주님과의 풍성함과 아름다운 교제와 열매가 있는지 봐야 합니다. 내 삶과 내 영에서 실제적인 주님의 임재가 나타나지 않는다면 내 삶이 그의 영적인 지식을 뒷받침에 대해서 뒷받침해 주지 못한다면 그러한 내 이야기는 깊이 받아들일 필요가 없습니다.

오늘날 많은 영성 운동과 훈련은 적지 않은 경우에 사람들을 교만하게 하고, 판단하게 하여, 교회를 분열 시킵니다. 그것은 너무나 슬픈 일입니다. 자신이 영적으로 옳으며, 높다고 믿는 이들에 의해서, 그러한 문제가 생기는 것은 몹시 안타까운 일입니다. 교회마다, 신앙의 스타일마다, 신자들마다, 영적인 수준이 있는 것은 사실입니다. 그러나 영적인 수준의 분별 기준은 열매에 있으며, 사랑과 아름다움과 순결함의 나타남을 통해서 입증되는 것입니다.

진정한 영성은 신기한 체험으로, 가득한 것이 아니라, 부드러움과, 따뜻함과 아름다움과, 순결한 사랑으로, 나타나는 것입니다. 신앙의 인격이 외부로 나타나는 것입니다. 다른 사람의 영적인 미흡함이나 잘못이 보인다고 해서 내가 무조건 다 잘못 되었다고는 말 할 수 없습니다. 그럴 수도 있습니다. 그러나 지속적으로 다른 이들의 단점과 잘못을 계속 보게 된다면 내 영은 바르다고 할 수 없습니다. 이 사람은 어디가 잘못 되었다. 저 메시지는 이래서 잘못 되었다. 그러한 것은 결코 주님의 영으로 부터 오는 것이 아닙니다. 그것은 악한 영으로 부터 오는 정죄와 판단일 뿐이며 영혼을 파괴하고 창백하게 하고 어둡게 만듭니다.

내 안에 기쁨이 있는지, 평안이 있는지, 사랑이 있는지를 분별하세요. 그리고 그렇지 않다면 어디에서 부터 사랑과 기쁨을 잃어 버렸는지를 생각해 보세요. 자신의 영적인 상태를 분별하세요. 주님의 영은 사랑입니다. 고난이 와도 어려움이 와도 항상 행복할 것입니다. 하나님의 음성을 듣는 것도 중요하지만 바른 영적인 상태를 유지하는 것이 더 중요합니다. 왜냐하면 하나님의 음성은 자신이 영적인 상태가 되면 반드시 들리기 때문입니다.

하나님은 성도들과 대화하시기를 원하기 때문입니다. 문제는 자신이 영적인 상태에 들어가느냐 못 들어가느냐가 중요한 것입니다. 하나님의 음성을 들으려면 성령으로 세례를 받고 영육을 치유하여 영적인 상태에 들어가야 합니다. 이것이 음성듣기에 제일 중요한 요소입니다. 하나님의 음성을 쉽게 들으려면 항상 영의 상태에서 하나님의 임재의식을 가져야 합니다. 임재의식이란 무의식적으로 하나님을 찾는 것을 말합니다.

둘째, 성령으로 안정된 감정이 되라. 하나님의 음성을 쉽게 들으려면 안정된 심령이 되어야 가능합니다. 안정된 심령이란 외부의 환경의 변화에 동요되지 않고 오로지 하나님에게 집중하는 심령 상태를 말합니다. 이러한 상태를 유지하기 위해서는 감정이 안정되어야 가능합니다.

우리의 혼적인 감정은 영적인 생활에 지대한 영향을 준다는 것입니다. 혼적인 감정이 동요되거나 잘못되기 시작하면 이성이 분별을 잃게 됩니다. 이성이 분별을 잃게 되면 사람은 육체가 됩니다. 사람이 육체가 되면 가차 없이 옛 사람의 주인이던 마귀가 역사하기 시작을 하는 것입니다. 마귀가 생각과 감정을 주장하면서 사리분별이 혼돈 되게 합니다. 이 혼돈된 감정으로 인하여 선택을 잘못하게 됩니다. 이러한 감정을 따라 인생을 살게 되면 가야할 길을 잃고 맙니다. 왜 그렇습니까? 사람은 영적인 존재이기 때문에 하나님의 인도를 받아야 하는데 감정이 동요되어 자신을 제어하지 못하므로 순간에 육체가 되어 하나님과의 교통이 끊어지기 때문입니다. 그래서 예수님은 십자가에서 여러 가지 고난과 치욕도 성령으로 충만하여 참으신 것입니다. 왜냐하면 참고 인내하면서 하나님과 교통해야 하기 때문에 주님은 혈기만 분을 내면 하나님과 교통이 끊어진다는 것을 성령을 통하여 알고 계신 것입니다.

감정은 우리를 움직여서 실제적 활동 반응을 나타내도록 조정합니다. 감정은 일련의 사건으로 충격을 받으면 마음, 감정에 기억되며, 기억된 감정은 특정 사건을 회상만 해도 그 때와 같은 감정이 반복되며 심리적, 신체적으로 이전에 충격을 받았던 상황이 재현됩니다.

그래서 우리도 모르는 무의식이 우리의 삶을 70%이상 영향을 끼치면서 살아가게 한다는 것입니다. 문제는 무의식의 70%가 좋은 것이라면 문제가 안 됩니다. 그러나 잘못된 상처라면 문제가 되는 것입니다. 그래서 감정은 일련의 사건으로 충격을 받으면 마음, 감정에 기억되며, 기억된 감정은 특정 사건을 회상만 해도 그 때와 같은 감정이 반복되며 심리적, 신체적으로 이전에 충격을 받았던 상황이 재현되는 것입니다. 그래서 나도 모르는 분노와 혈기가 나오는 것입니다. 우리는 분노나 혈기의 원인을 말씀과 성령으로 찾아서 치유하는 것을 내면의 치유라고 합니다.

셋째, 주님을 주인으로 인식하라. 인간은 영이 혼 즉 마음으로 더불어 육체 속에 살도록 하나님께서 지었습니다. 인간의 영은 하나님과 함께 거하며 하나님과 동행하고 하나님의 모든 계시를 받았습니다. 인간은 그 성령으로 거듭난 영을 통하여, 혼을 지배하고, 그 혼을 통해서 지성과 감정과 뜻을 펴며, 인격적인 활동을 하고 또 육체의 감각을 통하여 물질적인 세계와 접촉하고 삽니다. 인간 자체는 영이 주인입니다. 하나님은 영이시라고 말했습니다. 우리는 하나님의 형상과 모양대로 지음 받았기 때문에 우리는 영입니다. 영이 마음 즉 혼을 통해서 인격적인 활동을 하고 육체를 통해서 세계와 사물과 접촉하며 또 세계와 사물을 다스리면서 살아가는 것입니다.

그러나 아담과 하와가 하나님의 말씀을 믿지 못하고 마귀에게 속아 하나님을 반역한 이후로 그 영이 하나님께로부터 단절되고, 마귀의 지배를 받아 하나님의 계시를 받지 못하게 되자, 인간은 앞날을 알 수 없고 갈팡질팡하게 되고 이제 하나님의 도움을 받지 못함으로 인간은 오직 혼과 육체를 의지하고 살게 되었습니다. 인간이 혼과 육체를 의지하고 살아가므로 땅의 사람의 주인인 마귀가 인간을 종으로 잡으니, 인간이 마귀의 지배하에 살게 되는 것입니다. 그러므로 자연적으로 인간은 하나님을 잃어버리고 인간 중심이 되는 인본주의자가 되고 오직 혼과 육으로만 살게 되었고 타락하게 되었습니다. 타락한 인간은 오직 혼으로 살고 육체의 노예가 되어 죄의 종, 마귀의 종으로 살아왔었습니다.

그런데 이제 예수께서 오셔서 십자가에 못 박혀 몸 찢고 피를 흘려 죽으심으로 우리 죄를 사하고 하나님과 우리 사이에 막힌 담을 허시고 하나님과 화목케 함으로 우리 영이 살아났었습니다. 하나님과 함께 교제하게 되고, 하나님과 함께 거하게 되고, 하나님의 성령이 우리 영속에 들어와 하나님의 계시를 받고 은혜 속에 살게 된 것입니다. 그러므로 주를 믿는 사람은 이제 반드시 영이 성령의 인도를 받고 살아야 됩니다. 마음과 육체를 영의 지배하에 두어야

만 하는 것입니다. 그러면 이와 같이 우리가 영적인 사람이 되었은 즉, 이제 혼, 이성으로 살지 아니하고 육체로 살지 아니하고 영의 새로운 것으로 우리는 살아야 되는 것입니다.

영이 살아나 하나님과 교통하게 되었습니다. 우리의 옛 사람은 십자가에서 죽었습니다. 예수를 주인으로 영접할 때 옛 사람은 죽은 것입니다. 예수를 믿는 순간 예수님의 인생을 사는 것입니다. 모든 것의 주인이 예수님이십니다. 그러므로 무엇이든지 독단으로 하지 말고 물어보아야 합니다. 큰일이든지, 작은 일이든지 주인이신 예수님에게 물어보고 행하라는 것입니다. 무엇이든지 물어보는 의식으로 전환이 되었다면 하나님의 음성은 쉽게 들리게 됩니다.

넷째, 내면에서 들리는 하나님의 음성에 집중하라. 생각이나 마음에서 올라오는 하나님의 음성에 집중하라는 것입니다. 하나님의 음성을 잘 들으려면 우리가 서로 교제하게 되면 이해하게 되는 것입니다. 아무리 못 만나던 사람도 자주 만나고 같이 식사하고 대화하고 함께 지내는 시간이 많으면 서로를 이해하게 됩니다. 자주 만나면 서로의 마음을 알고 이해가 되는 것입니다. 로마서 12장 16절에 "서로 마음을 같이하며 높은 데 마음을 두지 말고 도리어 낮은 데 처하며 스스로 지혜 있는 체 하지 말라" 스스로 지혜 있는 척하지 말라는 것입니다. 우리는 마음을 같이해서 대화를 하면 우리가 이해를 하게 되는 것입니다.

서로 이해를 풍성하게 하기 위해서 교제를 해야 되는 것입니다.

인간의 생활이 시작되면서 남자는 사냥꾼으로, 여자는 집과 자녀를 지키는 파수꾼으로서 그 역할을 해 왔습니다. 사냥꾼은 비바람 속에서도 짐승의 발자취 소리나 음성을 들어야 하기 때문에 그것에 집중을 하는 것입니다. 그렇기 때문에 남자들의 성향은 자기가 몰두하는 일이 아니면 귀담아 들을 수 없습니다. 왜냐하면 바람소리도 듣고, 산울림 소리도 듣고, 새소리도 듣고 하면 여러 소리에 혼란이 와서 자기가 잡아야 될 짐승의 소리는 듣지 못해서 짐승을 못 잡습니다. 짐승을 잡으려면 모든 다른 소리는 제외시켜 놓고 짐승 소리만 귀를 기울여서 들어야 하는 것입니다.

하나님의 음성을 들으려면 하나님의 음성에만 집중을 해야 한다는 말입니다. 밖에서 들리거나 보이는 것에 관심을 두지 말고 오로지 하나님의 음성에만 집중해야 합니다. 그리고 내면에서 다른 소리가 들리더라도 관심을 두지 말고 하나님의 음성에만 집중해야 하나님의 음성을 들을 수가 있습니다. 그런데 우리의 원수 마귀는 모든 수단과 방법을 동원하여 하나님의 음성을 듣지 못하게 방해합니다. 우리는 마귀의 계략을 알고 어찌하든지 하나님의 음성에만 집중하는 영성을 길러야 합니다. 성도가 가장 중요한 것이 외적침묵과 내적침묵입니다. 아는 홍해 가에 서있는 모세를 생각하면 쉽게 이해가 될 것입니다. 하나님의 음성을 쉽게 들으려면 외적침묵과 내적침묵을 하십시오. 그러면 하나님의 음성은 들리게 될 것입니다. 우리가 하나님의 음성을 듣지 못하는 것은 내외부의 산란함에 귀를 기울이기 때문입니다.

다섯째, 순종하라. 하나님은 음성을 들었으면 순종해야 합니다. 하나님께서 우리에게 어떤 일을 하라고 말씀하실 때는 우리의 힘으로는 해낼 수 없는 일인 경우가 대부분입니다. 우리의 능력을 벗어난 일이거나 혹은 인간적인 생각으로는 절대 하고 싶지 않은 일입니다. 그 일은 우리 스스로 전략을 세우고, 우리 힘으로 이루어 낼 수 있는 일이 아닐 것입니다. 그러나 우리가 우리의 한계를 벗어나는 길은 모든 일은 하나님이 하신다는 믿음입니다. 우리에게 다가오는 그 일이 오직 하나님만이 하실 수 있는 일입니다.

따라서 하나님에게 기도하여 응답을 받고 행동하면 일은 하나님이 하십니다. 모세가 이스라엘 사람들을 이끌고 광야로 나와서 무슨 일을 만나든지 하나님에게 기도하여 응답을 받고 해결하였습니다. 모든 일을 하나님께서 하신다는 아름답고 놀라운 사실을 발견하게 됩니다. 그렇다면 우리는 하나님에게 기도하여 우리의 힘으로 할 수 없는 일이더라도 하나님이 하신다는 믿음을 가지고 기도하여 하나님의 뜻을 구하면 됩니다. 하나님이 하라고 말씀 하신대로 행동하면 되는 것입니다. 그리고 모든 영광을 하나님께 돌리면 되는 것입니다. 무슨 일을 만나든지 당황하지 말고 하나님의 뜻을 구하여 순종하면 되는 것입니다.

성경에 나오는 의인들은 모두 특별한 것이 없지만 하나님께서 사용하셨습니다. 이들은 하나같이 하나님의 말씀에 즉각 순종하였기 때문입니다. 하나님께서는 바로 당신도 하나님의 음성에 즉각 순종할 때 사용하실 것입니다. 하나님의 음성에 즉각 순종했다는 것은 하나님과 영으로 통했다는 것입니다. 하나님과 수준이 같은 영적 상태에 있었다는 것입니다. 우리가 하나님의 음성을 듣게 될 것이라는 기대감을 가지고 살면 하나님의 음성을 듣게 될 것입니다. 하나님의 음성을 듣는다면 즉각적인 순종으로 그 음성에 화답해야 합니다.

여섯째, 항상 영의 상태가 되게 하라. 하나님은 영이십니다. 하나님이 영이시기 때문에 우리가 영적인 상태가 되어야 하나님과 교통할 수가 있는 것입니다. 항상 영의 상태가 되게 하려면 무의식적으로 하나님을 묵상하는 것입니다. 하나님을 무의식적으로 묵상한 사람은 다윗 왕입니다. 다윗 왕은 가장 경건하고 열정적으로 하나님의 묵상을 시행했고 이를 통해 많은 열매를 맺었던 대표적인 인물입니다. 그는 묵상의 대가였습니다. 다윗에게 묵상은 결코 새로운 어떤 형태가 아니었습니다. 묵상은 그에게 있어 '삶'이었습니다. 그의 묵상의 진면목은 시편에서 잘 드러납니다. 그는 자주 들에 나가 하나님의 말씀을 듣고, 또 자기의 이야기를 아버지 하나님께 아뢰었습니다.

심지어 대적 사울 왕을 피하여 끊임없는 도망행각, 창을 피할 때조차도 다윗은 하나님을 묵상하는 시간을 가졌습니다. 믿는 자에게 있어서 묵상은 매일 매일의 생활 가운데 우선순위를 차지하여야 합니다. 묵상은 항상 하나님을 찾고 생각하는 것입니다. 왜냐하면 이것을 통하여 일생생활의 소란함 가운데서 하나님에게 집중하여 하나님의 음성을 건져낼 수 있기 때문입니다. 침묵과 묵상은 혼자서 조용히 하나님 앞에 나아오는 것에서부터 시작됩니다. 우리는 항상 하나님의 음성을 들으려는 준비를 하고 기다려야 합니다.

다윗과 같이 항상 하나님을 찾으시기를 바랍니다. 영적인 생활이 어렵다고 하는데 습관이 되면 어렵지 않습니다. 항상 하나님을 찾아서 영의 상태가 되게 하시기를 바랍니다. 그러면 하나님의 음성을 쉽게 들을 수가 있습니다.

항상 영의 상태가 되도록 하기 위하여 마음으로 하나님을 찾는 습관이 되어야 합니다. 하나님은 영이시기 때문에 우리가 하나님을 지속적으로 찾으면 영이신 하나님이 응답을 하시므로 자연스럽게 영의 상태가 되는 것입니다.

무엇보다도 중요한 것은 하나님은 지속적으로 찾는 훈련입니다. 저는 아파트 전도를 하면서 계단을 올라갈 때도 하나님을 찾았습니다. 호흡을 헐떡이면서도 지속적으로 찾았습니다. 하나님을 찾지 않는 다는 것은 자신의 힘으로 살아갈 수 있기 때문에 하나님을 찾지 않는 것입니다. 한마디로 체험이 없는 것입니다.

일곱째, 영의 눈으로 환경을 보아라. 우리는 자연의 현상 중에서 변화의 표징을 읽을 때가 많습니다. 즉, 저녁노을이 붉으면 내일 날씨가 좋겠다, 그렇게 말합니다. 또 아침 북서가 붉으면 날이 흐리고 비가 올 것이다, 그렇게 말합니다. 하나님께서는 하나님이 일하시기 전에 우리들의 신앙을 확고히 하기 위해 종종 표징을 보여

주십니다. 어떤 사람에게는 꿈으로, 어떤 사람에게는 환경을 통하여 하나님의 뜻을 분명하게 보여 주십니다.

구약시대의 성도들은 담대하게 하나님께 증표를 구했고, 그래서 기드온도, 히스기야도, 아브라함도, 아브라함의 종도 모두 다 증표를 얻어 담대한 신앙을 하는데, 요사이 우리는 그만 용기를 잃어버리고 겁을 먹고서 하나님께 담대한 증표를 구하지 못함으로 하나님이 가부간에 우리에게 분명한 뜻을 보여줄 수 있는 기회를 놓치고 만다는 이러한 일이 있을 수 있는 것입니다.

성령님께 물어 보아서 하나님의 성령이 지시하는 대로 분명히 알 수 있는 증표를 구하십시오! 구하면 주님께서 우리에게 그 표징을 보여주십니다. 시편 86편 17절에도 "은총의 표징을 내게 보이소서 그러면 나를 미워하는 저희가 보고 부끄러워 하오리니 여호와여 주는 나를 돕고 위로하심이라"고 말한 것입니다. 그러므로 표징을 달라고 주님께 간절히 구하면 하나님께서 이것이냐! 저것이냐 예스냐 노냐의 표징을 분명히 보여주시게 되는 것입니다. 그리고 우리는 담대한 믿음으로 표징을 따라 나갈 수가 있는 것입니다.

18장 하나님과 대화하는 영적상태에 들어가라

(유 1:20)"사랑하는 자들아 너희는 너희의 지극히 거룩한 믿음 위에 자신을 세우며 성령으로 기도하며"

하나님은 영이십니다. 하나님과 대화하며 음성을 듣고 응답을 받으려면 하나님과 같은 영적상태가 되어야 합니다. 기도가 되어야 하나님과 통하는 영의 상태에 들어갈 수가 있습니다. 영이신 하나님과 대화하는 기도를 하려면 성령으로 장악된 영적인 상태에서 기도를 해야 합니다. 성도들이 머리로 기도하는 분들도 있고, 입술로 목으로 기도하는 분들이 있습니다.

알아야 할 것은 이런 기도는 영이신 하나님이 듣지 못합니다. 예수를 믿고 성령으로 거듭난 성도는 성령으로 깊은 영의 기도를 해야 합니다. 성령으로 충만한 온몸으로 기도를 해야 합니다.

성령으로 깊은 영의기도를 하면 성령으로 충만하여 영적 에너지가 충만하게 채워집니다. 영적 에너지가 충만하게 채워지면 영적인 자존감이 높아지는 것을 스스로 체험하게 됩니다. 전인격으로 기도하는 방법은 다른 것이 아닙니다. 마음과 정성으로 기도하는 것입니다.

시편 77편 6절에 "밤에 부른 노래를 내가 기억하여 내 심령으로, 내가 내 마음으로 간구하기를" 이라고 말씀하십니다. 이는 항상 마음으로 하나님께 집중했다는 것입니다. 예수님은 제자들에게 보이는 예수님에게 소망을 두지 않도록 하셨습니다. 모든 언행 심사를 보이지 않는 영의 하나님께 집중하도록 하셨습니다.

온몸으로 기도하라는 뜻은 앉으나 서나 걸어 다니거나 할 것 없이 마음으로 영이신 하나님을 생각하며 찾으라는 말입니다. 기도를 너무나 어렵게 생각할 필요가 없습니다. 기도는 하나님께 집중하는 것입니다. 항상 마음으로 하나님을 생각하며 찾으니 전인격으로 기도하는 것입니다. 마음으로 하나님을 찾으면서 물어보고, 음성을 듣는 것입니다.

예수를 믿고 성령으로 거듭난 영적인 성도는 깊은 영의기도를 하므로 영이 깨어나 하나님과 교통하게 됩니다. 하나님과 교통하니 영적인 자존감을 회복하게 되는 것입니다. 고로 예수를 믿어 성령으로 거듭난 성도가 기도를 무시하면 안 됩니다. 또 말씀을 등한히 해서도 안 됩니다. 말씀과 신비(기도)와 역사가 균형이 잡혀야합니다. 영적인 일은 성령으로 해야 합니다. 성령이 충만해야 한다는 것입니다. 보이지 않는 영의 세계를 성령으로 장악을 해야 하기때문입니다. 성령으로 충만 하는 것은 깊은 영의기도를 해야만 가능합니다. 성령으로 깊은 영의기도를 하여 영적인 자존감을 높여야 합니다. 깊은 영의기도 만이 영적 자존감을 높여줍니다. 성령으로 깊은 영의기도를 합시다.

깊은 영의기도로 심령에 영적 에너지를 저축해야 합니다. 하나님을 찾으므로 영적인 에너지가 마음에서 올라와 자신의 전인격을 장악하는 것입니다. 기도할 때 하늘의 에너지가 저축되는 것입니다. 성령을 소개하는 말의 헬라어는 프뉴마입니다. 이는 바람이라는 말입니다. 바람은 공기가 움직이는 것입니다. 공기는 온도 차이와 기입의 차이에 따라서 움직이게 됩니다. 공기는 여러 가지 원소로 구성되어 있지만 그 속에는 에너지가 포함되어 있는 것입니다. 공기 속의 에너지를 풍력(風力)이라는 수치로 측정이 가능합니다. 이와 같은 물리적 에너지를 포함하여 그 속에는 영적인 에너지가 또한 섞여 있음을 알아야 합니다.

영적인 에너지는 하나님으로부터 오는 것이 있고 마귀로부터 오는 것이 있습니다. 우리는 하나님으로부터 오는 영의 에너지로 살아갑니다. 자연인은 물리적 에너지로 살아가지만, 거듭난 그리스도인은 영의 에너지로 살아갑니다.

영의 에너지는 하나님으로부터 공급되며, 그 공급의 통로 중 하나가 호흡입니다. 호흡을 통하여 우리는 마음 안에 계신 영이신 하나님으로부터 영적 에너지를 공급 받게 되는 것입니다. 호흡을 들이쉴 때에서 밖에서 역사하는 성령을 마시는 것입니다. 호흡을 내쉴 때에는 자기 안에 역사하는 성령을 끌어내며 심령의 노폐물을 배출하는 것입니다. 우리는 대기 속에 있는 공기를 호흡할 때 그 속에 영적인 에너지를 함께 호흡하게 된다는 것을 알아야합니다.

그런데 그 속에는 하나님의 에너지만 있는 것이 아니라, 악한 영의 에너지도 포함되어 있습니다. 악한 영의 에너지가 들어오지 못하도록 하나님을 생각하며, 하나님을 찾는 말에 집중하고 기도를 해야 합니다. 나쁜 에너지가 들어오지 못하도록 자신 안에 하나님의 영적 에너지로 충만하도록 관심을 갖아야 합니다. 하나님의 일을 할 때는 자신 안에 계신 하나님으로 부터 영적 에너지를 충전받은 만큼 사용해야 합니다.

우리는 성령으로 이악한 영의 에너지를 호흡을 내쉬면서 배출해 내어야 합니다. 단순한 호흡을 통하여 우리는 하나님의 에너지를 받아들일 수 있다는 것은 놀라운 일입니다. 사실 하나님의 일은 단순하고 쉽습니다. 이 단순한 사실을 사람들은 복잡하게 만듭니다. 특히 지식을 가진 사람들은 이를 매우 복잡하게 만듭니다. 즉 지식에 지식을 더하여 어느덧 하나님의 본 의도와는 사뭇 다른 사람의 의도로 바뀌어버리게 하는 것입니다. 이것이 율법주의의 대표적인 예입니다. 그래서 예수님은 "사람의 미혹을 받지 않도록 주의하라"고 하시는 것입니다.

단순한 호흡을 통하여 우리는 영의 에너지를 공급 받게 되는 것입니다. 영의 에너지는 하나님을 알아가는 에너지입니다. 사람은 각각 고유한 분량의 에너지를 필요로 합니다. 비대한 사람이 마른 사람보다 더 많은 에너지를 필요로 하듯이 하나님의 쓰임에 따라 그 에너지의 양이 다릅니다. 평범한 성도와 사역자의 영적 에너지의 양은 다릅니다. 그렇기 때문에 자신에게 주어진 소명과 은사에 따라서 요구되는 영적 에너지의 양이 다를 수밖에 없다는 말입니다.

하나님으로부터 주어진 부르심의 소명에 따라 우리는 영적 에너지를 공급 받아 그 사역에 필요한 충분한 에너지를 비축해야만 합니다. 충분한 에너지를 비축하는 데는 사람마다 용량이 다르기 때문에 그 기간도 다릅니다. 쉽게 말하면 배터리 용량에 따라서 충전 시간이 달라지듯이 주어진 역할에 따라 쓰이는 에너지의 용량이 다르다는 말입니다.

그러므로 충분한 양의 에너지가 축적되어야 비로소 사역의 효과가 나타나게 됩니다. 그런데 이 영적 에너지는 쉽게 소멸되는 특성을 가지고 있습니다. 그렇기 때문에 고갈되는 영적 에너지를 보충하는 노력을 날마다 해야 합니다. 그래서 하나님은 "항상 기뻐하라. 쉬지 말고 기도하라. 범사에 감사하라" 말씀 하시는 것입니다. 영적 성숙 즉 능력의 향상은 하나님의 은혜로 계시하심에 의해서만 이루어집니다. 지금 자신이 머물러 있는 영적 단계에서 보다 더 깊은 단계로 나아가고 싶지만 뜻대로 되지 않는 사람이 많습니다.

이는 에너지가 부족하기 때문입니다. 지금 단계에서 다음 단계로 나아가기 위해서는 보다 많은 양의 영적 에너지가 축적되어야 하는데 그 축적이 제대로 되지 않는 것입니다. 하나님으로부터 공급 받는 에너지보다 사용하는 에너지가 많아 축적이 되지 못하는 것입니다. 다음 단계로 이르기 위해서는 보다 많은 양의 에너지가 필요한데 그 에너지를 충분히 갖추지 못했기 때문에 지금 단계에 계속 머물러 있고 영적 진보가 이루어지지 않는 것입니다. 은사를 받은 사역자가 2~3년 지나면 능력이 사라지는 경우가 많습니다. 집사로 있을 때에는 능력이 나타나 전임 사역자가 되기 위해 신학교에 들어가 목사 안수를 받고 사역자가 되었는데 전에 있던 능력이 나타나지 않습니다. 이는 영적 에너지가 소진된 까닭입니다. 머리를 사용하는 만큼 기도를 소홀히 하기 때문입니다. 영의 에너지는 성령으로 기도할 때 채워지기 때문입니다.

배터리가 완전 방전되면 배터리의 기능이 사라지는 것처럼 영적 에너지가 완전히 고갈되면 더 이상 그 기능을 할 수 없게 됩니다. 안타까운 일이지만 이러한 경우에 이른 사람들이 너무도 많습니다. 그러한 사람들은 이 사실을 인정하려 하지 않습니다. 이 사실이 더욱 안타깝습니다. 이를 인정하고 회개하고 다시금 기회를 얻도록 힘쓰십시오. 영적 에너지는 그 충만한 분량에 이르지 못하면 쓸모가 없습니다. 그러므로 날마다 성령으로 충만해야 하는 이유가 여기에 있는 것입니다. 영적 에너지를 공급 받는 간단한 방법 중의 하나가 호흡인 것입니다.

간단히 숨을 들이 쉬고 내 쉬는 것만으로 우리는 하나님의 임재 속에 들어가 그 분으로부터 충만한 에너지를 공급 받게 되는 것입니다. 공기 속에 포함되어있는 신령한 에너지를 우리 몸속에 가득 채워야 합니다. 그리고 그 에너지를 가장 효과적으로 사용하는 방법을 익혀야 합니다. 예수님은 환자가 자신의 옷자락을 만졌을 때 자신의 몸에서 에너지가 빠져 나가는 것을 느꼈습니다.

우리도 이 에너지의 흐름을 느낄 수 있습니다. 그 느낌이 있어야 내 몸에서 얼마나 많은 양의 에너지가 오늘 하루 소진되었는지를 알고 그에 따른 재충전의 시간을 조절할 수 있는 것입니다. 우리는 일을 많이 해서 에너지가 소진되면 몸으로 느낍니다. 그래서 에너지를 보충하기 위해 밥을 먹습니다. 영적인 원리도 이와 같습니다. 영적 에너지가 소진되면 곧바로 보충해야 합니다. 배가 많이 고프면 밥을 많이 먹어야 합니다. 이처럼 영적 에너지가 많이 소진되면 많은 양의 영의 기도가 필요합니다. 성령으로 영의기도를 하면 소진된 에너지가 공급되어 채워지는 것을 느끼게 됩니다. 그리고 충분히 채워지면 그 기운을 느끼게 됩니다. 그런데 많은 사람들은 이러한 사실을 잘 알지 못하는 것 같습니다.

에너지를 충전하는 방법은 여러 가지가 있습니다. 기도가 가장 좋은 방법이지만 기도 이외에 경건하고 능력 있는 사람과 함께 함으로써 그 사람으로부터 자연스럽게 힘을 공급 받게 됩니다. 능력 있는 사람과 함께 하면 영적 힘을 공급 받아 영적인 활력을 얻고 긍정적이고 희망적인 생각이 막 생겨나는 것을 경험하였을 것입니다. 특히 능력이 충만한 사람에게서 안수를 받으면 기분이 맑아지고 힘이 솟아나는 것을 느꼈을 것입니다.

반대로 믿음이 없거나 세속적인 사람과 함께 하면 왠지 힘이 들고 피곤한 느낌을 받게 될 것입니다. 저는 평소에 안수 사역을 많이 하기 때문에 혼탁한 사람을 치유하면 영적 에너지가 많이 소모되는 것을 느낍니다. 또 세속적인 일에 관여하면 상당히 많은 양의 에너지를 소모하게 됩니다. 믿음 있는 사람에게 안수하면 힘이 덜 드는데 믿음이 없는 사람에게 안수하면 무척 힘이 듭니다. 이는 불신자에게 더 많은 에너지를 빼앗기는 것입니다. 초보 사역자는 이것을 느끼지 못하기 때문에 영적 에너지가 고갈이 되어도 잘 대처하지 못합니다. 그래서 영적 탈진에 빠지기도 합니다. 영적 에너지는 하나님께 받은 만큼 사용하는 습관이 되어야 합니다.

영적 에너지는 거듭난 그리스도인의 생명의 양식입니다. 환자를 위해서 안수할 때 자신의 영적 에너지의 총량과 환자가 필요로 하는 에너지의 양을 안다면 적당한 치유가 이루어질 수 있습니다. 환자가 필요로 하는 에너지가 자신의 에너지의 한계를 넘는다면 치료의 효과는 기대하기 어렵습니다. 이때는 여러 날로 나누어 치유를 해야 합니다. 그래서 때로는 2~3일 또는 1주일의 치유기간이 필요한 것입니다. 이렇게 하는 것이 사역자 자신을 보호하는 적극적인 방법입니다. 저는 사역을 할 때 영적 에너지가 많이 필요한 환자는 지속적인 집회 참석을 권유합니다. 서서히 성령으로 장악하여 치유하기 위해서입니다. 그러나 여러 날을 치유해도 장악이 안 되는 영적으로 강하게 묶인 환자가 있습니다. 이렇게 자신의 에너지의 한계를 넘는 경우는 치유를 포기하여야 합니다. 이런 환자를 다루면 자신의 에너지만 소진될 뿐입니다.

　자신이 안수하면 전혀 차도가 없던 사람이 다른 사역자가 안수하여 쉽게 치유하는 경우를 보게 됩니다. 이는 에너지의 문제인 경우가 많습니다. 그 환자가 필요로 하는 에너지를 자신이 충분히 채워주지 못했기 때문입니다. 이 에너지는 나의 삶뿐만 아니라 봉사의 삶을 살기 위해서 반드시 충분한 양이 날마다 채워져야 하는 것입니다. 매일 소진된 양 이상으로 충분한 에너지를 저축하십시오. 그 방법 중의 하나가 호흡을 통해서 얻는 방법이 있는 것입니다. 단전호흡이니, 뇌 호흡이니 하고, 세상 사람들이 건강관리를 위해 이용하고 있는데, 이는 극히 인간적인 방법으로 주의해야 합니다. 하나님은 이 방법을 성령으로 하나님의 에너지를 공급해 주기 위해서 우리에게 주신 방법인 것입니다. 이를 우리가 무시하고 버렸는데 세상 사람들이 자기들의 목적을 위해 사용하고 있는 것입니다. 세상의 모든 방법들은 하나님에게서 온 것입니다. 우리는 이 방법을 주신 하나님의 뜻에 따라 선한 목적에 사용하여야 할 것입니다. 깊은 영의기도를 하시고 싶은 분은 "깊은 영의기도 숙달하는 비결"을 읽어보시기를 바랍니다. 하나님의 음성을 들으면서 살아가려면 날마다의 삶에서 다음의 10가지를 습관화하는 것이 필요합니다. 하나님의 음성은 하나님께 집중하며 관심을 가져야 들리기 때문입니다.

첫째로, 하나님의 음성 듣기에 대한 확고한 목표를 가지라는 것입니다. 하나님의 음성을 듣는 삶은 확고한 목표가 없이는 쉽게 이루어지지 않는 것이 보통입니다. 하나님의 음성 듣기의 목표는 하나님의 말씀에 온전히 순종하는 삶을 통해 그리스도의 부활의 권능에 참여하는 것입니다. "내가 그리스도와 그 부활의 권능과 그 고난에 참여함을 알고자 하여 그의 죽으심을 본받아 어떻게 해서든지 죽은 자 가운데서 부활에 이르려 하노니"(빌3:10). 그러므로 날마다 하나님의 음성 듣기에 대한 확고한 목표를 마음에 반복하여 새겨야 합니다. 하나님께 집중하며 음성을 들으면서 살겠다는 의지 결단을 해야 한다는 말입니다.

둘째로, 하나님의 음성에 친밀 해야 합니다. 하나님의 음성을 잘 들으려면 하나님께 나아가는 것을 두려워하지 말고 하나님과 친밀해져야 합니다. 광야에서 이스라엘 백성들은 시내산에서 천둥과 번개와 나팔소리와 함께 들리는 하나님의 음성을 듣고 죽을까 두려워 하나님 앞에 나아가지 않으려 하였습니다(출19장). 그리고 성막 시대에도 하나님이 계신 지성소에는 대제사장만이 1년에 한 번 나아갈 수 있게 하였습니다. 그러나 예수 그리스도의 십자가의 대속으로 지성소로 들어가는 휘장은 제거되었고 이제는 제사장들은 누구나 수시로 지성소에 들어갈 수 있게 되었습니다. 성령으로 거듭난 그리스도인은 모두가 제사장이므로 언제든지 하나님의 보좌 앞에 나아갈 수 있습니다. 예수 그리스도의 대속의 은혜로 우리는 하나님과 친밀한 사이가 되었습니다. 그러므로 하나님의 음성에 친밀해져야 합니다. 하나님의 계시가 없이는 살아갈 수가 없다는 절박감을 가지고 하나님을 찾아야 합니다. 항상 들을 귀를 준비하고 있어야 합니다.

셋째로, 들은 말씀을 기록하고 마음에 새기라는 것입니다. 우리는 하나님을 사랑하되 마음을 다해 목숨을 다해 뜻을 다해 사랑해야 합니다. 그러나 아직 우리에게는 그런 사랑이 없으므로 하나님의 음성을 듣고도 금방 잊어버리기 일수 입니다. 그러므로 들은 말씀을 기록하고 마음에 새겨야 합니다. 예수님의 말씀을 듣고 순종할 때에 예수님과 친밀한 관계가 유지되고 하나님을 더 깊이 사랑하게 되기 때문입니다. "너희는 나의 명하는 대로 행하면 곧 나의 친구라"(요15:14).

넷째로, 들은 말씀을 가지고 하나님께 지혜를 구하라는 것입니다. 들은 말씀을 마음에 새기는 가장 좋은 방법은 그 말씀을 가지고 하나님께 기도하면서 지혜를 구하는 것입니다. 음성의 뜻을 확실하게 깨달을 때까지 구하고 순종해야 합니다. 이러한 간구를 헬라어로 '아이테오'라고 합니다. 아이테오의 기도를 하면 성령으로 들은 말씀이 마음에 새겨지며, 또한 하나님의 은혜로 그 말씀이 이루어지는 1석 2조의 효과가 있습니다.

다섯째, 들은 말씀을 100% 순종하려 애써야 합니다. 듣고 순종하지 않으려면 아예듣지 않는 편이 훨씬 낫습니다. "순종이 제사보다 낫고 듣는 것이 수양의 기름보다 낫다"는 말씀은 하나님의 음성을 듣는 사람들이 항상 마음에 새겨야 하는 말씀입니다. 사울은 이것이 안 되었기 때문에 왕의 자격을 잃어버렸습니다. 우리도 마찬가지입니다. 성령으로 거듭난 그리스도인들은 '왕 같은 제사장'이지만 들은 말씀에 100% 순종하려는 마음이 없다면 왕 같은 제사장의 자격을 상실하게 될 것입니다. 순종은 마음이 따라주어야 순종할 수 있습니다. 제사(예배)는 마음에 없어도 얼마든지 행위로 습관적으로 할 수 있습니다. 하나님은 마음이 따라야 하는 순종을 요구하시는 것입니다. 옥토 밭의 신앙이란 하나님의 음성을 듣고 100% 순종하는 신앙임을 명심해야 합니다.

여섯째, 믿음으로 말씀을 붙들어야 합니다. 돌밭과 같은 마음 밭을 가진 사람들에게 필요한 습관입니다. 하나님의 음성으로 인해 고난이 올 때마다, 그래서 들은 말씀에 순종하는 것을 포기하고 싶을 때마다, 하나님에 대한 믿음으로, 그리고 부활에 이르고자 하는 믿음으로 그것을 이겨야 합니다. 말씀에 순종하려고 의지적인 결단을 해야 합니다. 그래야 심령이 부드러워지면서 말씀에 순종하는 심령이 됩니다.

일곱째, 유혹과 욕심을 떨쳐내야 합니다. 믿음의 사람들이 세상에서 고통을 당하는 것은 욕심 때문입니다. 가시덤불과 같은 마음 밭을 가진 사람들에게 필요한 습관입니다. 마귀는 끊임없이 욕심을 줌으로 하나님의 말씀을 소유하지 못하게 합니다. 그러므로 마음속에 끊임없이 자리 잡고 있는 욕심의 가시덤불을 걷어내야 합니다. 욕심에서 벗어나는 가장 좋은 방법은 우리의 관심을 욕심에서 예수 그리스도께로 돌리는 것입니다. 하나님께서 하라는 대로만 순종하는 것입니다. 욕심이나 근심이 나를 붙들었다는 생각이 들 때마다 예수 그리스도께서 생각을 드리는 습관을 들여야 합니다. 기도로 지성소에 계시는 하나님께 나아가서 그분 안에서 안식하는 습관을 들여야 합니다. 피난처 되신 예수 그리스도께 집중하는 것이 유혹과 욕심을 떨쳐내는 가장 좋은 방법입니다.

여덟째, 음성을 분별해야 합니다. 우리가 하나님의 음성을 들으려고 할 때 마귀는 우리에게 다른 소리를 넣어주어 우리를 속이려고 듭니다. 그러므로 분별이 필요합니다. 분별에 있어서 가장 좋은 방법은 하나님의 음성을 들을 때에 경외하는 마음으로 하나님께 집중하는 것입니다. 우리가 하나님을 경외하지 않고 혼란스런 마음으로 하나님의 음성을 들으려 할 때에 다른 소리가 들려옵니다. 그리고 들은 말씀을 잘 살펴보아야 합니다. 하나님의 말씀에는 평강과 기쁨과 사랑과 권위가 있습니다. 그러나 다른 소리에는 이러한 것들이 없다. 반대로 자신의 소리나 마귀소리는 흥분케 하고 무언가에 집착하게 한다. 말씀을 분별할 잣대가 있다면 그것은 성경과 양심입니다. 우리가 들은 말씀이 성경에 위배된다는 생각이 들거나 양심에 맞지 않는다는 생각이 든다면 다시 한 번 점검해 보아야 합니다. 사람을 통해서도 음성이 들리므로 사람의 미혹을 받지 않도록 주의해야 합니다.

아홉째, 날마다 자신의 마음 안에 있는 지성소에 들어가라는 것입니다. 우리의 삶 속에서 들은 하나님의 음성을 확인하는 가장 좋은 방법은 지성소에 들어가는 것입니다. 지성소는 하나님의 집이고 은혜의 보좌는 하나님이 거하시는 곳이기 때문에 다른 음성이 들려올 수 없습니다. 날마다 기도의 골방으로 들어가 세상으로 통하는 마음의 문을 닫고 은혜의 보좌 앞에서 들여오는 세미한 음성에 귀를 기우리는 삶을 살아야 합니다. 마음 안에 있는 지성소에서 드리는 관상기도와 예수기도와 마음의 기도는 하나님의 음성을 듣는 가장 확실한 방법입니다. 이는 "깊은 영의기도를 쉽게 숙달하는 비결"을 읽어보시면 됩니다.

열 번째, 모든 일에 성령에 민감 해야 합니다. 하루의 삶 속에서 우리는 모든 일을 성령의 인도하심을 따라야 합니다. 일상의 삶 속에서 성령의 음성을 순간순간 듣는 것은 하나님의 음성을 듣는 사람이 가져야할 가장 중요한 습관 중에 하나입니다. 삶 속에서 성령의 음성을 들으려면 성령에 민감해야 합니다. 사람들은 어떤 일에 몰두하면 모든 생각을 거기에 집중합니다. 그러나 성령의 사람은 생각의 한쪽은 그 곳에 두면서 다른 한쪽은 성령께 두는 경우가 많습니다. 그것이 성령에 민감하면서 자신의 일을 하는 것입니다. 성령께서 감동하시면 순종해야 합니다. 성령의 인도를 받아야 삶에서 천국을 누리고 아브라함의 복을 받으며 영적인 군사로서 쓰임을 받을 수가 있습니다.

하나님과 같은 영적인 상태에 머무르려면 관상 기도의 방법으로 예수 기도를 훈련하면 좋은 효과를 얻게 될 것입니다. 상세한 것은 "깊은 영의기도 숙달하는 비결"을 읽어보시기를 바랍니다. 동방기독교의 전통적인 영성 기도로서 예수 기도라는 것이 있습니다. 마음의 기도 또는 심장 기도라고도 부릅니다. 이 기도는 아주 단순합니다. '주 예수 그리스도시여, 나를 불쌍히 여기소서.' 이 내용을 계속 마음속으로 반복하는 것입니다. 그 내용을 호흡에 맞추어서 반복합니다. 숨을 들이마시면서 '주 예수 그리스도여'를 하고 숨을 내쉬면서 '나를 불쌍히 여기소서.' 합니다. 원어로는 '쿠리오스, 끼리에 엘레이손'입니다. 저는 처음에 이 기도를 별로 좋아하지 않았습니다. 기도란 다양한 형식이 있으며 고백, 간구, 찬양, 회개, 싸움, 중보 등 여러 양식과 변화가 있는데 이 기도는 너무 단순하여 지나치게 획일적이고 재미없는 것이 아닌가 생각했었습니다.

그러나 차츰 기도는 복잡한 것이 아니며 단순히 주님을 알아 가는 것이라는 사실을 알게 되었습니다. 많은 기도의 형식과 내용이 있지만 주님을 가까이 알게 되면 그 모든 기도를 이루는 것이며, 그분의 충만으로써 충만이 우리 안에 거할 때 그분이 우리를 통하여 무엇이든 할 수 있다는 사실을 깨닫게 되었습니다.

그 후로 나는 예수 기도에 관심을 가지고 열심히 시도해 봅니다. 그런데 해보니까 호흡을 언어에 맞추는 것이 정말 쉽지 않습니다. 이 기도를 하루에 수천 번 드렸다는 동방의 영성 인들이 정말 존경스러워 집니다. 그래서 나는 내 식으로 쉽게 바꿉니다. 그저 '예수 충만' '예수 충만'을 반복합니다. 교회에서 기도 훈련을 시키며 젊은이들을 일으켜 세우고 팔을 벌리고 호흡을 시키며 '예수 충만'을 반복해서 시키면 그들은 전율을 느끼거나 쓰러집니다. 주님의 임재를 경험하게 됩니다.

나중에는 더 간단해져서 오직 그저 예수, 예수, 예수, 예수를 부릅니다. 오직 예수로 채워지기를 원하는 고로 시간만 나면 예수를 부릅니다. 아침에도 예수, 예수 하루 중간 중간에 예수, 예수, 예수, 밤에 예수를 부르면서 잠이 들고 중간에 잠이 깨면 다시 예수, 예수, 예수를 부릅니다. 내 마음은 환희에 차고 주님을 사모함으로 가득 채워집니다. 별로 맛을 느끼지 못할 때도 있고 그런 때는 기도의 방법을 바꾸기도 합니다만, 어쨌든 항상 예수를 생각하기를 원하는 것입니다.

길을 걸을 때는 발걸음에 맞추어서 "예 ~ 수, 예 ~ 수" 한 발을 내딛을 때마다 "예수, 예수, 예수, 예수" 이렇게 걸을 때도 있지만 그렇게 하면 조금 숨이 찹니다. 예수 기도는 예수를 생각하고 마음 안에 계신 예수님을 바라보며 오직 예수로 채워지기만을 원하는 것입니다. 예수 기도는 어떤 형태로 사용하든지 주님을 사랑하는 사람들에게 꼭 한번 권해보고 싶은 기도입니다.

하나님의 음성을 들으려면 하나님과 같은 영적 상태에 들어가야 합니다. 지속적으로 하나님을 찾으면서 기도함으로 영의 상태에 머무를 수가 있습니다.

19장 꿈속에서 하나님과 대화하며 음성듣기

(창 41:25)"요셉이 바로에게 아뢰되 바로의 꿈은 하나라. 하나님이 그가 하실 일을 바로에게 보이심이니이다."

하나님은 꿈을 통해서도 하나님의 뜻을 전하십니다. 우리는 꿈을 잘 해석하여 하나님의 뜻이 무엇인지 분별해야 합니다. 영적인 꿈이란, 기도를 많이 하는 영적으로 깊은 성도가 하나님이 알려주시는 자신의 현재의 상태와, 앞으로 어떻게 해야 할 방향과, 하나님의 계획을 알려주는 것입니다. 모든 사람이 꿈을 꿉니다. 보통 우리가 하루 8시간씩 잠을 잔다면 하루에 30분 내지 1시간에 걸쳐 5-6회 정도 꿈을 꾼다고 합니다. 꿈을 꾸어도 기억하지 못하는 사람이 있습니다. 그래서 전혀 꿈을 꾸지 않는 것으로 오해합니다. 우리가 하루에도 여러 번 꿈을 꾸는데 기억되는 것은 대개 잠에서 깨기 직전의 꿈입니다. 이 마지막 꿈은 여러 가지 꿈을 하나로 요약해 주는 중요한 꿈이라고 볼 수 있습니다.

첫째, 꿈을 통하여 장래 일을 알려주신다. 애굽의 왕 바로가 꿈을 꾸었는데 나일 강을 보니까 아름답고 살진 일곱 암소가 강가에서 올라와 갈밭에서 뜯어먹고, 그 뒤에 또 흉하고 파리한 다른 일곱 암소가 나일 강 가에서 올라와 그 소와 함께 나일 강 가에 서 있더니, 그 흉하고 파리한 소가 그 아름답고 살진 일곱 소를 먹은 것입니다. 바로가 곧 깨었다가 다시 잠이 들어 꿈을 꾸니 한 줄기에 무성하고 충실한 일곱 이삭이 나오고, 그 후에 또 가늘고 동풍에 마른 일곱 이삭이 나오더니, 그 가는 일곱 이삭이 무성하고 충실한 일곱 이삭을 삼켰습니다. 바로가 깬즉 꿈입니다. 그 임금이 답답해서 이것을 알기 위해서 전국에 유명한 꿈 해석 하는 사람을 불렀는데 와서 해석을 하지 못합니다.

하나님께서 보내주신 꿈이기 때문에 이방 신들을 섬기는 자들이 해석을 못한 것입니다. 그때야 술 장관이 바로에게 술을 대접하면서 "왕이여 내가 안 죽고 여기 복권된 것도 요셉이란 청년이 감옥에 있어서 꿈 이야기를 듣고 해석을 잘해주어서 나는 살고 떡 장관은 죽었습니다." 그러니까 이 왕이 빨리 요셉을 불러오너라. 갑자기 사람들이 와서 이발을 하고 목욕을 시키고 좋은 옷을 입히고 수레에 태워서 임금님에게 데려왔습니다.

임금님이 "네가 꿈을 잘 해석한다면서?" "왕이여! 해답은 제게 있는 것이 아닙니다. 저의 주인인 하나님께서 바른 해석을 하실 것입니다. 본격적으로 왕이 경험한 그 꿈을 이야기해주십시오." 이야기해주니까 "일곱 마리 암소는 칠 년 풍년을 말합니다. 일곱 마리 아주 뼈만 남은 것은 칠 년 흉년을 말합니다. 칠 년 동안 큰 풍년이 와서 곡식을 처치할 도리가 없을 만큼 많이 곡식이 될 것입니다. 그러나 그 다음에 연달아 칠 년 동안 흉년이 오면 풍년이 꿈에 본 듯이 사라지고 온 애굽 사람이 굶어 죽을 것입니다. 그 다음에 일곱 곡식 열매 맺는 곡식 일곱 송이가 뒤에 나오는 마른 일곱 이삭에게 잡아먹혀버리고, 그래도 바른 이삭 밖에 없다는 것은 역시 칠 년 동안 풍년이 오고, 칠 년 동안 풍년 다음에 흉년이 와서 굶주

림이 애굽 천지에 꽉 찰 것을 보여주는 것입니다.

두 개 똑같은 내용을 두 번 강조해서 이렇게 보여주는 것은 하나님께서 정하신 것입니다. 그렇게 될 것이라는 것입니다. 그러므로 왕이여, 왕이 곡식이 풍년으로 잘될 때 오분지 일을 나라가 재산, 그 곡식을 창고에 모아놓았다가 흉년이 들었을 때 국민들에게 나누어주면 이 나라가 산다."고 해석을 하고 처방까지 했습니다. 그러니까 임금님이 겁이 나서 얼굴이 노랗게 되었다가 "그래? 그렇게 해결이 되냐?" "해결이 됩니다." "이렇게 머리 좋고 총명한 사람, 꿈을 해석한 사람이 또 어디에 우리가 구할 수 있겠느냐? 애굽 사람이든, 히브리 사람이든 상관할 바 없다. 너는 내 제자로 내 백성으로써 우리 애굽에서 사는 이상 나를 도와주어야 되겠다. 오늘 이 시간부터 요셉은 애굽의 국무총리다." 아~ 왕의 손 가락지를 뽑아가지고서 손에 꼽아주고 왕이 타는 버금수레를 내어주면서 요셉 앞에 다 엎드리라고. 전부 요셉에게 절하며 엎드립니다.

사람 팔자가 이렇게 시간문제가 될 줄은 꿈에도 몰랐죠. 그래서 요셉은 자기가 꾼 꿈도 이루어지고 술 장관, 떡 장관의 꿈도 이루어지고, 임금의 꿈도 이루어진 것입니다. 이와 같이 하나님은 꿈으로 장래 일을 알려주시기도 합니다.

둘째, 꿈을 통하여 자신의 영적상태를 보게 하신다. 필자가 어느날 새벽에 새벽예배를 드리려고 하는데 성도들이 오지를 않아서 기도 시간에 하나님 성도들을 좀 많이 보내주세요. 하면서 하소연을 하다가 그만 깜박 졸게 되었습니다. 그런데 꿈에 성도들이 많이 와서 예배를 드리려고 앉아 있었습니다. 꿈에도 놀라서 말씀을 전하려고 강대상 위에 성경을 찾으니 성경책이 보이지를 않았습니다. 당시 강대상에는 성경이 세 권이나 있었는데 말씀을 전하려고 하니 성경이 없습니다. 진땀을 흘리면서 이곳저곳 다 뒤져봐도 성경은 보이지를 않고 종이쪽지만 한 장 있는 것이었습니다. 그 꿈을 꾸고 난 다음 저는 이렇게 감동을 받았습니다. 야! 강목사 내가 성도들을 보내주려고 해도 말씀이 없어서 보내지를 못하겠다, 말씀연구 좀 많이 하여라. 그래 그 때부터 말씀도 좀 읽고, 말씀세미나도 참석하고 세미나자료 준비도 열심히 하였습니다. 그 때 말씀을 준비하여 지금 세미나 자료들이 많이 만들어 진 것입니다. 당시 저는 안수기도 하면 능력도 나타나고 병도 고쳐지고 하니, 다 된 줄로 알았는데 착각이었습니다. 하나님은 이렇게 꿈으로 자신의 영적인 상태를 알려주셔서 고치게 하십니다. 우리는 자신의 영적인 상태를 나름대로 자찬하고 착각하지 말아야 합니다.

서울에 사는 여 집사가 꿈을 꾸었는데 뾰쪽, 뾰쪽한 수정으로 보이는 산들이 보이더니 갑자기 와르르 무너지는 꿈을 꾸고 고민하다가 상담을 해왔습니다. 자신은 재산이 다 이 산과 같이 무너질 것이라고 걱정을 하였습니다. 그러나 재산이 아니고 네 마음이 이렇게 뾰쪽, 뾰쪽하니 심령을 치유하라는 내용입니다. 만약 치유하지 않으면 지금까지 쌓아온 재산이 넘어질 수도 있습니다.

한 성도가 꿈을 꾸었는데 자신의 집으로 보이는 마당에 돌과 잡초가 아주 많아 파내고 뽑아내는 꿈을 꾸었다고 합니다. 이것은 자신의 마음에 돌과 가시덤불을 치유라는 하나님의 메시지입니다.

꿈에서 집은 영혼, 인생, 신앙, 가정, 일을 의미하곤 합니다. 집이 깨끗하고 든든하고 꽃이 피어나고 생수가 흐른다면 꿈꾼 사람의 상황이 그렇게 좋다는 것입니다. 집이 더럽고 망가지고 지붕이 새고 문이 열리고 짐승이 들어온다면 꿈꾼 사람의 삶에 점검하고 보수해야 할 것이 있다는 뜻일 수 있습니다. 하나님은 우리를 이렇게 꿈으로 자신의 상태를 보여주시기도 하십니다. 그러므로 꿈에 너무 심취되지도 마시고 꿈을 무시하지도 마시기를 바랍니다.

셋째, 꿈을 통하여 가야할 방향을 제시하여 주신다. 하나님은 제가 무슨 목회를 할 줄 모르고 방황하며 기도할 때 저의 목회 방향을 꿈으로 알려주셨습니다. 제가 시화에서 교회를 개척하여 열심히 전도하면서 성령사역을 하려고 할 때 하나님이 저에게 꿈으로 가야할 방향을 알려주셨습니다. 어느 날 꿈에 우리 교회에 성도들이 많이 왔습니다. 그래서 자세히 보니 전부 목사님과 사모님, 전도사님들이 주류를 이루었습니다. 그래서 우리 사모에게 꿈에 성도들이 많이 왔는데 보니 전부 목사님과 사모님, 전도사님들만 앉아 있던데 무슨 뜻인지를 잘 모르겠다고 했습니다. 그런데 그 꿈을 꾸고 한 육 개월이 지난 다음 꿈과 같이 목사님, 사모님, 전도사님들이 저희 교회에 와서 치유와 능력을 받으려고 오셔서 은혜들을 많이 받았습니다.

이일이 이루어진 상황을 설명하면 이렇습니다. 어느 기도원에 가서 고통당하는 목사님과 사모님을 기도해드렸는데 성령의 강한 역사로 치유되는 것을 보고 하나님이 나에게 이런 상처 입은 목회자와 성도들을 치유하라고 능력을 주셨구나 하고 성령의 감동이 와서 그때부터 본격적으로 치유사역을 시작하였습니다. 그렇게 사역을 하면서 기도원에 은혜 받으러 가면 상당히 많은 목회자들이 마음의 상처와 질병으로 고생하여 한쪽에 모시고 가서 기도해드리면 모두 성령의 강한 역사에 놀라 소문이 나서 목사님 사모님들을 많이 모시고 오셨습니다. 자연스럽게 그 꿈이 이루어 진 것입니다. 하나님은 이렇게 기도하면 앞길을 인도하여 주십니다.

제가 치유와 능력사역을 한 참 하고 있을 때, 어느 영성 하시는 유명한 목사님이 목요일마다 강의를 하는데 강의 끝난 다음 남은 시간에 치유사역을 해달라고 하여 기도를 하였습니다. 그런데 그날 밤 하나님이 꿈으로 응답을 주셨습니다. 꿈에 보니 그 목사님은 강단에 서서 강의를 하시고 저는 다른 한 쪽에서 강의를 하는데 청중들은 보이지 않고 마이크를 잡고 말하는 것이 보였습니다. 끝난 다음에 봉고 차를 몰고 집으로 오는데, 눈이 굉장히 많이 쌓여있는 길을 가다가 봉고 차가 뒤집어져 버렸습니다. 그래서 힘을 써서 봉고 차를 세워서 다시 나온 길로 나오니 평탄대로 이었습니다. 그래서 꿈을 깨고 하나님에게 물어보니 가지 말라는 감동이 와서 그만 두었습니다. 하나님은 이렇게 꿈으로 응답을 하십니다.

넷째, 꿈을 통하여 기도하는 내용에 대한 응답을 하신다. 필자가 교회를 개척한 후에 재정적인 문제가 있어서 재정 자립을 위하여 땀이 피가 되도록 기도를 했습니다. 그러는 어느날 꿈을 꾸었습니다. 제 기억으로 2001년 3월경으로 생각이 됩니다. 꿈에 보니 하얀 옷을 입은 사람들이 우리 교회에 와서 교회의 장의자를 비롯한 집기류를 다 내놓고 청소도 하고 도색을 다시 하는 꿈을 꾸었습니다. 두 번을 연달아 같은 꿈을 꾸었습니다. 그래서 저는 그때 아주 교회가 재정적으로 어려울 때라 혹시 우리 교회가 망하여 다른 교회가 들어와 교회를 수리하는 것이 아닌 가 은근히 걱정이 되었습니다. 그런데 얼마 있지 않아서 치유사역으로 전환하게 되어 장의자를 빼내고 접의자로 바꾸었습니다. 그리고 앰프도 바꾸고 에어컨도 바꾸고 바닥도 카펫으로 깔았습니다. 다 치유 받으러 오신 분들이 은혜 받고 헌금하여 중고품 장의자 바꾸고 싸구려 앰프를 최고급으로 바꾸어주고, 중고 에어컨 바꾸어 주고 바닥에 앉아서 치유 받으라고 카펫을 깔아 준 것입니다. 이와 같이 기도하는 응답을 꿈으로 알려주시기도 하십니다.

필자가 교회를 개척하여 교회를 부흥시키려고 열심히 전도하고 병원에 다니면서 환자들에게 안수기도 하여 치유하고, 아무리 열심을 내어도 교회가 성장되지 않아 낙심하고 있을 때입니다. 그때 우리는 교회 안에서 살림을 하고 지냈습니다. 정말 사는 것이 말이 아니었습니다. 다 큰딸들을 데리고 그 황무지도 같고 유흥가라 향락이 판을 치는 곳에서 산다는 것이 정말 어려웠습니다. 그 때는 이미 퇴직금으로 받은 재산도 다 날아가고 도저히 제 힘으로는 그곳에서 빠져나오지 못할 지경에 처해 있었습니다. 그래서 날마다 하나님에게 사정하며 기도했습니다. 하나님 저 좀 사용하여 주시고 사택을 어서 빨리 이곳에서 이사 가게 해주셔서 주택가나 아파트에서 살아가게 해주세요. 정말 남자 체면이 말이 아닙니다. 하나님 도와주세요. 우리 아이들이 하나님이 살아 역사하시는 것을 체험토록 역사하여 주옵소서. 하고 계속 기도하던 어느날 그 때가 아마 2001년 7월정도 되는 것 같습니다.

한 밤에 꿈을 꾸는데 천사들이 도열을 하며 박수를 받으면서 우리식구가 나가는 것이었습니다. 그곳을 설명하면 승강기를 내려서 양쪽으로 통로가 나있는데 우리는 차가 다니는 곳이 아닌 사람이 통행하는 쪽을 이용하였습니다. 그런데 그곳 양쪽에 작은 제 허리 정도 되는 키의 천사들이 통로 좌우편에 도열하여 박수를 치는데 제가 제일 앞에서고, 그 다음은 사모가 서고, 그 뒤에 큰딸 은혜가 서고, 그 다음에 작은딸 은영이가 천사들의 박수를 받으면서 나오는 것이었습니다.

그 꿈을 꾸고 저는 한 달만 있으면 그곳을 나와서 이사를 갈 것으로 생각했는데 그 세월이 이년이나 걸렸습니다. 이년이 지난 후 하나님이 축복을 하셔서 그 꿈과 같이 승리하여 31평 아파트를 얻어서 나왔습니다. 또 한 팔 개월이 지난 다음에는 지금 이 서울 방배동으로 이전하게 하나님이 역사를 하셨습니다. 이와 같이 하나님은 꿈으로 기도 응답을 하시기도 합니다.

다섯째, 꿈을 통하여 영적전쟁을 하게 하신다. 필자는 꿈속에서 참으로 많은 영적전쟁을 했습니다. 어느날 꿈에 진흙창 길을 자전거를 타고 가는데 자전거가 나가지를 않는 것입니다. 자전거 페달을 아무리 강하게 발로 돌려도 자전거가 나가지를 않는 것입니다. 힘이 너무 들어서 길 옆을 보니까, 콘크리트로 만든 배수로가 보였습니다. 배수로를 보니까, 시커먼 뱀이 머리를 내밀면서 허를 날름 거리를 것입니다. 그래서 막대기로 끄집어냈습니다. 길로 잡아내 가지고 발로 아무리 밟아도 죽지 않고 점점 커지는 것입니다. 그래 서 습관적으로 찬사들이 나를 도와라, 하니까! 키가 늘씬하게 큰 천사 넷이 군대 지프를 몰고 와서 지나가니까, 그렇게 크던 미물이 납작하게 되는 것입니다. 미물이 납작하게 됨과 동시에 진흙창 길 이 단단하고 평탄한 길로 변하는 것입니다. 자전거를 타고 가는데 너무나 쉽게 잘 나가는 것입니다. 제가 그 꿈을 꾸고 깨달은 것은 내가 하나님을 따라가는 길이 어렵고 힘이 드는 것은 악한 마귀 귀 신이 방해하기 때문이라는 것을 알게 되었습니다. 당신도 하나님 의 뜻을 따라가는 길이 어렵고 힘이 드는 것은 마귀 귀신이 방해하 기 때문입니다. 성령으로 세례 받아 권능을 개발하고 천사를 동원 하여 방해하는 마귀 귀신을 몰아내기를 바랍니다.

제가 하루는 새벽에 기도하다가 비몽사몽이 되었는데 얼굴이 일 그러진 험악하게 생긴 놈이 저에게 이렇게 말하는 것입니다. 야! 강 목사, 자네가 그렇게 병을 잘 고친다면서 하더니 내 병도 고쳐 보아라, 하면서 달려드는 것입니다. 내가 습관적으로 내가 예수님 의 이름으로 명하노니 더러운 귀신은 물러갈지어다. 하고 대적하 니 순간 없어지는 것입니다. 이는 성령께서 저의 담대함을 기르기 위해서 훈련하는 것이라고 생각을 했습니다.

어느날 꿈에 뱀과 지하실에서 싸우는 것입니다. 한창 싸우다가 뱀을 지하실 밖으로 내던졌습니다. 그러자 뱀이 밖으로 내동댕이 쳐지고, 저는 지하실에서 나왔습니다. 그 일이 있은 후부터 귀신을 축귀하는 것이 쉬워졌습니다.

어느날은 꿈속에서 사람들과 같이 잠을 잤습니다. 꿈을 깨고 일어나려는데 보니까, 뼈만 앙상하게 남은 죽은 사람의 뼈가 내 옆에 누워 있는 것입니다. 꿈속에서도 제가 놀랐습니다. 성령님은 우리의 담대함을 기르기 위하여 꿈속에서 훈련을 하십니다.

여섯째, 꿈을 통하여 하나님의 동행하심을 알려주신다. 하나님께서는 필자와 함께하고 있다는 것을 꿈으로 보여주셨습니다. 2001년도 어느 날이었습니다. 제가 이렇게 능력도 있고 열심히 해도 교회가 성장하지 않아 하루는 전도하고 돌아와 하나님에게 저 목사 못하겠다고 하소연을 하며 기도했더니 하나님이 위로를 하여 주셨습니다. 하나님 저를 아마도 잘 못 부르신 것입니다. 그리고 그때 환상 중에 만나게 한 십자가에 달린 주님도 거짓이구요, 저 지금도 건강하고 힘이 있습니다. 세상으로 내 보네 주셔서 세상 일을 하면서 장로 되어 하나님 섬기게 하여 주세요. 이거 가장 체면이 무엇입니까? 전도를 아무리 해도 온다고 하기만 하고 한명도 오지 않으니 이제 내말은 다 거짓으로 판명이 나고 있습니다. 저를 도와주세요. 어떻게 합니까? 계속 그렇게 하소연을 하다가 깊은 경지에 들어갔습니다. 그때 저는 한창 내적치유를 받으면서 깊은 기도에 이를 줄을 알았습니다. 한참 하소연을 하는데 갑자기 제 속에서 찬양이 올라오는 것입니다.

1절. 죄 짐 맡은 우리 구주 어찌 좋은 친군지 걱정 근심

무거운 짐 우리 주께 맡기세 주께 고함 없는 고로 복을 얻지 못하네 사람들이 어찌하여 아뢸 줄을 모를까

　2절. 시험 걱정 모든 괴롬 없는 사람 누군가 부질없이 낙심 말고 기도드려 아뢰세 이런 진실하신 친구 찾아볼 수 있을까 우리 약함 아시오니 어찌 아니 아뢸까

　3절. 근심 걱정 무거운 짐 아니 진 자 누군가 피난처는 우리 예수 주께 기도드리세 세상 친구 멸시하고 너를 조롱하여도 예수 품에 안기어서 참된 위로 받겠네. 아멘 까지 불러주었습니다.

　그 찬양을 들으니까 가슴이 시원하고 정말 날아갈 것 같았습니다. 그래서 이것이 찬송인가 복음송인가 하여 찾아서 자랑을 하려고 우선 찬송가부터 들고 찾았습니다. 1장부터 한 구절 한 구절 읽으면서 찾아갔습니다. 그러다 마침내 찾아냈습니다. 통일 찬송가 487장(새369장) 죄 짐 맡은 우리 구주였습니다. 찬송을 읽어보고 부르고 읽어보고 부르니까, 결론이 내가 전부다 하려니까 힘이 드는 것이었습니다.

　그래서 이제 동행하시는 주님에게 맡기고 열심히 전도하고 치유받고 능력받자 하나님이 나와 함께 하시면서 찬양으로 위로를 해주니 얼마나 감사합니까? 그런데 한편으로는 하나님의 사랑을 깨닫게 되었습니다. 저는 하지 못한다고 때를 쓰는데 저 같으면 발길질을 하면서 "너 같은 놈 없어도 내일 할 수 있다, 네 마음대로 해라"하겠습니다만 하나님은 위로하여 주셨습니다. 정말 주님의 마

음은 깊고도 넓습니다.

일곱째, 환란과 고통을 예고하는 꿈. 필자의 교회에서 있었던 이야기입니다. 권사님이 꿈을 꾸셨는데 교통사고로 죽은 딸이 검정 드레스를 입고 나타났습니다. 그래서 너무 반가워서 끌어 앉아 습니다. 그러자 없어졌습니다. 아침에 일어나니 온몸이 수시고 아프고 목도 아프고 열도 심해서 도저히 교회를 오시지 못한다고 전화가 왔습니다. 그래서 제가 예감이 좋지 못하여 집에 먼저 가서 초인종을 눌렀습니다.

누구세요. 예, 목사입니다. 문이 열려있습니다. 해서 문을 열고 안을 들여다보니 영락없이 마귀할멈의 형상을 하고 저를 바라보았습니다. 그래서 들어가서 일단 안수를 했습니다. 그리고 호통을 쳤습니다. 그렇게 꿈에도 영적전쟁을 하라고 당부했는데 왜 죽은 사람이 꿈에 나타났는데 안았습니까? 목사님 우리 딸은 예수 믿고 죽었습니다. 아니 예수 믿고 죽었으면 천국에 가있는데 어떻게 옵니까? 천국에서 외출증 끊어주어서 옵니까?

다음부터는 절대로 그렇게 끌어안지 말고 대적하여 몰아내세요. 오후가 가서 심방하며 축사를 했더니 감기몸살이 떠나가고 건강을 회복했습니다. 타락한 천사들이 집안 식구로 가장하여 옵니다. 왜요, 환영받으려고 그러는 것입니다.

인천에 사시는 60대 중반의 사모님의 이야기입니다. 이 사모님의 어머니는 중풍으로 3년 전에 세상을 떠났답니다. 그런데 꿈에 나타난 것입니다. 새벽 3시에서 4시경이 되었는데 친정어머니가

다리를 절뚝거리면서 문을 열고 방안으로 들어오는 것입니다. 그래서 이 사모님이 야~ 이 더러운 귀신아! 여기가 어디인데 들어오려고 하느냐! "내가 예수이름으로 명하노니 나의 집에서 나가라! 나가! 나가! 나가!" 했더니 '갈게! 갈게! 갈게!' 하더니 나가더랍니다. 그런데 새벽 6시가 조금 넘어서 전화가 왔는데 자기 여동생이 중풍이 걸려서 병원에 입원했다는 것입니다. 이 사모님이 알고 몰아내자 동생에게 간 것입니다.

여덟째, 꿈을 해석하는 방법. 전북 지방에서 목회하시는 목사님이 성도가 꾼 꿈에 대해서 저에게 상담한 예입니다. 돌아가신 친정 어머니가 꿈에 보이면 그 날은 몸도 아프고 여러 가지로 좋지 못한 일이 일어납니다. 아들이 군에 갔는데 아들에게 할머니가 가끔 꿈에 나타나면 좋지 못한 일이 생긴다고 합니다. 그래서 교회에 가서 축귀를 하면 한 삼일은 잘지나가다가 다시 꿈에 보여 그런 경우가 생기는 데 어떻게 해야 하는가? 하고 저에게 질문을 하셨습니다.

1)먼저 죽은 사람이 꿈에 나타난다. 이것부터 영적으로 이해를 해야 합니다. 죽은 사람은 지옥에 가있습니다. 고로 나타날 수가 없습니다. 고로 죽은 어머니의 형상을 가지고 꿈에 나타난 타락한 천사입니다. 왜 가장하고 나타나는 가? 미혹하여 환영을 받으려고 그렇습니다. 제가 지금까지 많은 분들의 꿈에 대해서 상담을 한 결과 죽은 사람이 나타난 후부터 가정에 좋지 못한 일이나 질병이 생겼다고 대답을 했습니다.

2)이 꿈에서 생각할 수 있는 영적인 문제. 꿈에 나타나는 친정어머니가 가지고 살다가 고생하던 모든 문제가 이 성도에게 왔다고

봐야 정확하게 문제를 해결하고 치유할 수 있습니다. 상처의 문제. 부부의 문제. 질병의 문제. 재정에 관련된 문제. 영적인 문제. 정신적인 문제. 자녀들의 문제로서 육체적, 정신적, 환경적, 부모와의 관계성의 문제 등입니다. 이 모든 문제가 이 성도에게 왔습니다. 인정하는 것이 치유를 위한 지름길입니다. 이것을 이해시키고 치유를 해야 합니다.

치유는 가족 전원이 함께 하는 것이 효과적입니다. 먼저는 내적 치유를 해야 합니다. 부모의 상처가 자손에게 전이 됩니다. 어머니부터 치유를 해야 합니다. 다음에 자녀들을 치유해야합니다. 집안 사정이 되면 어머니와 자녀들을 동시에 해도 됩니다.

영적인 문제를 해결해야 합니다. 죄악을 회개하고, 절단하고, 몰아내야 합니다. 그리고 질병을 치유합니다. 이것도 악 영의 저주를 절단하고 몰아내야 합니다. 지속적인 영적 전쟁과 축귀를 해야 합니다. 치유 후에 영적인 관리가 더 중요합니다. 치유 받고 나아져서 영적인 치유를 그만두면 더 심해질 수가 있습니다.

꿈에 나타나면 꿈에서도 강하게 거부하고 몰아내야 합니다. 아침에 일어나서 축사를 해야 됩니다. 아니면 목회자의 도움을 받으면 더욱 좋습니다. 꿈을 꾼 다음날 바로 내적 치유와 축사를 받아야 효과적입니다. 제가 지금까지 치유사역하며 임상적으로 경험한 바로는 많은 성도들이 꿈에 죽은 사람이 나타난 후 질병과 환란으로 고생하는 경우를 많이 보았습니다. 더 자세한 것은 "꿈 환상 해석통한 상담과 치유비결"을 읽어보시기를 바랍니다.

20장 환상 속에서 하나님과 대화하며 음성듣기

(행2:17)"하나님이 말씀하시기를 말세에 내가 내 영을 모든 육체에 부어 주리니 너희의 자녀들은 예언할 것이요, 너희의 젊은이들은 환상을 보고 너희의 늙은이들은 꿈을 꾸리라"

하나님이 우리에게 말씀하시는 여러 가지 방법 가운데 환상으로 말씀하시는 방법이 있습니다. 구약에서는 에스겔 선지자가 이런 방법을 통해서 하나님의 말씀을 받았고 신약에서는 요한 사도가 계시록을 이 방법을 통해서 받았습니다.

환상을 성경은 묵시라는 말로 표현하고 있습니다. 묵시라는 말을 헬라어로 '아포칼립스'라고 하는데 이 말의 뜻은 '커튼을 연다.'는 뜻으로 쓰이는 말입니다. 닫혔던 것을 열어서 보여줄 때 사용하는 말입니다. 이 말을 우리말로 그대로 번역하여 계시(啓示)라고 씁니다. 눈을 열어서 보여준다는 뜻입니다. 환상은 '환타시'라는 말인데 황홀경을 의미하기도 합니다. 그렇게 부른 까닭은 보이는 이미지가 세상에서 볼 수 없는 이상한 것들이 많기 때문입니다. 상상 속에서나 볼 수 있는 실존하지 않는 이미지들이 많이 등장하기 때문에 환상이라는 말을 사용하였습니다.

그러나 이 말은 그 보이는 이미지에 초점을 맞춘 것이고 사실 그보다는 하나님이 환상을 보여주시는 뜻을 더 중요하게 생각하여 표현한계시라는 말이 올바른 표현일 것입니다. 계시는 신약에서 사용한 것이고 구약은 묵시(默示)라고 적고 있습니다. 영어 성경은 이 말을 'dark saying'이라고 표현하기도 합니다. 묵시라고 표현하는 데는 그 의미를 알기가 쉽지 않기 때문이지요. 의미를 해석하는데서 오는 어려움에 더 비중을 두어서 표현한 것입니다.

첫째, 하나님은 환상으로 뜻을 알게 한다. 표현하는 사람의 관점이 어디에 있느냐에 따라서 묵시, 계시, 환상 등으로 사용하고 있는 것입니다. 하나님이 환상을 사용하시는 까닭은 주로 미래와 연관되어 있다는 것입니다. 장차 되어 질 일에 대해서 하나님은 환상으로 말씀하시고 계시는 것입니다. 환상이라는 말로 주로 번역되는 영어의 vision은 미래와 연관되어 사용하는 말입니다. 이 말처럼 환상은 미래에 속한 내용을 다룰 때 사용되는 것입니다.

오늘날 우리가 일반적으로 보는 환상 역시 미래와 연관이 있는 것일까요? 신약에서 요한 계시록이 우리의 미래에 대한 마지막 계시입니다. 그러나 이는 정경일 뿐이며, 성령은 지금도 우리 개인에게 성경말씀 안에서 미래에 대한 계시를 계속하시고 계십니다. 하나님의 말씀은 정경으로서는 이미 완결되었지만, 각 성도들을 인도하시기 위해서 오늘날도 말씀이 여전히 주어지고 있다는 점에서 볼 때, 미래에 대한 계시도 정경의 차원이 아니라, 인도하심의 수단으로 주어진다고 보아야 할 것입니다.

모든 인류에게 시대를 막론하고 적용되는 정경으로서의 계시는 이미 완결되었기 때문에 더 이상의 그런 계시는 없습니다. 그러므로 93년에 일어났던 시한부 종말론 자들이 보았다고 하는 계시는 거짓말이었습니다. 그런 계시는 전 인류에게 적용되는 것이기 때문에 그런 계시는 이미 요한 사도를 마지막으로 끝난 것입니다. 전 인류에게 적용되는 계시는 성경에서 찾아야 합니다. 오늘날 우리에게 주어지는 환상은 집단적으로 또는 개인적으로 그리고 단일한 세대를 위해서 장차 될 일에 대한 인도하심이며 준비케 하려는 것입니다. 그런데 왜 말씀으로 하시지 않고 계시로 보여주시는 것일까요?

환상은 그 상징이 매우 복잡하고 이해하기 어렵습니다. 우리가 알아들을 수 있는 말씀으로 하시면 쉽게 알아듣고 제대로 준비할 수 있겠는데, 알기 어려운 환상으로 말씀하시는 까닭이 무엇일까요? 미래에 관한 일을 환상으로 보여주시는 이유는 그 내용이 단순하지 않기 때문입니다. 미래의 일은 현재 이루어질 것이 아닙니다. 미래에 될 일이기 때문에 장차 이루어질 일에 대해서 현재의 시각이나 관념으로 이해하는 것은 고정관념에 사로잡힐 가능성이 높습니다. 우리는 기록된 성경을 성령으로 끊임없이 재해석하고 적용해야 합니다. 과거에 유명한 성경해석 학자가 해석한 것이라 할지라도 세월이 지나면 그 해석에 문제가 생깁니다. 그래서 다시 해석하고 시대의 가치관에 맞도록 수정해야 합니다. 그런데 이것이 쉽지 않습니다. 과거의 내용이 올바르다고 주장하고 새로운 해석을 거부하거나 이단이라고 몰아붙이는 사람들이 있습니다. 그래서 새로운 해석이 자리를 잡기까지 많은 진통을 거치게 됩니다.

이처럼 언어로 기록된 성경도 시대가 변함에 따라 새로운 해석을 필요로 합니다. 그리고 새로운 해석을 받아들이기가 쉽지 않습니다. 그런 의미에서 환상은 새로운 해석을 받아들이는 것이 비교적 용이합니다. 왜냐하면 이미지에 대한 정답이 없기 때문입니다. 이미지는 말과는 달라서 어떤 고정된 관념에 묶어두기가 쉽지 않습니다. 환상에 등장하는 이미지는 우리의 현실에서 볼 수 없는 것들을 포함하므로 그 이미지가 우리의 고정 관념에서 벗어날 수 있는 것입니다. 그러므로 인간의 고정관념에서 다소 벗어나 자유로운 상태에 있을 수 있는 것입니다.

이미지를 절대적으로 해석할 수 있는 사람은 이 세상에 아무도 없는 것입니다. 그 시대의 사람들이 함께 인정하는 최대 공약수적인 개념으로 받아들여지는 것입니다. 이 개념은 상황이 변하면 언제든지 그 해석이 변할 수 있다는 점을 먼저 전제하고 하는 것이기 때문에 재해석의 여지를 남겨두고 있는 것입니다. 미래에 관한 일은 그 일이 언제 될지 아무도 모릅니다. 그러므로 지금의 관념으로 해석을 확정하는 일이 사실상 불가능합니다. 그러므로 지금 시대에 형성된 개념인 언어를 사용하여 그 의미를 고정한다면 그 뜻이 제대로 전달될 수 없기 때문에 환상이라는 이미지를 사용하셔서 말씀하시는 것입니다. 이런 이미지를 사용하시는 것은 그 때가 이르렀을 때 그 이미지가 의미하는 바가 확연히 드러나고 그렇게 되었을 때 이루어지는 일들이 하나님이 미리 말씀하시고 하시는 것이라는 확증을 얻게 하려는 것입니다.

말씀으로 기록된 성경은 그 말씀이 주어졌을 때 그 당시 확정된 개념을 이해해야 그 말이 뜻하는 바를 정확히 알 수 있지요. 그래서 성경학자들은 성경에 사용된 어휘가 당시에 어떤 의미로 확정되어 있었는지를 밝히려고 애쓰고 있지 않습니까? 당시의 일반적으로 통용되던 개념과 지금 우리 시대의 개념이 차이가 있기 때문에 말씀이 주어질 당시의 의미와 다를 수 있다는 점 때문에 애써서 연구합니다. 그러나 상징은 이런 염려가 없는 것입니다. 가까운 장래이든 먼 장래이든 상관없이 미래에 관한 계시는 그 이미지를 지금 확증하게 하기 보다는 장차 그 일이 될 때 그 일을 하나님의 일로 받아들이게 하기 위함입니다. 미래의 일을 다루는 꿈 역시 환상과 마찬 가지로 현재로서는 해석하기가 쉽지 않은 까닭이 여기에 있는 것입니다.

환상은 꿈과 같이 '지시하심' '인도하심' '경고하심' 의 내용을 지니고 있습니다. 이런 의도로 주어지는 환상은 그 이미지가 단순하고 현재적입니다. 그러므로 해석하는데 별로 어려움이 없지요. 그런데 장차 되어 질 일에 관한 환상은 이미지가 매우 복잡하고 현실에서 볼 수 없는 것들을 사용하십니다. 매우 추상적이고 상상 속에서나 나올 수 있는 모호한 이미지가 등장하는 환상은 미래와 연관된 것입니다. 우리는 누구나 이런 환상을 볼 수 있습니다. 앞에서 설명하였지만 미래에 관한 환상은 해석을 위한 것이 아닙니다. 미래에 관한 환상 가운데 해석이 가능한 것이 있습니다. 이것은 계시로서의 환상이 아니라, 지시하심으로서의 환상인 것이지요. 조만간에 될 일에 대해서 현명하게 대비하고 준비하게 하시기 위함입니다. 이런 일은 우리를 온전하게 인도하시고자 하는 성령님의 뜻이 반영되는 것입니다.

그러나 하나님의 주권적인 역사하심을 이루어가는 것을 내용으로 하는 환상은 그 일이 이루어질 때까지 환상을 받은 사람은 물론, 이와 연관되었다고 판단되는 개인 또는 집단이 그 이미지를 계속 연구하고, 재해석하게 하기 위해서 주어지는 것입니다. 즉 그 말씀을 간직하고 상황을 면밀하게 살피게 하려는 의도가 있는 것입니다. 시간이 흘러가면서 환상의 의미는 여러 가지로 재해석을 거치게 됩니다. 상황에 따라서 계속 판단을 수정해야 하는 것입니다. 처음에는 이렇게 생각되었던 것이 시간이 지나면서 그 판단이 옳지 않다고 생각되어 수정하게 됩니다. 이렇게 계속 판단을 수정하면서 그 이미지를 새롭게 해석하고 적용하게 되면서 점차로 그 이미지가 적용을 위한 것이 아니라, 말씀을 간직하고 지켜보아야 할 것이라는 사실을 깨닫게 되는 것입니다.

우리가 오늘날 보는 환상은 여러 부분에서 꿈과 흡사하지만 몇 가지 부분에서는 꿈과 전혀 다른 의미를 가지고 있습니다. 꿈은 우리의 정신작용(무의식의 영역)으로 말미암아 꾸는 경우가 많습니다. 즉 치유적인 의미가 있습니다. 그러나 환상은 이런 작용이 거의 없습니다. 꿈은 의식 상태에서는 꿀 수 없습니다. 그러나 환상은 분명한 의식을 가지고 있는 상태에서 볼 수 있다는 점이 다릅니다(간혹 비몽사몽의 상태에 빠지게 하기도 합니다). 백일몽이라고 해서 의식이 있는 상태에서 꿈을 꾼다고 생각하지만, 이것은 환상을 꿈으로 착각하여 붙인 이름이라고 봅니다.

의식이 있는 상태에서 보이는 꿈과 동일한 환상을 'mobile vision'이라고 합니다. 마치 동영상을 보는 것과 같습니다. 에스겔 선지자가 이런 동환 상을 보았습니다. 오늘날에는 흔하지 않지만 중대한 내용을 가지고 있는 경우, 이런 움직이는 환상을 볼 수 있습니다. 이 환상은 일반인들은 거의 경험할 수 없지만, 예언자나 선지자의 소명을 받은 일부 전문 사역자는 이런 환상을 보게 됩니다. 더 상세한 것은 "영안을 밝게 여는 비결"을 참고하세요.

둘째, 귀신이 보여주는 환상도 있다. 환상은 자신의 정신 작용과는 상관이 별로 없지만 우리가 경계해야 할 것이 바로 마귀의 속임수입니다. 93년에 시한부 종말론을 주장한 많은 사람들이 이 마귀가 보여주는 거짓 환상에 속아서 물의를 만들어냈습니다. 많은 목회자들까지 분별없이 이 속임에 놀아났던 사실이 있습니다. 악령으로부터 오는 환상은 그 출처에 따라 다르게 나타납니다. 악령에는 우두머리 사단과 그의 졸개인 마귀와 귀신이 있습니다. 마귀는 사람에게 영향을 주는 존재이고 귀신은 사람의 육신을 점령하여 그를 사용하는 영적 존재입니다. 마귀는 귀신보다 한 단계 위에 위치하므로 그 힘이 대단합니다. 우리는 수시로 마귀의 영향을 받을 수 있습니다. 그러므로 깨어있지 않으면 언제 속아서 마귀의 수족 노릇을 하게 될지 모릅니다.

마귀가 보여주는 환상은 하나님의 환상과 거의 차이가 없습니다. 오로지 그 내용이 다를 뿐입니다. 마귀의 특성을 이해하지 못하면 우리는 마귀의 속임수에 걸리게 됩니다. 그런데 그 특성의 차이가 미묘해서 쉽게 구별이 되지 않는 경우가 많습니다. 진품과 모조품이 있는데 어떤 모조품은 전문가가 아니면 거의 식별이 불가능할 정도로 정교한 위작들이 많지 않습니까? 이처럼 가짜인 마귀의 환상이 너무 정교해서 식별이 쉽지 않은 경우가 많습니다. 그래서 전문 사역자들도 속아 넘어가는 경우가 더러 있습니다. 마귀의 일을 살피는 가장 중요한 초점은 자신을 돌아보는 것입니다. 하나님의 뜻대로 살지 않으면 우리는 항상 마귀의 올무에 걸릴 위험이 있다는 것입니다. 성령 충만한 삶을 살지 않으면 마귀의 올무에 걸리게 됩니다.

하나님에게 순종하지 못하고 죄를 범한 경우 성령님은 우리의 양심에 부담을 주어 회개할 것을 촉구합니다. 그런데 자꾸 미루고 회개하지 않으면 마귀는 이 기회를 이용해서 그 사람에게 자신이 한 일이 잘한 일인 것처럼 여기도록 거짓 환상을 보여줍니다. 회개하지 않아도 하나님이 여전히 자신을 사랑하고 있다고 믿게 하는 내용의 환상을 보여주어 회개하기 싫어하는 마음을 정당하게 생각하게 만드는 것입니다. 이와 같이 성령의 요구하심에 대해서 반대되는 것들을 보여주심으로써 그에게 더 많은 죄를 짓도록 만들어 하나님의 은혜에서 멀어지게 하는 것입니다. 마귀로부터 오는 환상을 받아들이면 그 결과는 주님과 멀어지고 교만해지며 주님에게 불순종하게 됩니다.

귀신은 마귀와는 달리 그 사람의 몸에 침투하고 점령하여 그 속에 거하는 것이 목적입니다. 그러므로 귀신이 보여주는 환상은 그 내용이 매우 추악합니다. 자살하는 장면을 자꾸 보여주어 자살에 대해 거부감이 사라지게 되어 자살하게 만들거나, 음란한 장면을 보여주어 성적으로 타락하게 만들거나, 폭력적인 장면을 보여주어 폭력에 시달리게 하거나, 위협적인 장면을 보여주어 공포에 떨게 하여 우울증에 빠지게 하고, 이런 과정을 계속 반복하여 심신이 허약하게 만들어 그 사람의 몸에 침투하게 됩니다. 깨달아 대적하고 몰아내지 않으면 귀신이 집을 지어갑니다.

귀신들리는 사람은 그 전조 단계로 환상을 집중적으로 보게 되고, 환청에 시달려 일상생활을 제대로 할 수 없게 됩니다. 잠을 못 이루게 하여 영과 육이 함께 지치게 합니다. 우리 주변에 이런 환상으로 시달리는 사람이 적지 않습니다. 매년 1만 명 이상이 정신질환으로 병원을 찾는데 병원을 찾지 않는 사람까지 포함하면 수만 명이 될 것입니다. 그리고 가벼운 우울증 즉 잠재적 정신질환 환자는 10만이 넘습니다. 무작위로 조사한 어떤 연구 결과를 보면 우리나라 성인의 20%가 우울증을 가지고 있다고 합니다. 이것은 잠재적으로 정신질환을 가지고 있고, 언제든지 병으로 발전할 여지를 가지고 있는 것입니다. 그 가운데 상당 부분은 귀신들림이 진행되고 있는 중이라고 보아야 할 것입니다.

마귀와 귀신이 주는 환상에 속아서는 안 됩니다. 귀신이 주는 환상은 병적이어서 이 부분에 대한 조그만 지식만 있어도 쉽게 구별이 됩니다. 거의 매일 환상을 본다면 이것은 귀신이 주는 것이거나 정신적 질환으로 인한 것입니다. 동일한 내용을 집중적으로 본다면 이 또한 귀신의 환상입니다. 당신들의 이웃이나 가까운 사람들 가운데 이런 사람이 있다면 주저 없이 귀신을 쫓아야 합니다.

환상을 보고 난 다음 무언가 석연치 않은 생각이 든다면 이것은 마귀로부터 온 것일 가능성이 있습니다. 내용이 성경과 배치된다면 마귀로부터 온 것입니다. 자기를 높이고 교만하게 만들고 죄를 정당하게 하는 유혹을 받게 만든다면 마귀로부터 온 것입니다. 그러나 마귀로부터 오는 환상은 그리 단순하게 구별되는 것이 아닙니다. 그래서 속는 것입니다. 처음에는 속았다가 그 사실을 곧 깨닫고 회개할 수 있다면 다행입니다. 마귀에게 계속 속으면서도 깨닫지 못한다면 그 사람은 어리석은 사람이 됩니다. 계속되는 마귀의 속임수에 속아 넘어가면 마침내는 마귀의 종이 되고 맙니다. 마귀의 시험을 당하면서 분별력이 생깁니다. 당하고 난 다음에야 마귀에게 당했다는 사실을 안다면 그래도 다행입니다. 이런 과정을 거쳐서 마귀의 속성을 알게 되고 마귀에게 속아 넘어가지 않는 기술을 익히게 되는 것입니다.

셋째, 환상으로 음성듣기 위한 훈련 방법. 우리가 성령으로 기도하며 환상을 보려고 훈련하는 것은 하나님의 영광을 위하여 하나님에게 초점을 맞추고 하는 것입니다. 우리가 환상을 보려면 깊은 영의 기도를 해야 하는데 기도는 기도하는 대상이 인격적인 하나님이며 하나님과의 일치와 연합이 목적입니다. 또 말씀을 매체로 죄와 허물을 비우는 것 뿐 아니라, 그리스도의 영인 성령으로 자신 안을 채우는 것입니다. 세상에서 하는 반면 참선은 비인격적인 무를 대상으로 명상이라는 방법을 통해 비움의 과정을 거쳐 무념무상에 이르는 것을 목표로 하는 것입니다. 사람이 무념무상에 이르므로 세상 악신이 그 사람을 장악하는 것입니다. 뉴에이지 운동입니다. 이를 구분할 줄 알고 설명할 줄 알아야 영안이 열리고 환상을 보는 성도가 되는 것입니다.

우리가 하려고 하는 깊은 기도로 다듬고 숙달되어진 환상을 보기 위한 영성훈련은 외부와 단절된 상태에서 은밀하고 조용하게 하나님의 만남을 통해서 영적인 교제를 나누어 인간의 내면의 영력 깊이까지 하나님의 생각과 마음과 뜻과 능력과 눈을 갖도록 훈련시키는 하나님의 능력이며, 겉 사람의 방해를 받지 않도록 마음의 기능을 절제시키고 영의 기능을 강화하는 집중 훈련입니다. 이 훈련은 초월명상이나 초능력 훈련과 유사한 점이 많아서 오해되어질 요소가 많습니다. 그러나 추구하는 대상이 자신이 아니라 하나님이며, 내 안에 성령을 채우기 위함이며, 항상 예수님의 이름을 부르면서 하기 때문에 그 목적이 인간적인 욕망을 이루기 위함이 아니라 하나님의 뜻을 알고 순종하는데 있는 것입니다. 이점을 바르게 이해하시고 오해가 없으시기를 바랍니다.

1방법: 집에서 여기 오는 과정과 다시 집으로 돌아가서 하는 과정을 보는 훈련.

2방법: 나무를 가지고 사철 변화하는 모습을 보면서 상상훈련

3방법: 예수님이 십자가에 달리셔서 고통 받는 모습을 마음으로 영상을 그리면서 영상기도.

4방법: 성경 본문을 선택하여 앞의 3방법 같이 훈련, 영상으로 보면서 기도.

5방법: 성령의 임재가 충만한 상태에서 눈을 감고 사람 이름을 적어 놓고 글을 써가면서 심령을 읽는 훈련 등등이 있을 수 있습니다.

넷째, 환상으로 보이는 영물들의 해석. 제가 지금까지 다른 그

리스도인을 대상으로 기도할 때 보이는 영물들의 형상은 이렇습니다. 잘 이해하시고 영물을 보려는 데 집착하는 일이 없으시기를 바랍니다. 호랑이를 생각하면 호랑이가 나타난다는 말이 있습니다. 너무나 영물을 보려고 하면 잘 못된 것들을 보아 자신이 정신적으로 이상한 사람이 될 수가 있습니다. 주의해야 합니다. 그리고 제가 이렇게 본 것은 안수할 때 순간순간 보여준 것을 정리한 것입니다. 저는 그 외에 세상을 살면서 일상적인 생활할 때는 아무것도 모이지 않습니다. 절대로 사역을 하지 않을 때는 아무것도 보이지 않고 정상적인 사람과 사물로 보입니다.

그 사람에게 들려주시는 하나님의 음성을 듣거나 치유를 하려고 안수를 하다가 보면 개가 보일 때가 있습니다. 이는 음란이나 혈기 귀신으로 분별할 수가 있습니다. 사나운 개로 보이는 경우는 대개 혈기가 많은 사람입니다. 제가 몇 년 전에 안수를 하는데 갑자기 목에 상처가 있고 사나운 이빨을 보이는 개가 탁 나타났습니다. 그래서 순간 "예수 이름으로 명하노니 이 더러운 혈기 귀신은 떠나갈지어다. 하고 대적기도를 하니 한 참 발작을 하다가 자기 옷을 찢고 악을 쓰고 심한 욕설을 하면서 떠나갔습니다.

안수를 마치고 그분에게 질문을 했습니다. 혹시 혈기 때문에 고생하고 있지는 않습니까? 했더니 부인되는 집사님이 목사님 말도 마십시오. 이 양반 혈기는 집안사람들이 알아주는 혈기입니다. 여기에 치유 받으러 온 이유도 성령으로 내적치유를 받으면 혈기가 떠난다고 해서 직장 휴가를 내어 왔습니다. 그 후로 부인 집사님이 계속 다니면서 치유를 받았습니다.

부인 집사에게 물어보았습니다. 요즈음도 남편이 혈기가 심합니까? 하고 질문을 했더니, 여기 다녀오고 나서 혈기가 많이 없어졌습니다. 그래서 남편 하는 말이 다음에 한 번 더 휴가를 내어 오겠다고 합니다. 음란의 영이 있는 사람은 염소나 토끼로 보이는 경우도 있습니다. 얼마 전에 어느 집사님이 남편을 데리고 왔습니다. 그래서 말씀을 전하고 안수 사역을 했습니다. 점심시간에 헌금 봉투가 올라온 것을 보니까, 자기 남편이 외도를 잘하는 음란의 영에 끌려 다니니 비밀리에 안수를 해달라는 것입니다. 그래 안수기도 시간에 머리에 손을 대고 성령이여 임하소서. 성령이여. 사로잡아 주시옵소서. 하고 조그마한 방언 소리로 음란의 영은 정체를 밝힐지어다. 하고 명령을 하니까, 순간 저의 눈에 염소가 보이는 것입니다. 예수 이름으로 명하노니 이 분을 괴롭히는 더러운 영은 떠나갈지어다. 하고 명령을 하니 기침과 발작을 하면서 떠나갔습니다. 이분이 몇 번 더 찾아 오셔서 치유를 받았습니다.

그리고 부인이야기로는 바람기가 사라졌다는 것입니다. 저는 이분이 참 지혜로운 여인이라고 생각했습니다. 우리는 사람을 미워하지 말아야 합니다. 그 사람을 그렇게 하도록 끌고 다니는 악귀를 축사해야 합니다. 자기 자랑이 많고 교만한 사람은 공작으로 보이기도 합니다.

문제가 있고 목사님의 심기를 불편하게 잘하는 성도는 뿔 달린 양으로 보이기도 합니다. 이런 분들은 안수를 자꾸 받으면 악귀가 떠나갑니다. 그래서 순종을 잘하는 소로 변합니다. 교회에서 순종을 잘하는 사람을 안수하면 소로 보이는 경우가 있습니다.

얼마 전에 어느 목사님에게 전화가 왔습니다. 자기가 새벽기도 하다가 환상을 보았는데 자기 교회에 양은 몇 마리가 안 되고 소가 너무나 많아서 걱정이 되어 전화를 했다는 것입니다. 그래서 왜 소가 많이 있는 것이 걱정이 됩니까? 그랬더니 옛날에 자기 어렸을 때 어르신들이 소는 조상이라고 해서 걱정이 되었다는 것입니다. 그래서 목사님 좋겠습니다. 소와 같이 순종하는 성도가 그렇게 많으니 말입니다. 목사님 성경적으로 해석을 하면 소는 순종을 잘하는 성도입니다. 그랬더니 막 웃는 것이었습니다. 사명이 있는 사람은 가슴에 십자가가 보입니다. 영적인 게으름이 있는 사람은 거북이로 보입니다. 혈기가 심한 사람은 호랑이로 보입니다. 조상이 불교에 심취되었거나 자기가 불교 신자였다면 불교 상징물로 보입니다. 중으로 보이기도 합니다. 이는 불교의 영이 아직도 자리하고 있다는 것입니다. 조상이 무당을 했거나 자신이 무당과 접촉을 했다는 무속 상징물과 무당이 굿거리를 하는 것으로 보입니다. 이는 무속의 영의 영향을 받고 있다는 것입니다. 무속의 영을 축사해야 합니다.

기도하는 중에나 꿈에 죽은 조상들이 보이는 것은 가문에 혈통을 타고 흐르는 마귀의 저주가 있다는 것입니다. 찾아서 죄악을 회개하고 대물림의 줄을 끊고 축사해야 합니다. 그리고 축복해야 합니다.

여우로 보이는 경우는 사기를 잘 치거나 남을 잘 속이는 귀신이 있다는 것입니다. 새로 보이는 것은 속살거리는 영이 있다는 것입니다. 양으로 보이는 경우는 영적으로 보살펴야 하는 믿음이 약한 성도입니다. 물고기는 성도를 말하는 것입니다.

물이나 생수로 보이는 경우는 성령 충만 정도를 말합니다. 물이 깨끗하다면 영이 깨끗한 것입니다. 흐리다면 정화가 필요한 것입니다. 깨끗한 강물에 빠졌다면 성령의 강수에 빠진 것입니다. 아주 좋은 것입니다. 변이나 불결한 것들은 더러움과 죄악 회개거리입니다.

안수할 때 돼지로 보이는 사람이 있습니다. 이는 탐욕이 많은 사람입니다. 안수할 때 돼지 소리를 하면서 떠나기도 합니다. 금이나 은은 믿음의 정도를 나타냅니다. 안수기도 할 때 더러운 물에 빠져 있는 환상이 보이는 사람은 회개거리가 많은 사람입니다. 이외에도 많은 것들이 있으나 제가 특별이 인상에 남는 것만 기록한 것이나 그냥 참고만하기를 바랍니다. 절대로 교리가 아니고 저의 임상적인 체험에 불과한 것들입니다. 그냥 그렇구나 하고 알고 계시기를 바랍니다.

5부 하나님과 친밀하게 대화하고 음성듣기

21장 대화하며 응답받아 문제 해결하는 비결

(행 16:6-10)"성령이 아시아에서 말씀을 전하지 못하게 하시거늘 그들이 브루기아와 갈라디아 땅으로 다녀가 무시아 앞에 이르러 비두니아로 가고자 애쓰되 예수의 영이 허락하지 아니하시는지라. 무시아를 지나 드로아로 내려갔는데 밤에 환상이 바울에게 보이니 마게도냐 사람 하나가 서서 그에게 청하여 이르되 마게도냐로 건너와서 우리를 도우라 하거늘 바울이 그 환상을 보았을 때 우리가 곧 마게도냐로 떠나기를 힘쓰니 이는 하나님이 저 사람들에게 복음을 전하라고 우리를 부르신 줄로 인정함이러라"

주님을 믿는 모든 사람들은 다 그의 생활에 성령님의 인도를 받기를 간절히 사모합니다. 그러나 그 방법을 몰라서 애를 태웁니다. 성령님의 인도하심은 한두 가지 결정적인 방법으로 하시는 것이 아니기 때문에 쉽게 이 방법으로 하라 저 방법으로 하라고 말할 수 없기 때문인 것입니다. 여러 가지 방법으로 주님 뜻대로 인도하시는데 그 여러 가지 방법을 한번 알아보고자 하는 것입니다.

사도행전 9장 3-20절에 기록된 성령의 인도와 역사입니다. 사울은 나중에 바울이 되었지만 그는 예수그리스도를 미워하고 기독교회를 훼파했었습니다. 가는 곳마다 교인들을 잡아 감옥에 넣고 채

찍으로 때리고 스데반이 죽을 때 증인으로 서있었습니다. 그는 예루살렘에서 대제사장으로부터 허가를 받아서 시리아의 땅 다메섹으로 피난간 신자들을 모조리 잡아끌고 와서 감옥에 넣고 형벌하기 위해서 그는 군졸들을 데리고 시리아로 갔습니다. 다메섹으로 가는 길에서 바로 다메섹 성이 눈앞에 보입니다. 그런데 여러분, 시리아의 햇볕은 마치 소나기처럼 쏟아진다고 했었습니다. 공기와 습기가 없고 맑기 때문에 소낙비처럼 햇살이 비춰 내려옵니다.

그런데 갑자기 대낮에 햇빛보다 더 밝은 빛이 하늘에서 비치므로 모든 사람들이 놀라서 땅에 엎드렸습니다. 사울도 말에서 떨어져서 땅에 엎드렸습니다. 그러자 하늘에서 소리가 났습니다. '사울아, 사울아 네가 왜 나를 핍박하느냐?'그는 엎드려서 말했습니다. '주여! 뉘시오니까?' '나는 네가 핍박하는 예수라' 깜짝 놀랐습니다. 자기는 하나님 일한다고 해서 기독교회를 훼파하고 교인들을 죽였는데 바로 그 훼파하는 기독교회의 주인인 예수가 하나님이라는 것을 깨달았습니다.

그는 일어나 보니 눈이 장님이 된지라 사람들에게 끌려서 다메섹에 들어가서 사흘 낮, 사흘 밤을 금식하면서 회개하고 부르짖었습니다. 그러자 하나님의 영광이 임하시기 시작한 것입니다. 하나님께서 아나니아라는 사람에게 나타났습니다. 그리고 말씀하기를 '아나니아야, 사울이라는 사람에게 찾아가서 안수하여 보게 하고 성령으로 충만함 받게 하라'고 했었습니다. 아나니아가 말했습니다. '그 사람은 예루살렘에서도 많은 교인들을 죽이고 감옥에 가둬놓고 교회를 훼파했습니다. 이 자리에도 예수 교인을 잡으러 왔는데요' '그렇지 않다. 그 사람은 내가 택한 그릇이다. 나를 위해서 많은 어려움을 당하게 될 것이다. 직가라 하는 곳에 가서 사울을 찾아서 기도해 주어라'

그래서 아나니아가 사울에게 찾아와서 네가 길에서 올 때 만난 그 예수가 나를 보내서 왔다 하고 사울에게 안수하고 사울에게 성령으로 충만하게 하자 눈에서 비늘 같은 것이 떨어져서 눈이 보이게 되고 그는 성령으로 충만함 받고 사울이 바울로서 이름을 바꾸고 그는 그 때로부터 일어나서 기독교 역사상 최대의 사도가 되어서 천하에 복음이 전파되는데 가장 큰 기여를 한 분이 된 것입니다. 바로 이는 성령으로 충만함 받고 난 다음부터 그의 생애 속에 의심은 다 사라지고 믿음, 소망, 사랑이 충만해서 마지막 로마에서 목이 베어질 때까지 복음을 증거한 것입니다.

사도행전 10장 1-31절까지 기록된 성령의 인도와 역사입니다. 고넬료는 이탈리아 사람이었습니다. 이탈리아의 육군대위였었습니다. 그는 유대인이 아니었습니다. 그럼에도 불구하고 그는 구제를 많이 하고 하나님께 기도를 많이 했는데 오후 3시에 간절히 기도하니까 갑자기 천사가 그 앞에 나타났었습니다. '고넬료아, 고넬료아'하매 깜짝 놀라서 소스라쳐 쳐다보니까 '네 구제와 기도가 하늘에 상달되었다. 욥바에 사람을 보내서 베드로라는 사람을 청하라. 그가 구원에 대한 말을 해줄 것이다.' 원래 고넬료는 그 식구들과 함께 기도를 많이 했었습니다.

그래서 베드로가 오기 전까지 온 친지들을 모아 놓고 간절히 기도하고 있는데 베드로가 와서 하나님의 말씀을 증거 합니다. 모세의 율법으로도 의롭다 함을 받지 못한 사람이 예수를 믿으면 그 피로 말미암아 죄 사함을 받고 의롭게 된다는 설교를 하자 그것을 믿고 그것을 믿자 말자 성령이 하늘에서 임하신 것입니다. 그래서 고넬료와 그 가족들이 다 성령의 충만함을 받고 하나님을 높이며 방언을 말하고 역사가 일어났습니다.

그 결과 고넬료 같은 이탈리아 사람이 군대 복무를 마치고 로마로 돌아가서 얼마나 열심히 전도했던지 주후 300년 만에 로마가 거꾸러져 예수를 믿고 그 당시 온 구라파가 주 예수께로 돌아오게 된 것입니다. 고넬료와 같은 이러한 군인이 정말 성령의 충만함을 받고 하나님의 능력으로 로마의 고향 땅에 돌아가서 열심히 하나님의 능력을 전도했기 때문에 여러분, 로마가 온통 예수를 믿고 나온 역사가 일어날 수 있었던 것입니다.

이러므로 아무리 종교를 가졌다고 해도 성령의 능력을 받지 아니하면 종교는 아무런 힘도 없습니다. 의식적인 형식적인 신앙을 아무리 가졌다고 해도 그것이 자신과 다른 사람을 구원할 능력도 없는 것입니다. 이러므로 주께서는 예루살렘을 떠나지 말고 아버지의 약속하신 것을 기다리라. 요한은 물로 세례를 베풀었거니와 너희는 몇 날이 못 되어 성령으로 세례를 받으리라고 말씀하신 것입니다. 그러므로 성령세례 받지 아니한 사람은 성령 받기를 간절히 사모해야 될 것입니다.

사도행전 14장 8-10절에 기록된 성령의 인도로 바울이 나면서부터 앉은뱅이를 구원한 성령의 역사입니다. 바울과 바나바가 루스드라 전도에서 있었던 일입니다. 짐작키는 루스드라에는 회당이 없었던 모양입니다. 바울이 회당에서 전도했다는 얘기는 없지 않습니까? "루스드라에 발을 쓰지 못하는 한 사람이 앉아 있는데 나면서 걷지 못하게 되어 걸어 본 적이 없는 자라"(행14:8절). 오늘 사건의 한가운데 등장하는 사람이 있습니다. 나면서 걷지 못하게 되어 걸어 본 적이 없는 사람입니다.

세 가지로 설명하고 있습니다. 첫째로, 이 사람은 발을 쓰지 못하는 지체장애인이었습니다. 둘째로, 이 사람은 나면서부터 걷지 못하게 되었습니다. 셋째로, 따라서 한 번도 걸어보지 못한 사람이었습니다. 상상이 되십니까? 온 가족의 관심 속에 태어난 이 사람이 나면서부터 걸어보지도 못한 채, 지체장애인으로 살아왔으니 얼마나 슬픔과 고통이 많았겠습니까? 성경에 그런 말씀은 없지만 이 사람은 세상 살면서 걸어볼 수 있다고 기대하지도 않았을 것입니다. 그런데 어찌되었습니까? "바울이 말하는 것을 듣거늘 바울이 주목하여 구원 받을 만한 믿음이 그에게 있는 것을 보고, 큰 소리로 이르되 네 발로 바로 일어서라 하니 그 사람이 일어나 걷는지라"(행14:9-10절). 한마디로 사건이 생겼습니다. 기적이 일어났습니다.

남의 일처럼 생각지 마시고 가까이서 보십시오. 평생 걸어보지 못한 지체장애인의 아픔을 공감하십니까? 그렇다면 오늘 이 사건이 얼마나 크고 대단한 사건인지를 깨닫게 될 것입니다. 언뜻 보면 본문의 바울이 나면서 걷지 못하게 되는 사람을 고친 사건은 사도행전 3장에서 베드로와 요한이 미문 앞에서 구걸하던 나면서 못 걷게 된 사람을 고친사건과 같아 보입니다. 하지만 나면서부터 못

걷게 된 장애인을 사도들이 고쳤다는 점은 같지만 다른 점도 있습니다. 사도행전 3장에 나오는 장애인은 거지였고, 본문의 장애인은 말씀을 듣는 사람으로 기록되어 있습니다. 사도행전 3장에서는 베드로가 장애인의 손을 잡아 일으켰는데 본문에서는 바울이 "네 발로 바로 일어서라" 큰소리로 외치기만 했는데 나았습니다.

주석학자들은 사도행전 3장과 본문의 두 사건을 비교하면서 베드로와 바울의 동등한 사도 권을 인정하면서 베드로는 유대인을 고침으로 유대인을 위한 사도로, 바울은 이방인을 고침으로 이방인을 위한 사도로 성경은 표현하고 있다고 설명합니다. 오늘 사도행전 3장과 본문의 차이점 중 하나는, 사도행전 3장의 걸인은 신앙이 무엇인지 모르는 사람이었고, 오늘 본문의 나음 받은 사람은 바울의 표현대로 하면 "구원 받을 만한 믿음"이 있는 사람이었습니다. 여기에 중요한 실상이 있습니다. 바울이 구원을 받을 만한 믿음이 있는 것을 보았다는 것입니다. 성령께서 바울의 눈으로 보게 했다는 것입니다. 성령께서 알려주셨다는 것입니다. 바울은 성령의 인도를 받고, 성령께서 바울을 통하여 일하고 계시다는 것입니다.

"구원 받을 만한 믿음"은 어떤 믿음입니까? 먼저 구원에 대해 정리해야겠습니다. 성경에서 말하는 구원은? 위험으로부터의 구원(마8:25), 악한 세대로부터의 구원(행2:40), 잃어버림으로부터의 구원(눅19:10), 죄로부터의 구원(마1:21), 귀신으로부터 구원(행8:7), 그리고 종말론적인 구원(롬13:11)이 있습니다. 또 하나 육신의 질병으로부터의 구원이 있습니다(마9:21, 눅8:36). 그러면 오늘 본문은 어떤 구원을 의미할까요? 종말론적인 구원입니까? 맞습니다. 종말론적인 구원을 의미한다고 해도 맞습니다. 영적인 구원이든 육적인 구원이든 이 사람에게는 성령님이 보실 때 "구원 받을 만한 믿음"이 있었다는 말입니다.

오늘 고침 받은 장애인은 믿음이 있었습니다. 설교를 하던 바울은 그에게 믿음이 있는 것을 보고는 "네 발로 바로 일어서라" 했습니다. 그래서 나았습니다. 우리에게도 이런 성령의 인도가 있습니다. 성령의 인도를 받아 바울과 같이 나면서 걷지 못하게 되어 걸어 본 적이 없는 자를 구원할 수가 있습니다. 그리고 성령의 인도로 자신의 현실문제도 해결 받을 수 있습니다. 성령의 인도를 받으시기를 바랍니다. 그런 믿음을 소유하시기를 바랍니다.

사도행전 16장 6-10절에 나오는 바울이 성령의 인도를 받는 실상입니다. "성령이 아시아에서 말씀을 전하지 못하게 하시거늘…" 이 말씀은 바울은 아시아에서 말씀을 전하고 싶어 했는데 성령께서 막으셨다는 말씀입니다. 행 16: 6절에 나오는 부루기아와 갈라디아 땅, 루스드라에서 소아시아 반도 서북쪽 끝에 있는 무시아에 이르는 도중에 있는 지역입니다. 무시아에 가기전에, 소아시아 반도 북쪽에 동서로 길게 뻗은 지역인 비두니아로 가려했지만, 예수의 영이 역시 허락하지 않으셨습니다.

그래서 무시아를 지나 드로아로 갔습니다. 드로아에서 밤을 지내는 중 바울에게 환상이 나타났는데, 마게도냐 사람이 바울 앞에 서서 간청하는 환상이었습니다. "마게도냐로 건너와서 우리를 도와주십시오" 바울은 그 환상을 본 후에 곧 마게도냐로 건너가려고 했습니다. 왜냐하면 환상의 의미가 마게도냐 사람에게 복음을 전하게 하시려고 하나님께서 부르신 것이라고 확신했기 때문입니다. 여기서 몇 가지 짚고 넘어가야 할 것이 있습니다. 바울은 아시아에서 말씀을 전하려고 했지만 성령께서 막으셨습니다.

사도행전 16장 7절에 보면 "비두니아로 가고자 애쓰되" 예수의 영이 허락하지 않으셨습니다. 바울은 애썼지만 성령께서 허락지를 않으셨습니다. 무슨 말씀입니까? 말씀은 바울이 전하지만, 예수의 복음을 전하는 것은 바울일지라도 그 주체는, 전도의 주체는 바울이 아니라 성령이시라는 말씀입니다. 위대하다고하는 바울도 하나님께서 쓰시는 도구일 뿐 역사하시는 분은 하나님이심을 아셔야 합니다. 거듭 말씀드립니다만 바울은 아시아에서 복음을 전하려 했습니다.

그러나 하나님께서 막으셨습니다. 바울의 생각과 하나님의 생각이 달랐습니다. 사람이 보기에 좋은 것과 하나님이 보기에 좋은 것이 다릅니다. "이는 하늘이 땅보다 높음 같이 내 길은 너희의 길보다 높으며 내 생각은 너희의 생각보다 높음이니라"(이사야55:9). 바울 일행은 부루기아와 갈라디아 땅을 지나 무시아 앞에 이르렀습니다. 그들은 비두니아 쪽으로 가려고 애썼습니다. 그런데 성령께서 그 길을 막으셨습니다. 그러므로 신앙생활하면서 하나님의 뜻과 마귀의 역사를 분별해 내는 지혜야 말로 매우 중요한 일입니다. 이 둘을 신중하게 잘 분별해야 합니다. 바울과 같이 성령의 인도를 받으시기를 바랍니다.

사도행전 27장 1-25절에 기록된 바울이 성령의 인도를 받는 실상입니다. 미항에 도착하자 바울 선생이 매일같이 하나님 앞에서 죄수이지만 기도를 하고 있었습니다. 비록 수족을 묶인 죄수이지만 그러나 그 마음은 묶이지 않은 자유인이었습니다. 그는 늘 하나님께 기도하는데 미항에 왔었을 때 하나님의 계시가 있었던 것입니다. 만일 미항에서 이 배가 출발하면 큰 풍랑을 만나서 화물을 물론 다 잃어버리겠거니와 사람들의 생명에도 크나큰 장애가 있을 것이라는 계시를 받았습니다. 이래서 바울 선생은 곧장 백부장 율리오를 만났습니다. 바울은 율리오에게 말했습니다. "내가 보건대 이 배가 미항에서 출발하면 풍랑을 만나서 화물도 잃어버리고 사람의 생명에도 장애가 있을 것인즉 그러므로 내 말을 믿고 이 겨울을 미항에서 지나는 것이 좋다"그렇게 말했습니다.

율리오가 이 말을 듣고 난 다음에 선장과 선주와 모여서 회의를 했습니다. 여기 내가 데리고 가는 죄수 중에 아주 지식이 많고 기독교의 지도자인 바울이라는 사람이 있는데 이 사람이 기도 중에 하나님께 묵시를 받았다고 이런 말을 했습니다. 다른 말이 아니라 풍랑을 만나서 배가 파손되고 화물은 다 잃어버리고 사람의 생명에도 위험이 있으니까 미항을 떠나지 말고 여기에서 겨울을 지나는 것이 좋다고 말하는데 당신들은 어떻게 생각합니까? 선장이 대소하고 웃습니다. 도대체 내가 뱃사람으로 지중해 연안을 평생을 이 배를 가지고 왔다가 갔다가 하는 사람인데 바다 물길은 내가 알지 소생인 그 바울이란 그 종교인이 어떻게 바다 형편을 안단 말이요. 그 우스운 소리하지 마시오. 계시가 어디 있어요. 이 세상에 과학적인 세상에 해류를 따라 경험 많고 과학적인 지식을 가진 내가 알지 그런 어리석은 소리하지 마시오. 그러자 선주는 선주대로 하루 속히 하물을 싣고 이탈리아로 가야 물건을 팔고 자금의 순환이 잘되므로 돈을 한 푼이라도 많이 벌겠다는 것입니다.

그래서 겨울을 미항에서 보낸다는 것은 상당히 물질적인 손해가 가므로 그래서 이 두 사람이 백부장 율리오에게 단호하게 말한 것입니다. 선장과 선주가 합쳐 가지고서 여기에 미항에 있을 것이 아니라 좀 더 가면 이탈리아와 가깝고 항구도 좋은 베닉스에 가서 베닉스에 가면 얼마나 좋아요. 항구도 좋고 시설도 좋고 거기 과동하기도 좋고 봄철이 오면 곧장 이탈리아로 건너가도 좋으니까 베닉스로 갑시다. 그래서 백부장 율리오가 그 말을 들으니 바울 선생의 말은 어리석게 들리고 선장과 선주의 말이 타당하게 들리는지라 그래서 그들은 선장과 선주에게 명하여서 높이 돛을 달고 돛을 올리고 배를 출항하게 한 것입니다.

바울은 벌써 그들이 무서운 시련을 향해서 출항하고 있는 것을 알고 있었습니다. 그러나 그것을 꿈에도 모르는 선장과 선주와 죄수들과 거기에 타고 가는 모든 승객들은 모두 의기양양해 있었습니다. 거기에다가 남풍이 순하게 불어오니 모든 것이 자기들의 의지대로 된 줄하고 출발하다가 얼마 있지 않아서 내륙지방의 유라굴로라는 무서운 폭풍의 바람이 휘몰아쳐 바다를 때리니 얼마 있지 않아서 순식간에 바다는 지옥같이 변화되고 만 것입니다. 파도는 산더미같이 다가오고 그리고 바람은 천지를 변화시킬 만한 거센소리를 내고서 다가오는 것입니다. 여기에서 선장과 선주와 선원들이 전력을 기울여 배를 보존하려고 하나 그 거센 파도와 바람에 배는 인력변조로 어떻게 도저히 감당할 수가 없게 된 것입니다. 이래서 할 수 없이 사람이 거센 풍랑을 만나 목숨이 위험하니까 하루 견디다가 이튿날에는 배를 가볍게 하기 위해서 그렇게 선주가 자기 목숨처럼 아끼는 화물을 모두다 바다에 던집니다.

돈 보따리들을 전부다 바다에 던집니다. 선주는 눈물을 흘리면서 그 모든 화물을 던졌습니다. 그리고 난 다음에 사흘째 계속해서 바람이 불고 파도가 치고 천지가 칠흑같이 어둡고 온 세계가 뒤 엎혀진 것 같으매 이제는 배의 기구조차도 무거우므로 선장과 선원들이 자진해서 이 배의 기구조차 다 버리고 만 것입니다. 이래서 배에서 오직 배와 사람들만 타고서 목적도 방향도 없이 바람이 불면 부는 데로 파도에 밀리면 밀리는 데로 하늘로 솟는가 하면 지옥바다에 떨어진 것 같이 파도의 출렁임에 모든 사람들이 정신을 잃고 이리 뒹굴고 저리 뒹굴며 토하고 처참한 풍경이 그려진 것입니다. 이것이야말로 지옥의 비극적인 상황 속에 떨어지고 만 것입니다. 그래서 그들은 유라굴로를 만나서 이제는 사경에 이른 것입니다.

여기에서 우리가 알아야 하는 것은 왜 이 알렉산드리아호가 유라굴로를 만나지 아니하였으면 안 되었습니까. 유라굴로의 풍랑이라는 것은 어찌할 수 없습니다. 유라굴로는 오기도 하고 가기도 하고 일어나기도 하고 잠자기도 한 것입니다. 왜 구태여 알렉산드리아 호가 유라굴로를 만났어야 합니까? 그 이유는 이 선장의 교만 선주의 탐욕 때문인 것입니다. 만일 그들이 사도 바울 선생의 말을 듣고 하나님 그 발 앞에 엎드려 하나님께 귀를 기울이고 그래서 눈에는 아무 증거 안보이고 귀에는 아무 소리 안 들리고 손에 잡히는 것이 없다고 할지라도 인간의 지혜나 인간의 지식이나 인간의 오만을 버리고 인간의 교만을 하나님 앞에 굴복시켰더라면 유라굴로의 풍랑은 피할 수가 있었습니다. 하나님께서 여러분과 내가 환난과 시험과 풍랑을 당해서 처참히 파괴되는 것을 원하지 않기 때문에 이모로 저모로 미리 그것을 경고해 두시는 것입니다.

그러나 인간의 교만 인간의 탐욕이 스스로 유라굴로를 향해서 걸어들어간 것을 잊지 말아야 되는 것입니다. 여기에서 이 알렉산드리아라는 배가 처참하게 된 것은 하나님을 원망할 수도 없고 천지지변을 원망할 수도 없습니다. 이것은 오직 선장의 선주의 탐욕 때문에 그들만 스스로 절망 속으로 떨어진 것이 아니라 그 배에 탄 수많은 사람들을 한꺼번에 가장 처참한 절망으로 휘몰아치고 만 것입니다.

우리를 인도하시는 하나님의 뜻을 어떻게 분별할 수 있습니까? 사도행전 16장 6-7절을 보면 "성령이 못하게 하시고" "예수의 영이 허락하지 않으셨다"했습니다. '성령이 막으셨다.' 궁금하시지요? 구체적으로 어떻게 막았다는 겁니까? 예언의 은사를 받은 사람이 바울에게 "당신은 아시아에서 말씀을 전하지 말랍니다." 말해 주었는지, 꿈에 천사가 나타나 하나님의 말씀을 전해 주었는지. 바울이 어떤 환상을 보았는지, 아니면 마음속에 어떤 확신이 왔는지 성경의 내용만을 가지고서는 그 내역을 전혀 알 수가 없습니다. 그러면 성령의 역사를 분별할 수 있는 길이 없다는 말씀입니까? 아닙니다. 일반적으로 하나님의 뜻을 분별하는 몇 가지의 방법이 있습니다.

첫째로 하나님께서는 성경말씀을 통해 우리에게 말씀하십니다. 우리가 세상을 어떻게 살아야 하는지, 어떻게 사는 것이 하나님께서 기뻐하시는 것인지는 이미 성경을 통해 우리에게 말씀하셨습니다. "주의 말씀은 내 발의 등이요 내 길에 빛이나이다."(시편 119:105). 하나님의 말씀은 어두운 밤길을 밝혀 주는 횃불이나 등불 같다는 말씀입니다. 횃불이나 등불은 장애물에 걸려 넘어지거나 구르는 것을 막아 줄 뿐만 아니라, 위험한 길로 가지 않도록 보호해 준다는 말씀입니다. 말씀이 내게 지시하는 대로 가기만 하면 그 길이 곧 하나님께서 인도하시는 길이라는 말씀입니다. 중요한 것은 말씀을 볼 수 있는 눈과 들을 수 있는 귀가 있어야 합니다.

성경을 읽다가 때로는 설교를 듣다가 "아, 이 길이 하나님께서 기뻐하시는 길이구나" 깨닫고 인도받는 경우가 많습니다. 때로 어떤 문제로 고민하면서 말씀 듣다가 "아 이것이구나!" 깨닫는 경우가 있지 않습니까? 설교는 일주일에 한번, 두 번 혹은 세 번 듣는다 해도 말씀은 매일 읽으며 묵상하셔야 합니다. 오늘도 말씀으로 나를 인도하시는 하나님의 음성을 들을 수 있으시기 바랍니다.

둘째로 기도하는 중에 하나님의 뜻을 깨닫게 되기도 합니다. 많은 경우 성령 충만함은 기도와도 관련이 있습니다. 오순절 마가의 다락방에 임하신 성령은 120문도가 뜨겁게 기도할 때 임하셨습니다. 기도 중에 "성령 충만"함을 입은 사람은 하나님의 인도하심을 받게 됩니다. 요한복음 14장 26절입니다. "보혜사 곧 아버지께서 내 이름으로 보내실 성령 그가 너희에게 모든 것을 가르치시고 내가 너희에게 말한 모든 것을 생각나게 하리라" 문제 앞에서 하나님께 고요한 중에 깊이 기도하며 교제할 때 우리가 행할 것, 우리가 나아가야 할 길은 가르쳐 주신다는 말씀입니다.

어떤 중요한 결정을 내릴 때 어떻게 하십니까? 당황하거나 방황하지 말고 먼저 하나님께 집중을 하고, 마음을 비우고 하나님의 음성을 기다리십시오. 중요한 것은 성령으로 마음을 비우는 것입니다. 상식 이하의 자기 확신에서 벗어나야 합니다. "하나님 어떻게 하는 것이 하나님께서 원하시는 것입니까?" 제 경우는 기도하면서 "마음에 평안", "확신", "번개같이 떠오르는 생각"이 오는 것을 경험하는데 그럴 때 "아! 이것이구나!"하고 결정합니다. 그러면 대개 후회하지 않습니다. 마음 비우고 하나님의 뜻을 기다리는 깊은 기도가 있어야 합니다.

셋째로 때로는 하나님의 뜻은 다른 사람들의 믿음의 충고로 나타나기도 합니다. 좋은 믿음가진 이웃, 성숙한 믿음을 가진 선배를 만나는 일은 중요합니다. 좋은 충고가 바른 결정을 내리게 합니다. 잠언 23:19 말씀입니다. "내 아들아 너는 듣고 지혜를 얻어 네 마음을 바른 길로 인도할지니라" 어떤 결정은 내리기가 내게 힘들 경우가 있습니다. 어느 쪽도 확실치가 않습니다. 그럴 때는 신실한 믿음의 선배나 목회자를 만나십시오. 신령한 사람 만나려다 문제가 커질 경우 있습니다. 아무 사람의 충고라고 다 받아들이지 마시라는 얘기입니다.

넷째로 하나님의 뜻을 분별하기 위해서는 환경의 변화에도 민감해야 합니다. 환경이 막을 때, 장애가 생겼든지, 병이 났던지, 억지로 믿고 나가는 것이 항상 바람직한 것은 아닙니다. 어떤 사업을 하려 한다거나, 어느 직장에 취직을 하려고 하는데 계속해서 일이 틀려지고 할 때는 물러서는 것도 방법입니다.

하나님 일이라면 길도 놓고 담도 넘어야 하겠지만, 그렇지 않을 경우라면 기다리는 것도 한 방법이고 돌아가는 것도 한 방법입니다. 일이 뜻대로 되지 않는다고 속상해 하거나 주저 앉지 마십시오. "하나님을 사랑하는 자 곧 그의 뜻대로 부르심을 입은 자들에게는 모든 것이 합력하여 선을 이루느니라"(롬 8:28)

걷지 않고 뛸 수 있습니까? 한 번도 넘어지지 않고 잘 것을 수 없지 않습니까? 말씀을 보고 듣는 중에, 성령의 역사하심 속에 기도하면서, 때로 좋은 신앙 선배의 믿음의 조언을 통해, 환경 변화에 민감해짐으로 하나님의 뜻을 확실히 분별하여 성령님의 인도하심에 거스르지 않고 아름답게 순종하여 사시는 우리가 되시기를 소원합니다.

22장 대화하며 응답 받으며 살아가는 비결

(시 103:1-5) "내 영혼아 여호와를 송축하라. 내 속에 있는 것들아 다 그의 거룩한 이름을 송축하라. 내 영혼아 여호와를 송축하며, 그의 모든 은택을 잊지 말지어다. 그가 네 모든 죄악을 사하시며 네 모든 병을 고치시며, 네 생명을 파멸에서 속량하시고 인자와 긍휼로 관을 씌우시며, 좋은 것으로 네 소원을 만족하게 하사 네 청춘을 독수리 같이 새롭게 하시는 도다"

하나님은 찾는 자를 외면하지 않으십니다. 골리앗과 같은 현실 문제를 당하여 고통하면서 하나님을 찾으면 하나님께서 해결방법을 알려주십니다. 하나님을 따라가면서 당하는 모든 문제가 하나님의 음성을 듣고 순종할 때 해결이 되는 것을 체험합니다. 하나님의 살아계심을 체험하면서 하나님 한분이면 된다는 만족감을 갖게 하십니다. 하나님 한분으로 만족함을 갖도록 하십니다. 우리 또한 하나님이 내편이면 안 될 것이 없다는 믿음을 가져야 합니다.

성령님의 인도를 받는 성도의 마음속에 소원이 있다면, 언젠가는 그것이 이루어질 때가 있습니다. 그렇기 때문에 우리는 늘 소원을 가져야 합니다. 하나님께서는 소원을 이루어 주시고, 그 소원을 통해서 역사하여 주십니다. 비록 어렵고 힘들더라도, 용기와 희망을 저버리고 절망하면 안 됩니다. 어떤 상황이라도 꿈과 소원을 가져야 합니다.

시편 145:18-19절에 "여호와께서는 자기에게 간구하는 모든 자 곧 진실하게 간구하는 모든 자에게 가까이 하시는 도다 그는 자기를 경외하는 자들의 소원을 이루시며 또 그들의 부르짖음을 들으사 구원하시리로다."라고 하였습니다. 하나님께서는 진실하게 간구하는 모든 자들의 가까이에 계신다고 했습니다. 그리고 그들의 소원을 이루어 주시겠다고 했습니다.

소원을 성취하기 위해서는 겸손해야 하고, 하나님을 기뻐하고, 하나님을 경외하고, 부지런하고, 믿음이 있고, 말씀 안에 거하며, 눈물로 기도해야 합니다. 그러면 하나님께서 그 사람의 기도를 들어 주신다고 했습니다. 오늘 말씀은 B.C. 991년경, 다윗 왕이 죄를 짓고 나서 번민하고 있을 때, 선지자의 책망을 듣고, 회개하여 하나님께 용서를 받은 후에, 하나님의 은혜를 감사하고, 찬양한 찬양시입니다.

다윗 왕은 죄를 회개하고, 용서받기 전까지, 양심의 가책으로, 마음에 고통을 받았을 뿐 아니라, 육신까지 병들어, 뼈가 쇠할 정도로 괴로움을 당했습니다. 그러나 회개하고 죄를 용서받고 나서는, 건강을 되찾고, 마음의 평강과 안정을 얻게 되었습니다. 그래서 하나님은 죄를 용서하시고, 은혜를 베푸시고, 소원을 만족케 하신다는 고백을 한 것입니다. 그러므로 하나님을 찬양하라고 했습니다.

첫째, 하나님은 우리에게 은혜를 베풀어 주십니다. 본문 시103편 1-2절 말씀입니다. "내 영혼아 여호와를 송축하라 내 속에 있는 것들아 다 그의 거룩한 이름을 송축하라 내 영혼아 여호와를 송축하며 그의 모든 은택을 잊지 말지어다" 아멘. '은택'은 '보수, 보답, 은혜'라는 뜻으로, 하나님께서 사람에게 주시는 은혜와 보상을 의미합니다. 하나님께서 우리에게 베푸신 은혜가 많습니다. 죄를 용서하시고, 기쁨과 평강을 주시고, 생명을 주시고, 천국까지 예비하신 하나님의 은혜를 어떻게 잊을 수 있겠습니까? 어떻게 은혜에 보답할 수 있겠습니까? 그래서 다윗 왕은 '내 영혼아 여호와를 송축하라'고 말했습니다. 이 말은 우리가 영적인 존재로서 육체뿐만 아니라, 마음과 정신과 생각과 모든 것을 다하여, 하나님을 찬양하고 경배하라는 의미입니다. 하나님의 은혜에 감사하고 그 은혜를 찬양하는 성도들이 되시기 바랍니다.

역대하 32:25절에 보면, "히스기야가 마음이 교만하여 그 받은 은혜를 보답하지 아니하므로 진노가 그와 유다와 예루살렘에 내리게 되었더니"라고 하였습니다. 히스기야 왕은 병들어 죽게 되었을 때에, 하나님께 눈물로 통곡하며, 얼굴을 벽으로 향하고 기도하였습니다. 그때 하나님의 은혜로 생명을 연장 받았습니다. 그런데 마음이 교만해져서, 받은 은혜에 보답하지 아니하였습니다. 결국 하나님의 진노가, 히스기야 왕과 유다와 예루살렘에 임하게 되었습니다. 하나님의 은혜에 보답하지 않는 것은, 큰 죄입니다.

시편 116:12절에서, 다윗왕은 "내게 주신 모든 은혜를 내가 여호와께 무엇으로 보답할까"라고 고백하며, 하나님께서 그에게 베푸신 은혜를 찬양하며, 서원을 갚겠다고 하였습니다. 우리 역시 하나님의 은혜를 생각하고, 그 은혜에 감사하고, 찬송하고, 더 나아가서 보답하는 성도가 되어야 합니다.

고린도전서 15:9-10절을 보면, 사도 바울은 고백하기를 "나는 사도 중에 가장 작은 자라 나는 하나님의 교회를 박해하였으므로 사도라 칭함 받기를 감당하지 못할 자니라 그러나 내가 나 된 것은 하나님의 은혜로 된 것이니 내게 주신 그의 은혜가 헛되지 아니하여 내가 모든 사도보다 더 많이 수고하였으나 내가 한 것이 아니요, 오직 나와 함께 하신 하나님의 은혜로라"고 하였습니다.

우리가 잘해서 일이 잘 되는 것이 아니라, 하나님의 은혜로 된 것이라는 사실입니다. 그러므로 우리는 은혜를 알아야 하고, 그 은혜에 보답하겠다는 생각을 갖고 있어야 합니다. 그뿐만 아니라 하나님의 은혜에 감사할 줄 아는 사람이 되어야 합니다. 빈손으로 태어나서 부모를 만나고, 재물을 얻고, 지금까지 살아온 것에 대해 감사해야 합니다. 주의 전에 나와 하나님의 말씀을 들을 수 있다는 것에 대해 감사해야 합니다. 우리는 하나님의 은혜에 보답하고, 말씀에 순종하고, 감사하고, 찬양하며, 기쁘게 섬기고, 봉사해야 합니다. 충성해야 합니다. 은혜를 잊지 않는 자에게 하나님께서 소원을 이루어 주십니다.

둘째, 하나님은 우리의 모든 죄악을 사하여 주시며, 모든 병을 고쳐 주십니다. 본문 시편 103편 3절 말씀입니다. "그가 네 모든 죄악을 사하시며 네 모든 병을 고치시며" 아멘. '죄악'은 '부정, 위반, 비뚤어진 행동'이라는 뜻으로, 하나님께 불순종하거나, 하나님으로부터 멀어진 것을 의미합니다. 우리는 알고 지은 죄, 모르고 지은 죄 등, 크고 작은 죄를 무수히 많이 지으며 살고 있습니다. 만약 죄를 지을 때마다, 하나님께서 죄에 대해 심판을 하신다면, 이 세상에 살아남을 사람은 아무도 없을 것입니다. 그런데 하나님은 우리의 죄가 어떠하든지, 다 용서해 주신다고 했습니다.

역대하 7:13-14절을 보면, 하나님께서 성전봉헌식을 마친 솔로몬 왕에게 나타나서, 하나님의 성전으로 제사하는 전을 삼았으므로 "혹 내가 하늘을 닫고 비를 내리지 아니하거나 혹 메뚜기들에게 토산을 먹게 하거나 혹 전염병이 내 백성 가운데에 유행하게 할 때에 내 이름으로 일컫는 내 백성이 그들의 악한 길에서 떠나 스스로 낮추고 기도하여 내 얼굴을 찾으면 내가 하늘에서 듣고 그들의 죄를 사하고 그들의 땅을 고칠지라"고 말씀하셨습니다. 피해를 입었을 때, 실패했을 때, 어려움을 당했을 때, 재난이 닥쳤을 때, 병에 들었을 때, 하나님께 기도하면 하나님께서 그 기도를 듣고, 은총과 은혜를 베풀어 주신다는 말씀입니다.

오늘날 사람들은 죄에 대해서 무감각합니다. 죄 때문에 불행해지고, 죄 때문에 실패하고, 죄 때문에 병든 것을 인정하지 않으려고 합니다. 그러나 성경에는 분명히 죄로 인해서, 질병이 왔다고 지적하고 있습니다. 야고보서 5:15절을 보면, 사도 야고보도 "믿음의 기도는 병든 자를 구원하리니 주께서 저를 일으키시리라 혹시 죄를 범하였을지라도 사하심을 얻으리라"고 했습니다. 하나님 앞에 용서받지 못할 죄는 하나도 없습니다. 어떠한 죄를 지었든지, 하나님께 겸손하게 기도하고, 회개하고, 예수님 안에 있으며, 하나님께서 우리의 죄를 용서하여 주십니다.

17세기 영국의 청교도 작가 존 번연은, 12년 동안 감옥생활을 하면서 '천로역정'을 썼는데, 그는 "죄 이외에 마음을 상하게 하는 것이 없고, 죄 이외에 나를 슬프게 만드는 것이 없고, 죄 의외에 적에게 뒤떨어지게 만드는 것이 없다"고 말했습니다. 모든 불행의 원인이 죄에 있다는 것입니다. 그러므로 우리는 죄 문제를 먼저 해결해야 합니다. 모든 병이 죄로 인하여 온 것은 아니지만, 먼저 죄 문제를 해결하면, 우리의 질병도 쉽게 고침 받을 수 있습니다. 종종 "나 같은 사람도 죄에서 구원받을 수 있습니까? 내 병도 고침 받을 수 있습니까?"라고 물을 때가 있습니다. 하나님께서는 우리를 만드셨기 때문에 또한 우리를 고치실 수 있습니다. 모든 죄를 용서하시고, 모든 병을 고치시는 능치 못함이 없는 하나님이심을 믿으시기 바랍니다.

셋째, 하나님은 우리의 생명을 파멸에서 속량하여 주시고 인자와 긍휼로 관을 씌워 주십니다. 본문 시편 103편 4절 말씀입니다. "네 생명을 파멸에서 속량하시고 인자와 긍휼로 관을 씌우시며" 아멘. '파멸'은 '구덩이, 타락, 사망'을 뜻하는 말입니다. 다윗이 "하나님은 생명을 파멸에서 속량하신다"고 고백한 것은, 죽음과 같은 위기와 고난과 환난에서 건져 주시는 것을 의미합니다. 그러므로 인생이 끝났다고, 절망하거나 낙심하지 마십시오. 하나님은 우리에게 새로운 제2의 인생을 허락하여 주십니다.

창세기 19장을 보면, 소돔과 고모라 성이 멸망당할 때에, 하나님은 롯을 구원하기 위해서, 천사를 보내셨습니다. 그러나 롯의 아내는 하나님의 말씀을 믿지 않은 연고로 소금기둥이 되었습니다.

하나님은 우리가 멸망당하는 것을, 원치 않으시고, 멸망의 자리에서, 구원을 베풀어 주십니다. 또 마태복음 9장을 보면, 열두 해 동안 혈루증을 앓던 여인이, "예수님의 옷자락을 만지면 나으리라"는 믿음으로, 예수님의 겉옷자락을 만지는 순간에, 병을 고침 받았습니다. 그때에 예수님께서는 여인에게 "딸아 안심하라 네 믿음이 너를 구원하였다"고 하셨습니다. 하나님께서는 우리를 파멸과 절망과 어려운 상황 가운데서, 보호하시고, 은총을 베푸시고, 구원하여 주시는 것입니다.

마태복음 14장을 보면, 예수님은 물에 빠질 위기에 처한 베드로를 구원해 주셨습니다. 베드로가 "주여! 나를 구원하소서"라고 외쳤을 때 예수님은 즉시 손을 붙잡으시고 "믿음이 적은 자여 왜 의심하느냐"고 책망하셨습니다. 그렇습니다.

하나님은 모든 환난에서 구원하시고, 압박과 강포에서 구원하시고, 원수의 손에서 구원하시고, 모든 죄악과 사망과 악한 세대와 불법과 망령된 행실에서 구원하여 주신다고 성경은 분명하게 말씀하고 있습니다. 하나님을 의지하고, 겸손하게 하나님께 기도하면 반드시 구원을 베풀어주시고, 더 나아가 인자와 긍휼로 관을 씌워 주심을 믿으시기 바랍니다.

넷째, 하나님은 좋은 것으로 우리의 소원을 만족하게 해 주십니다. 본문 시편 103편 5절 말씀입니다. "좋은 것으로 네 소원을 만족하게 하사 네 청춘을 독수리 같이 새롭게 하시는도다" 아멘. '좋은 것으로 소원을 만족하게 하신다'는 것은, 바라던 소원을 이루어

주시고, 원하는 모든 것을 얻게 해 주신다는 것입니다. 또한 하나님께서 소원에 응답해 주실 때에는, 가장 좋고 아름다운 것을 풍성하게 주신다는 의미입니다. 그래서 우리 인생을 새롭게 하십니다. '독수리같이 새롭게 하신다'는 것은, 독수리가 털갈이를 하여서 새롭게 되듯이, 새롭게 된다는 것을 의미합니다.

독수리는 150년을 사는데, 30-40년 정도 살면, 눈도 어두워지고, 날개에 힘도 없어지고, 부리도 굳어지게 되어서, 활동하기 어려워진다고 합니다. 그렇게 되면 잔뜩 먹이를 먹고, 깊은 산 속으로 들어가서 금식을 합니다. 그 동안 몸의 털은 다 빠져서, 새 털이 돋고, 부리도 새롭게 되어서, 다시 힘차게 날 수 있게 됩니다. 이 같은 과정을 세 번 네 번 반복하면서, 거듭난다고 합니다. 새롭게 된다는 것입니다. 이처럼 하나님께서는 우리에게 독수리와 같은 새로운 힘을 날마다 허락하여 주십니다.

시편 37:4절에 "또 여호와를 기뻐하라 그가 네 마음의 소원을 네게 이루어 주시리로다"라고 하였습니다. 우리가 하나님을 기뻐하고, 하나님께서 기뻐하시는 일을 하면, 하나님은 우리 마음의 소원을 이루어 주십니다. 그러므로 우리는 '어떻게 해야 하나님을 기쁘게 할 수 있을까?'를 생각하며 그 일을 하기 위해서 노력하는 성도가 되어야 합니다.

마태복음 15:21-28절을 보면, 가나안 여인이 믿음으로 끈기 있게 소원을 간구하여, 딸의 병을 고침받은 사건이 기록되어 있습니다. 가나안 여인은 예수님께 나와 "다윗의 자손이여 나를 불쌍히 여기소서 내 딸이 흉악하게 귀신 들렸나이다"라고 소리 질렀습니다. 그러나 예수님께서는 한 말씀도 하지 않았습니다. 다시 여인이 "주여! 나를 도우소서"라고 간청하였으나, 예수님은 "자녀의 떡을 취하여 개들에게 던짐이 마땅하지 아니하니라"고 다시 거절하셨습니다.

그래도 여인이 포기하지 않고, "주여! 옳소이다마는 개들도 제 주인의 상에서 떨어지는 부스러기를 먹나이다"라고 자신의 소원을 구하였습니다. 그러자 예수님은 "여자여~ 네 믿음이 크도다 네 소원대로 되리라"고 말씀하셨습니다. 그 시로부터 여인의 딸은 병 고침을 받았습니다.

질병으로 고생하는 자식을 둔 부모의 마음은 천가래 만 갈래 찢어질 것입니다. 큰 고통입니다. 자식이 건강하게 살아갈 수 있다는 것만큼 큰 소원은 없을 것입니다. 하나님께서는 가나안 여인의 믿음을 보시고, 그 소원을 들어 주셨습니다.

하나님의 말씀을 어떤 관점에서 보느냐에 따라, 보고, 읽고, 듣는 사람들에 따라서, 이해하는 내용이 달라집니다. 고쳐 주셨기에 믿음이 생긴 것이 아니라, 믿음 때문에 고침을 받았다는 사실을 기억해야 합니다. 주님께서 모든 병을 고쳐 주셨기에, 감사함으로, 주님 앞에 나온 것이 아니라, 주님 앞에 먼저 나와 부르짖음으로 인하여, 깨끗하게 고침 받았다는 사실을 기억하셔야 합니다. 믿음이 먼저입니다. 믿음 때문에 축복받는 것입니다. 축복받았기에 믿음이 생긴 것이 아니라, 믿음이 있기 때문에, 하나님으로부터 축복받았습니다.

시편 103:1-5절 말씀입니다. "내 영혼아 여호와를 송축하라 내 속에 있는 것들아 다 그의 거룩한 이름을 송축하라 내 영혼아 여호와를 송축하며 그의 모든 은택을 잊지 말지어다 그가 네 모든 죄악을 사하시며 네 모든 병을 고치시며 네 생명을 파멸에서 속량하시고 인자와 긍휼로 관을 씌우시며 좋은 것으로 네 소원을 만족하게 하사 네 청춘을 독수리 같이 새롭게 하시는도다" 아멘.

무엇이 먼저입니까? 하나님의 모든 은혜를 잊지 않고, 하나님을 찬양하고, 송축하는 것이 먼저입니까? 내 속에 있는 모든 것들로 하나님의 은혜에 보답하는 것이 먼저입니까? 내가 가진 모든 것으로 하나님께 드리는 것이 먼저입니까? 아니면, 우리의 죄를 용서받고, 우리의 모든 병을 고침 받고, 우리의 생명이 파멸에서 속량 받고, 인자와 긍휼의 관을 씌움 받고, 좋은 것으로 우리의 소원이 만족하게 되어, 우리의 청춘이 독수리 같이 새롭게 되는 것이 먼저입니까?

드리는 것이 먼저 인가요? 받는 것이 먼저 인가요? 어느 것이 먼저입니까? 우리는 하나님께서 먼저 우리의 죄를 용서해 주시고, 우리의 모든 병을 고쳐 주시고, 우리에게 좋은 것으로 풍성하게 채워 주셔야만, 하나님을 찬양하고, 하나님의 은혜에 보답할 수 있다고 생각합니다. 한 마디로 하나님께서 물질을 풍성하게 채워 주셔야만, 물질을 하나님께 드릴 수 있다고 생각합니다.

가진 것이 있어야 드릴 수 있다고 생각합니다. 충분한 형편이 되어야 드릴 수 있다고 생각합니다. 믿음이 있어야 드릴 수 있다고 생각합니다. 물질의 축복을 받아야 만이 하나님께 드릴 수 있다고 생각합니다. 그렇게 생각하면, 하나님 앞에 드릴 사람 별로 없습니다. 먼저 드려야 축복받습니다. 믿음을 보여 주어야 축복받습니다.

누가복음 21:1-4절을 보면, "예수께서 눈을 들어 부자들이 헌금함에 헌금 넣는 것을 보시고 또 어떤 가난한 과부가 두 렙돈 넣는 것을 보시고 이르시되 내가 참으로 너희에게 말하노니 이 가난한 과부가 다른 모든 사람보다 많이 넣었도다. 저들은 그 풍족한 중에서 헌금을 넣었거니와 이 과부는 그 가난한 중에서 자기가 가지고 있는 생활비 전부를 넣었느니라 하시니라"고 했습니다.

천 달란트를 가지고 있는 부자가 한 달란트를 헌금한 것과 가난한 과부가 호주머니 다 뒤져서, 두 렙돈 헌금한 것 중에서 어느 것이 귀합니까? 한 달란트는 대략 계산해보면, 5천만 원 정도 되고, 두 렙돈은 몇 십 원 정도 됩니다. 한 마디로 십 원짜리 동전 하나 헌금함에 넣은 것입니다. 5천만 원 헌금한 것과 오백 원 헌금 한 것 중에서, 어느 헌금을 예수님께서 칭찬하셨습니까? 부자는 그 풍족한 중에서 헌금을 넣었다고 했습니다. 과부는 생활비 전부를 넣었다고 했습니다.

두 렙돈이 중요하지 않습니다. 그것이 그의 생활비 전부인가 하는 것이 매우 중요합니다. 헌금함으로 내 생활에 부담이 되는가 하는 것입니다. 솔직히 말하면, 부담이 안되면, 헌금이 아닙니다. 부담이 될 때, 진정한 헌금의 의미를 가질 수 있습니다.

충분한 형편이 되지 못함에도 불구하고, 하나님께 드렸을 때, 칭찬받은 것입니다. 생활비 전부인 두 렙돈을 드리고 나면, 끼니 걱정을 해야 합니다. 어쩌면 죽을 지도 모릅니다. 그러나 그럼에도 불구하고, 그의 가진 것을 아낌없이 하나님 앞에 드렸을 때, 칭찬받은 것입니다. 생활비 전부를 드렸을 때, 칭찬받은 것입니다. 부담을 가지고 헌금했을 때, 주님의 칭찬과 인정을 받게 된 것입니다.

열왕기상 17장을 보면, 하나님의 말씀이 엘리야에게 임했습니다. "너는 일어나 시돈에 속한 사르밧으로 가서 거기 머물라 내가 그 곳 과부에게 명령하여 네게 음식을 주게 하였느니라" 엘리야가 사르밧으로 가서 성문에 이를 때에, 한 과부가 그 곳에서 나뭇가지를 줍고 있었습니다. "그릇에 물을 조금 가져다가 내가 마시게 하라" 엘리야의 말을 듣고, 물을 가지러 갈 때에, 그를 불러 다시 말합니다. "네 손의 떡 한 조각을 내게로 가져오라" "나는 떡이 없고 다만 통에 가루 한 움큼과 병에 기름 조금 뿐입니다. 먹고 살기가 너무 힘들어서, 내가 나뭇가지를 주워다가 나와 내 아들을 위하여 음식을 만들어 먹고 그 후에는 죽으려고 합니다"

엘리야가 그에게 말합니다. "두려워하지 말고 가서 네 말대로 하려니와 먼저 그것으로 나를 위하여 작은 떡 한 개를 만들어 내게로 가져오고 그 후에 너와 네 아들을 위하여 만들라 이스라엘의 하나님 여호와의 말씀이 나 여호와가 비를 지면에 내리는 날까지 그 통의 가루가 떨어지지 아니하고 그 병의 기름이 없어지지 아니하리라 하셨느니라"

지금 이 순간 당신이라면, 어떻게 하시겠습니까? 없는 쌀로 마지막 밥 해 먹고, 아들과 함께 죽으려고 하는데, 전혀 모르는 사람이 찾아와서, 그 밥 먼저 자기에게 달라고 하면, 어떻게 하시겠습니까? 먼저 자기에게 밥 주면, 자기가 가진 돈 준다는 것도 아니고,

하나님의 축복을 받을 것이라고 하는데, 그 밥을 먼저 그 사람에게 주시겠습니까? 아니면, 내가 그 밥을 내 아들과 먼저 먹고, 죽으시겠습니까? 주시겠습니까? 죽으시겠습니까?

어차피 줄 것이라면, 먼저 통의 가루가 가득 차게 해 주시고, 병의 기름이 가득 차고 넘치게 해 주시면, 얼마나 좋습니까? 통의 가루도 가득 차게 해 주시고, 병의 기름도 철철 넘치도록 해 주신 다음에, "이 정도면 만족하겠니. 이제 나 밥 좀 해 줄 수 있겠니"라고 한다면, 밥 안 해 줄 사람, 누가 있겠습니까?

가정이 남부럽지 않는 풍성한 재물을 가지고 있기 때문에, 교회를 섬기고, 다른 사람들을 섬기라고 하는 것은 아닙니다. 쓰고도 남음이 있기 때문에, 하나님께 헌금하라는 것이 아닙니다. 있기에 하자는 것이 아니라, 없어도 하나님이 주인이시기 때문에 하라는 것입니다. 하나님의 직접적인 레마를 듣고 행하라는 것입니다. 그럴 때 믿음을 보시고 하나님의 역사가 일어나는 것입니다. 이렇게 할 때 하나님과 관계가 열리는 것입니다.

하나님을 주인으로 생각하고 사랑하기 때문입니다. 하나님을 사랑하기 때문에 아낌없이 드릴 수 있는 것입니다. 하나님 한분만 나의 편이면 안 될 것이 없다는 믿음을 가지고 성령님이 감동하시면 순종하는 것입니다. 그럴 때 하나님이 기뻐하시고 마음의 소원을 이루어주시는 것입니다.

하나님께서 우리의 소원을 만족하게 해 주셨기에, 하나님을 찬양하고, 우리 속에 있는 모든 것을 가지고, 하나님을 찬양하고, 노래하고, 하나님의 은혜를 잊지 말자고 하는 것이 아닙니다. 먼저 하나님을 찬양하고, 내게 있는 모든 것을 가지고, 하나님을 찬양할 때, 하나님께 올려 드릴 때, 하나님의 은혜를 잊지 않고 기억할 때, 하나님께서, 가장 좋은 것으로 우리의 소원을 만족하게 해 주시며, 독수리 같이 새롭게 해 주신다는 것입니다.

하나님과의 관계가 열려야 합니다. 하나님과의 관계는 하나님을 주인으로 인정하고 모실 때 열리는 것입니다. 하나님의 말씀이면 어떤 어려움이 있어도 순종하는 습관을 드려야 합니다. 하나님과의 관계는 하나님의 말씀을 삶에 100% 적용할 때 열립니다. 하나님과의 관계가 열리면 시험(고난)이 찾아오지 않습니다.

모든 소유가 하나님의 것인데 어떻게 시험(고난)이 침범하겠습니까? 하나님께서 물질의 복을 주시면, 하나님 앞에 물질을 드리겠다는 것이 아니라, 하나님 앞에 먼저 물질을 드리면, 하나님께서 물질의 복을 부어 주시겠다는 약속의 말씀이라는 것을 믿고 행해야 합니다.

23장 대화하며 영혼육 문제를 해결하는 비결

(신4:29)"그러나 네가 거기서 네 하나님 여호와를 찾게 되리
니 만일 마음을 다하고 뜻을 다하여 그를 찾으면 만나리라"

하나님은 찾아야 만나주십니다. 하나님은 영-혼-육의 문제를
통하여 하나님을 찾게 합니다. 크리스천이라도 영-혼-육의 문제를
만나서 이리 뛰고 저리 뛰고 하면서 이 방법 저 방법 다 동원하여
도 해결이 되지 않는 것입니다. 그때 영이신 하나님이 생각이 나는
것입니다. "하나님 이일을 어떻게 해야 해결이 됩니까?" 애타게 찾
으며 하나님께 부르짖어 기도하니까, 영이신 하나님께서 들으시고
해결방법을 알려주시는 것입니다. 하나님께서 알려주시는 해결방
법대로 순종하면 순간 문제가 해결이 되는 것입니다.

여러 해를 질병으로 고생하다가 치유 받은 집사의 간증입니다.
목사님! 저는 지난 토요일에 집중기도 치료받았던 ○○○집사입니
다. 목사님이 어디서 왔냐고 질문하셔서 대전에서 왔다고 했는데
기억하실런지요. 그때 제가 기도가 막히고 축농증수술후유증으로
목에서 가래가 심하다고 증상을 적어서 올려서 목사님께서 집중기
도 해주셨습니다. 제가 유아 때문에 축농증 때문에 고생하다 어른
돼서 수술도 재발하는 바람에 3번이나 했고, 후유증 때문에 몹시
어렵고 고통을 많이 당했습니다. 좋다는 것 다 먹어보고 고칠 수
있다는 한의원에 가서도 침 치료를 받았지만, 평생 가지고 가야 한
다고 말했는데….

목사님의 기도로 깨끗이 완치되어 너무 기쁘고 감사해서 이렇게 메일 보내드립니다. 그날 가기 전에 철야기도도하고 했는데… 점점 기도가 힘들어지고 게다가 환경도 막혀 막막했는데… 아는 지인의 소개로 목사님을 알게 되어 바로 서점가서 목사님의 저서를 읽고 망설일 틈도 없이 바로 서울에 올라갔습니다. 가기 전까지도 마음이 힘들고 이런저런 어려움마음을 안고 갔는데… 대전에 내려올 때는 코와 목도 시원하게 치료받고 마음도 가볍고… 목사님의 말씀대로 기도도 해보니 전에 느끼지 못한 변화가 느껴집니다.

앞으로 저에게 하나님의 더 큰 은총이 부어주실 것을 기대하고 감사하며 그날 집중치유기도시간에 저 때문에 많이 힘을 더 많이 쏟아주신 것 같아 너무 죄송하고 감사드립니다. 목사님교회에 다니시는 성도들이 정말 부럽습니다. 앞으로도 목사님의 저서들을 보면서 저도 좀 더 주님과 동행하는 열매 맺는 성도로 거듭나길 소망하며 돈으로 따질 수 없는 값진 것을 받고 돌아온 기쁨으로 감사드립니다. 기회가 된다면 계속 메일로 인사드리고 싶습니다. 이렇게 하나님을 찾고 기도하여 하나님의 방법으로 해결하면 순간에 해결이 되는 것입니다.

이와 같이 사람은 사람을 잘 만나는 축복이 있어야 합니다. 앞에 간증한 집사님 같이 먼저 영적인 친구를 잘 만나야 합니다. 하나님은 사람을 통하여 현실 문제를 해결하도록 하시기 때문입니다. 위 사람은 아랫사람을 잘 만나야하고, 아랫사람 역시 위 사람을 잘 만나야 합니다. 여자는 남편을 잘 만나야 하고, 남자는 아내를 잘 만나야 합니다. 주님께도 좋은 제자들을 만나려고 새벽에 갈릴리 바닷가에 나가셔서 찾으셨습니다. 이 책을 읽는 모든 크리스천은 언제나 사람 잘 만나는 축복을 위해, 하나님의 방법으로 현실 문제를 해결하며 살아가기를 기도 많이 하시기를 소원합니다.

존슨이라는 아이가 있었습니다. 존슨은 어려서 아버지를 잃었습니다. 가난 때문에 학교도 제대로 다니지 못했습니다. 존슨은 친구들이 초등학교를 졸업할 나이에 양복점에 취직하여 재봉 일을 하다가 17세에 양복점을 냈습니다. 그 다음 해에 구두수선공의 딸과 결혼했습니다. 존슨과 결혼한 구두 수선공의 딸은 문맹자인 남편에게 매일 저녁 글을 가르쳐주기 시작했습니다. 사랑스런 아내가 가르쳐주는 공부는 신혼처럼 달콤했습니다. 드디어 공부에 취미를 붙인 존슨은 밤새워 책을 읽기 시작했습니다. 하나를 배우면 열을 깨우치는 지경에 이르게 되었습니다. 결국 그는 테네시 주지사를 거쳐 상원의원이 되었고 나중에 미국의 대통령까지 오르게 되었습니다.

존슨은 선거에서도 압도적인 지지로 미국 대통령에 당선되었고 미국이 전 세계 돈의 75%를 움직이는 데 결정적인 영향을 미친 알레스카를 소련으로부터 720만 달러에 사들이기도 했습니다. 이분이 바로 제17대 미국 대통령인 '엔드루 존슨'입니다. 존슨은 아내를 잘 만나 세계를 움직이는 대통령이 되었습니다. 아내 덕분에 대통령까지 된 것입니다.

하물며 전능하시고 복의 근원이 되시는 하나님을 만나면 어떻겠습니까? 하나님은 이사야를 만나서 부정한 입술을 가진 자를 가장 거룩하고 가치 있는 입술을 지닌 자로 만들어주셨습니다. 그리고 하나님의 뜻을 전하고 사람을 살리는 위대한 선지자로 사용하셨습니다. 이 시간 하나님을 만나시기 바랍니다. 하나님의 사람을 만나시기를 바랍니다. 그러므로 모자라고 어그러진 삶이 변화되고 새로워져서 이사야와 같은 큰 꿈을 이루기를 소원합니다. 이 하나님은 먼저 사람을 찾으시는 분이십니다. 인류의 시작부터 지금까지 하나님은 먼저 사람을 찾으셨습니다. 아담에게도 하나님은 먼저 찾아오셨습니다. 노아를 찾으셨고, 아브라함을 찾아오셨습니다. 모세도 불붙은 가시나무에서 먼저 찾으셨습니다. 주님도 당신의 제자들을 먼저 찾아가셨습니다.

성경 속에는 하나님을 찾아야 만나주시는 하나님이라고 여러 곳에서 소개하고 있습니다. 오늘 본문의 말씀도 "그러나 네가 거기서 네 하나님 여호와를 찾게 되리니 만일 마음을 다하고 뜻을 다하여 그를 찾으면 만나리라" 하나님은 언제 우리를 찾아오시고 만나주십니까?

첫째, 하나님을 간절히 찾아야 합니다. 우리가 누군가를 만나려면 먼저 그 사람에 대하여 알아야 하며, 어디에 가면 만날 수 있는지를 알아야만 합니다. 하나님을 만날 때에도 마찬가지입니다. 하나님께서는 어떠한 분이시며, 어디에 계신가를 알아야 합니다. 고린도전서 1:21-22을 보면 사람이 세상의 지혜로는 하나님을 알지 못하므로 하나님께서는 전도라는 방법을 통하여 믿는 자들을 구원하시기를 기뻐하셨는데, 유대인들은 표적을 구하고 헬라인들은 철학과 같은 지혜를 찾는 영적인 무지함이 있었기 때문에 하나님께서는 십자가에 못 박힌 예수를 전하게 하셨습니다. 오늘날도 하나님을 믿으라고 하면 하나님이 보이지 않는다고 아예 하나님의 존재를 무시하는 사람도 있고, 하나님이 존재한다는 증거를 보여 달라고 하는 사람도 있습니다. 하나님의 존재에 대해 잠시 궁금히 여기다가 다시 망각한 채 살아가는 사람도 있습니다. 이렇게 하나님 만나기를 원치 아니하며 찾으려고 하지 않는 사람들은 하나님께서 얼마나 위대하시고 능력이 있으신 분인가를 전혀 모르는 사람들입니다.

전지전능하신 하나님에 대하여 참으로 안다면 어찌 만나기를 원하지 않겠으며, 하나님의 크신 사랑과 능력으로 불가능한 일이 없음을 믿는다면 어찌 하나님을 간절히 찾지 않겠습니까? 하나님께서는 천지만물을 지으신 창조주이시며 영원히 멸망으로 갈 수밖에 없는 인간을 구원하시기 위해 십자가의 사랑을 베푸신 구원의 하나님이십니다. 또한 시간과 공간을 초월하여 무소부재 하시므로 언제 어디서나 살아 역사하심을 나타내시는 능력의 하나님이시며, 구하고 찾고 두드리는 자에게 항상 응답으로 역사하시는 사랑의 하나님이십니다.

그러므로 하나님을 만나면 고통이 평안으로 변하고 절망 가운데서 소망을 얻으며, 불치의 질병 문제를 해결 받을 뿐 아니라, 죽음의 공포로부터 해방을 얻고, 참된 생명을 얻게 됩니다. 또한 모든 인생의 문제를 해결 받을 수 있습니다. 가정, 자녀, 건강, 물질 등의 갖가지 어려운 문제가 있다 해도 하나님께서는 해결 자가 되어 주십니다.

하나님께서는 잠언 8:17을 통하여 "나를 사랑하는 자들이 나의 사랑을 입으며 나를 간절히 찾는 자가 나를 만날 것이니라."고 말씀하시며 하나님을 만나는 방법을 알려 주셨습니다. 따라서 하나님의 존재를 의심치 아니하며 하나님의 무한하신 사랑과 능력을 믿음으로 하나님을 만나기를 원하고 간절히 찾는 자가 되어야 하겠습니다. 마태복음 5:3에 "심령이 가난한 자는 복이 있나니 천국이 저희 것임이요"라고 했습니다. 마음이 선하고 겸손한 사람은 하나님의 존재를 부인하거나 의심하지 아니하며 하나님을 알기 원하고 하나님을 찾음으로 만나게 된다는 것입니다.

만약 하나님의 존재를 부인하거나 의심하며 하나님을 보아야 믿겠다고 하는 사람이 있다면 이는 하나님을 만나기를 원하는 마음이 없기 때문이요, 그 마음이 부유하고 교만하여 하나님을 만날 수 있는 길로 나오지 않고 있기 때문임을 알아야 합니다. 마음이 교만하여 하나님을 찾지 아니하고 만나기를 원치 아니하던 사람도 시험과 환난이 임하여 건강이나 물질, 가정이나 자녀에 문제가 생기면 그때서야 마음이 갈급해져 하나님을 찾는 경우가 많습니다. 따라서 하나님을 만나려면 무엇보다도 먼저 심령이 가난한 자가 되어야 하며, 더 나아가서 하나님을 만나고자 하는 갈급하고 진실한 심령이 되어 하나님을 간절히 찾는 자가 되어야 합니다. 현실의 문제를 하나님만이 해결하신다는 절박함이 있어야 합니다. 그래야 하나님을 만나고 하나님을 사랑하며 하나님의 사랑을 입는 축복된 삶을 영위할 수 있습니다.

둘째, 영-혼-육의 문제를 해결할 수 있는 분을 만나야 합니다.
사람의 문제를 해결할 수 있는 방법이 몇 가지 있습니다. 첫 번째는 인간의 힘으로 해결하는 방법입니다. 인간의 지식이나 지혜나 노력이나 힘으로 문제를 해결하는 것입니다. 두 번째는, 종교적인 방법입니다. 신에게 정성을 들여서 그의 도움을 받는 것입니다. 우리뿐만 아니라 세계 모든 족속들이 오늘날까지 이 방법을 가장 많이 사용해 오고 있습니다. 지금은 우리가 전도할 때 "교회 갑시다.", "예수 믿고 천국 갑시다."라고 말합니다.

그러나 초창기 복음이 우리나라에 들어 왔을 때에는 그렇게 하지 않았습니다. "여러 귀신에게 시달리지 말고 왕 귀신을 섬기시오. 큰 귀신을 믿으시오" 이렇게 전도했다는 것입니다. 예수님을 이해하지 못했기 때문입니다. 우리 조상들은 너무 많은 귀신을 섬겼습니다. 그래서 귀신에 대한 불안과 두려움 때문에 모든 자유를 잃어버렸습니다. 결혼하는 것도 점을 쳐야하고, 이사하는 것도 점을 쳐야합니다. 된장 고추장 담그는 날도 물어보아야 합니다. 벽에 못 하나 박는 것도 다 물어 보아야 합니다. 마음대로 할 수 있는 것은 아무것도 없었습니다. 귀신에게 일일이 물어서 다 도움을 받아야 했습니다. 조금만 잘못하면 귀신이 노합니다. 그러면 화를 풀어주어야 합니다. 이것을 푸닥거리라고 합니다.

사람들은 이 귀신 저 귀신을 섬기다가 그 많은 귀신의 지배로 오히려 평안을 잃어버리고 불안과 두려움으로 살아왔습니다. 귀신을 섬기고 귀신의 말대로 하는 사람은 평강이 없습니다. 항상 두려움 속에 살아가고 있습니다. 자녀를 위해서 남편을 위해서 우상을 섬기면서 도움을 청하였던 삶이 우리 조상들이 오늘날까지 살아온 발자취입니다.

그러나 기독교는 이런 방법을 쓰지 않습니다. 우리의 모든 문제는 전지전능하신 하나님께서 하나님의 방법으로 해결 하십니다. 하나님의 능력으로 우리를 위하여 친히 길을 열어 주시는 것이 하나님의 방법입니다. 그러므로 인간의 노력에 의해서, 인간의 지혜에 의해서 문제는 해결되는 것이 아닙니다. 성령의 권능으로 해결이 됩니다. 갈1장 1절에 "사람에게도 난 것도 아니요, 사람으로 말미암은 것도 아니요, 오직 예수 그리스도와 및 죽은 자 가운데서 그리스도를 살리신 하나님 아버지로 말미암아 사도된 바울은 이라"고 했습니다.

하나님께서 우리의 현실의 문제를 다 아시고 그의 아들을 보내주시고, 우리의 문제를 해결하기 위하여 그분이 죽으시고, 다시 살아나셔서 우리를 위하여 잔치를 예비해 놓으셨습니다. 누구든지 와서 이 잔치에 참여하면 은혜를 받는 것입니다. 모든 문제는 하나님의 은혜로 해결 되는 것입니다. 어떠한 문제든지 하나님께서 거저 주시는 은혜로 해결됩니다. 은혜란 말의 뜻은 하나님의 선물이라는 뜻입니다. 공짜란 뜻입니다. 이것이 바로 하나님께서 문제를 해결하시는 방법인 것입니다. 이 방법은 성령으로 기도하면 알려주십니다. 물건을 살 때에도 조금 싸게 사면 돈과 관계없이 얼마나 기분이 좋은지 모릅니다. 필자는 물건을 살 때 아무데서나 사지 않습니다. 시장 조사를 합니다. 야채는 어디가 싸고, 생선은 어디가 싸고, 무슨 요일에 싼지 조사를 합니다. 물건을 싸게 사가지고 올 때면 얼마나 기분이 좋은지 모릅니다. 백화점에는 바겐세일이 있습니다. 이럴 때 사람들이 많이 모여듭니다. 왜 그렇습니까? 싼 재미 때문입니다. 조금 싼 것이 사람들을 얼마나 흥분시키고 기쁘게 하는지 모릅니다.

기독교는 공짜입니다. 돈을 받지 않고 그저 주는 것입니다. 값을 치르지 않아도 사람의 모든 문제를 하나님께서 해결해 주신다는 것입니다. 단 하나님의 말씀(뜻)대로 순종해야 합니다. 인간의 문제는 너무 크고, 너무 많고, 너무 어렵기 때문에 인간의 돈으로는 해결 할 수가 없습니다. 우리의 문제를 하나님께서 그 크신 능력으로 직접 해결하여 주시는 것입니다. 우리는 은혜의 보좌 앞에 그냥 나오기만 하면 되는 것입니다. 문제를 가지고 주님 앞으로 나올 때 우리의 문제는 하나님의 은혜로 다 해결이 되는 것입니다. 이것이 하나님의 뜻이요, 하나님이 문제를 해결하시는 방법입니다. 그렇기 때문에 우리는 성령으로 충만하여 은혜의 보좌로 나아가야 합니다. 은혜의 보좌로 나아갈 때 우리의 문제는 해결 되는 것입니다. 은혜의 보좌는 예수님이십니다. 예수님 앞에 나오기만 하면 되는 것입니다. 예수님은 우리의 삶의 문제를 다 알고 계십니다. 모든 문제를 해결 하실 수 있는 능력이 있는 분이시요, 지혜가 있으신 분이십니다.

찬송가96장 에도 보면 "예수님은 누구신가 우는 자의 위로와 없는 자의 풍성이며 천한 자의 높음과 잡힌 자의 놓임 되고 우리 기쁨 되시네" 예수님은 약한 자에게 강함을 주고, 눈먼 자에게 빛을 주시고, 병든 자에게 치료가 되시며, 죽은 자의 부활이 되시며, 추한 자의 정함이 되시며, 멸망자의 구원이 되십니다.

예수님은 교회의 머리가 되시며, 만국인의 구세주가 되시며, 모든 왕의 왕이시며, 심판하실 심판주가 되시며, 우리의 영광이 되시는 분이십니다. 은혜의 보좌이신 예수님께 나아가 물어보시면 우리의 문제를 해결할 지혜를 주시고 순종하면 어떤 문제라도 해결해 주시는 분이십니다. "수고하고 무거운 짐진자들아 다 내게로 오라 내가 너희를 쉬게 하리라."

셋째, 하나님을 만날 수 있는 길이 있습니다. 하나님을 만나야 현실문제의 해결방법을 알아낼 수가 있습니다. 하나님의 영이시니 만나는 방법은 여러 가지가 있습니다.

첫째로, 성경에 기록된 하나님의 말씀 가운데서 만날 수 있습니다. 성경은 하나님의 말씀, 곧 영원히 변함이 없으며 일점일획도 틀림없는 진리가 기록되어 있는 거룩한 책입니다. 따라서 하나님의 뜻과 마음뿐만 아니라 하나님의 무한하신 능력과 크신 사랑을 깨달을 수 있는 귀한 내용이 기록된 성경을 알아야 하나님을 만날 수 있습니다.

둘째로, 영적인 호흡인 기도 가운데서 만날 수 있습니다. 하나님의 말씀을 아무리 보고 들어도 기도하지 않으면 하나님을 만날 수가 없습니다. 사람이 호흡을 해야 생명이 유지되듯이 기도를 통하여 영이신 하나님과의 교통이 이루어지며 하나님의 말씀을 깨닫게 되고 영적인 생명이 유지된다는 것입니다. 영이신 하나님은 성령으로 기도할 때 만날 수 있고 응답을 하십니다.

그러므로 예레미야 29:12-13에 "너희는 내게 부르짖으며 와서 내게 기도하면 내가 너희를 들을 것이요 너희가 전심으로 나를 찾고 찾으면 나를 만나리라"고 말씀했습니다. 또한 예레미야 33:3에 "너는 내게 부르짖으라 내가 네게 응답하겠고 네가 알지 못하는 크고 비밀한 일을 네게 보이리라"약속하셨습니다.

셋째로, 곡조 있는 기도인 찬양 가운데서 만날 수 있습니다. 하나님은 만물 위에 계셔 세세토록 찬양을 받으실 분입니다(로마서 9:5). 그러므로 기독교의 부흥과 함께 찬양을 통한 선교사역이 활발하게 이루어지고 있으며 찬양 가운데 하나님을 만나고 체험을 하는 사람이 늘어나고 있는데 이는 하나님께서 찬양을 기뻐 받으시기 때문입니다. 이스라엘의 위대한 다윗 왕은 어릴 때부터 하나님을 사랑하였기에 하나님을 찬양하기를 즐거워하였고 찬양을 기뻐 받으신 하나님께서는 다윗을 사랑해 주셨으며 크신 축복으로 함께하셨습니다.

넷째로, 영과 진리로 드리는 예배 가운데서 만날 수 있습니다. 구약시대에는 제사가 하나님 앞에 나아가서 하나님을 만날 수 있는 길이었는데 신약시대에는 그 길이 예배로 바뀌었습니다. 그래서 로마서 12:1에 "너희 몸을 하나님이 기뻐하시는 거룩한 산제사로 드리라 이는 너희의 드릴 영적 예배니라"말씀하셨습니다. 아브라함은 가는 곳마다 여호와를 위하여 단을 쌓고 여호와의 이름을 부르며 (창세기 12:7-8, 13:4,18) 독자 이삭도 아끼지 아니하고 번제로 드릴 만큼 하나님을 경외함으로 믿음의 조상이 되는 축복을 받았습니다(창세기 22:17).

다섯째로, 계명을 지키는 사랑 가운데서 만날 수 있습니다. 유형 교회에서 제일로 주의해야 할 것은 자신의 마음대로 하는 것입니다. 반드시 하나님의 말씀대로 순종해야 합니다. 요한일서 5:3에 "하나님을 사랑하는 것은 이것이니 우리가 그의 계명들을 지키는 것이라"고 하였으니, 고넬료의 행함을 보면 하나님을 사랑하는 자였음이 분명하며 그러기에 하나님의 크신 사랑을 입을 수 있었습니다.

넷째, 하나님은 만나면 현실 문제를 해결 받게 됩니다. 하나님은 말씀을 통하여 현실 문제를 해결하게 하십니다. 홍해를 가를 때에도 "여호와께서 모세에게 이르시되 너는 어찌하여 내게 부르짖느냐 이스라엘 자손에게 명령하여 앞으로 나아가게 하고, 지팡이를 들고 손을 바다 위로 내밀어 그것이 갈라지게 하라 이스라엘 자손이 바다 가운데서 마른 땅으로 행하리라(출 14:15-16)" 마라의 쓴 물을 달게 하실 때도 "마라에 이르렀더니 그 곳 물이 써서 마시지 못하겠으므로 그 이름을 마라라 하였더라.

백성이 모세에게 원망하여 이르되 우리가 무엇을 마실까 하매, 모세가 여호와께 부르짖었더니 여호와께서 그에게 한 나무를 가리키시니 그가 물에 던지니 물이 달게 되었더라(출 15:23-25)" 여리고 성을 함락시킬 때에도 "너희 모든 군사는 그 성을 둘러 성 주위를 매일 한 번씩 돌되 엿새 동안을 그리하라. 제사장 일곱은 일곱 양각 나팔을 잡고 언약궤 앞에서 나아갈 것이요 일곱째 날에는 그 성을 일곱 번 돌며 그 제사장들은 나팔을 불 것이며, 제사장들이 양각 나팔을 길게 불어 그 나팔 소리가 너희에게 들릴 때에는 백성은 다 큰 소리로 외쳐 부를 것이라 그리하면 그 성벽이 무너져 내리리니 백성은 각기 앞으로 올라갈지니라 하시매(수6:3-6)" 이렇게 말씀으로 해결방법을 알려주십니다. 말씀대로 순종하면 성령께서 해결하시는 것입니다.

지금도 성령으로 인도하시면서 말씀(레마)를 주십니다. 현실 문제를 가지고 하나님께 성령으로 기도를 합니다. 기도하면 성령께서 감동을 하십니다. 어떤 책을 읽어라. 하시면 기독 서점에 가서 책을 사서 읽다가 보면 해결방법이 있습니다. 어디를 가라. 하십니다. 그러면 만사를 뒤로하고 가야합니다. 순종하고 현장에 가면 사람을 만나든지 다른 방법으로 해결하게 하십니다. 누구를 만나라. 하시면 가서 만나야 합니다. 혹시 그 사람 만나서 내가 잘못되지 않을까? 하는 노파심으로 순종하지 않으면 해결이 되지 않습니다. 부정적인 사람의 소리에 귀를 기우리지 말고, 하나님의 말씀(레마)대로 그 사람을 만나야 합니다. 만나서 문제가 해결이 될 때까지 인내하며 기다려야 합니다.

예를 든다면 부산에 사는 크리스천이 문제를 가지고 하나님께 기도하니 하나님께서 서울에 가서 아무개를 만나라, 하면 여러 가지 합리를 동원하여 따져볼 것이 아니고 순종해야 합니다. 순종하고 아무개를 만나면 순간 문제가 해결되기도 합니다. 하나님께서 알려주시는 방법대로 순종하면 3년 동안 해결되지 않는 문제도 순간해결이 되는 것이 보통입니다. 그러므로 크리스천이 현실 문제를 해결함에 있어서 하나님의 말씀(뜻)을 듣는 것이 너무나 중요합니다. 반드시 하나님과 같은 영적인 상태에서 음성(말씀)이 들리기 때문입니다. 하나님은 크리스천의 문제를 하나님의 방법으로 해결하여 주시기를 소원하고 계십니다.

결론적으로 하나님께서 현실 문제를 해결하시는 목적은 ① 영-혼-육의 문제를 해결하기 위하여 하나님께 물어보며 문제를 해결하면서 하나님의 말씀에 온전하게 순종하는 사람으로 자라게 하기 위함입니다. ② 하나님과 같은 영적인 사람이 되어 대화하며 수족과 같이 움직이면서 살아가게 하기 위함입니다. ③ 하나님께 집중하며 세상에 하나님의 나라를 건설하는 일꾼으로 살아가게 하기 위함입니다. ④ 하나님의 방법으로 영-혼-육의 문제 해결을 통하여 세상에 소망을 두지 않고 영원하신 하나님께 소망을 두는 사람으로 만들기 위함입니다. ⑤ 영-혼-육의 문제를 해결하면서 하나님께서 주신 권능을 사용하므로 어디에서나 하나님의 음성을 듣고 주신 권능을 사용할 수 있는 군사로 만들기 위함입니다. ⑥ 예수를 믿어 성령으로 거듭난 크리스천이 현실 문제를 해결하면서 세상의 모든 방법은 영구적이지 못하고 임시방편에 불과 하다는 것을 스스로 깨닫게 하기 위함입니다. 오로지 하나님만이 영구적인 해결 자가 되신다는 것을 인정하여 모든 시선을 하나님께 향하도록 하기 위함입니다. 하나님만 바라보고 대화하며 살아가면서 하나님 한 분에게 만족을 하면서 살아가도록 하기 위하여 영-혼-육의 문제를 이용하시는 것입니다. 하나님은 사람의 미혹을 받지 않기 위하여 하나님께 의뢰하여 영-혼-육의 문제를 해결하시면서 하나님께 소망을 둔 크리스천이 되게 하십니다.

24장 대화하며 음성 듣고 응답받는 비결

(민12:4-9)"여호와께서 갑자기 모세와 아론과 미리암에게 이르시되 너희 세 사람은 회막으로 나아오라 하시니 그 세 사람이 나아가매, 여호와께서 구름 기둥 가운데로부터 강림하사 장막 문에 서시고 아론과 미리암을 부르시는지라. 그 두 사람이 나아가매, 이르시되 내 말을 들으라 너희 중에 선지자가 있으면 나 여호와가 환상으로 나를 그에게 알리기도 하고 꿈으로 그와 말하기도 하거니와 그와는 내가 대면하여 명백히 말하고 은밀한 말로 하지 아니하며 그는 또 여호와의 형상을 보거늘 너희가 어찌하여 내 종 모세 비방하기를 두려워하지 아니하느냐, 여호와께서 그들을 향하여 진노하시고 떠나시매"

하나님은 크리스천들을 불러서 모세와 대면하여 말씀하신 것과 같이 대면하며 대화하기를 원하십니다. 모세는 하나님과 음성으로 대면하며 지낸 사람입니다. 모세의 아내 십보라가 광야에서 죽었습니다. 십보라가 죽은 후에 모세는 구스 여자와 결혼을 하게 되었습니다. 여기 구스 여자는 유대인이 아닙니다. 애굽에서 나올 때에 이스라엘 백성들과 동행한 잡 족 중에 있던 여인이었습니다. 구스는 지금의 에디오피아를 가리킵니다. 이 여인은 아프리카 구스 출신의 흑인이었습니다. 이 일로 모세의 누나 미리암과 모세의 형 아론이 모세를 비방했습니다. 아마도 아론 보다는 미리암이 적극적으로 비난을 했던 것 같습니다. 아무래도 무슨 일이 있으면 남자보다는 여자가 더 말을 많은 하지 않습니까? 정황으로 볼 때 모세는 미리암의 공격에 대해서 저항하지 않고 일방적으로 당하고 있었던 것 같습니다. 민수기 12장 3절에 보니 모세는 온유함이 지면의 모든 사람보다 더하더라고 말하는 것으로 보아 미리암의 공격에 대해서 모세는 묵묵히 온유하게 반응했던 것이 분명합니다. 이런 상황 속에서 하나님께서 갑자기 모세와 아론과 미리암에게 말씀하셨습니다. 그들에게 회막으로 나아오게 하셨습니다. 그리고 하나님께서 강림하셔서 아론과 미리암을 부르셨습니다.

하나님은 모세가 일반 선지자들과는 다른 특별한 주의 종이라는 것을 말씀하셨습니다. 하나님께서는 보통 선지자들에게는 환상이나 꿈으로 하나님을 알리셨습니다. 그런데 모세와는 그렇게 하지 않으셨습니다. 모세는 하나님이 인정할 만큼 충성된 사람이었기에 하나님은 모세와 대면하셨고 은밀하게 말씀하시지 않으시고 명백하게 말씀하셨습니다.

하나님은 "너희가 어찌하여 내 종 모세 비방하기를 두려워하지 아니하느냐"라고 말씀하신 후에 진노하시고 떠나셨습니다. 미리암은 모세의 누나요 아론은 모세의 형이었습니다. 그런데도 하나님의 종인 모세를 비방한 것에 대해서 하나님께서 진노하셨던 것입니다. 진노하신 하나님께서는 미리암의 몸에 나병이 발하게 하셨습니다.

영적인 관계는 육신적 차원에서 보면 안 됩니다. 주의 종을 육신적인 눈으로 보는 사람들이 있습니다. 나이로 따지고 실력으로 따지는 사람들이 있습니다. 심지어 교회의 크기로 목사를 판단하는 사람들도 있습니다. 하나님이 싫어하십니다. 아니 하나님이 진노하시는 일입니다.

주의 종이 나이가 어리다고 함부로 대하는 사람들이 있습니다. 주의 종은 나이로 보는 것이 아닙니다. 그를 세우신 하나님의 사자로 봐야 합니다. 자기가 높은 자리에 있다고 주의 종에게 함부로 말하는 사람들이 있습니다. 하나님께서 진노하십니다. 이스라엘의 왕들은 주의 종을 대할 때 아주 조심해서 대했습니다. 우리 주변에 보면 아주 작은 교회를 담임하고 있는 목사님들도 있습니다. 이런 분들을 개척교회 목사라고 우습게보면 안 됩니다. 주의 종은 어디까지나 주의 종입니다.

우리는 본문을 읽으면서 하나님께서 과민반응을 보이신 것 아닌가라는 생각을 할 수도 있습니다. 동생이 이방인과 결혼한 문제로 누나가 동생을 비방 좀 했다고 나병에 걸려서 죽어간다니 좀 지나친 것이 아닌가라는 생각을 할 수 있습니다.

그러나 우리가 알아야 할 것이 있습니다. 우리의 생각과 하나님의 생각은 다르다는 것입니다. 하나님께서 싫어하시는 일이 있습니다. 우리가 생각할 때 별 것 아닌 것 같아도 하나님께서 싫어하신다면 우리는 하지 말아야 합니다. 우리는 하나님의 눈치를 볼 줄 아는 사람들이 되어야 합니다.

하나님께서 아론과 미리암을 떠나신 후에 모세를 비방하는데 더 적극적으로 앞장섰던 미리암이 나병에 걸렸습니다. 그 살이 반이나 썩어서 죽은 자처럼 되었습니다. 주의 종을 원망하거나 대적해서는 안 되겠지만 혹시 그런 일이 있을 때 절대 앞장서지 마시기를 바랍니다. 이스라엘 백성들의 광야 생활을 보면 늘 주의 종을 원망하고 비방하는 일이 있었습니다. 그 결과 대부분의 사람들이 광야에서 죽음을 당했습니다. 그런데 그들 중에서 특별히 앞장섰던 사람들은 즉각적인 심판을 받았습니다. 불이 삼키기도 했고, 전염병으로 죽기도 했고, 땅이 삼켜버리기도 했습니다.

미리암이 나병에 걸려 죽게 되니 놀란 아론이 모세에게 "슬프도다 내 주여 우리가 어리석은 일을 하여 죄를 지었으나 청하건대 그 벌을 우리에게 돌리지 마소서"라고 말합니다. 조금 전까지 모세를 비방했던 아론이 미리암이 나병에 걸려 죽어가는 것을 보니 놀라서 모세에게 '내 주여'라고 합니다. 모세는 온유한 사람이라 하나님께 미리암을 고쳐주시도록 기도합니다. 하나님께서 모세의 기도를 들으시고 미리암을 치료해주셨습니다.

모세가 자격이 없는 구스 여자를 아내로 취한 것은 하나님의 백성이 될 자격이 없던 이방인을 자기 백성으로 삼아주신 예수 그리스도를 보여주는 것입니다. 에베소서 2장 12-13절을 보겠습니다. "그 때에 너희는 그리스도 밖에 있었고 이스라엘 나라 밖의 사람이라 약속의 언약들에 대하여는 외인이요 세상에서 소망이 없고 하나님도 없는 자이더니, 이제는 전에 멀리 있던 너희가 그리스도 예수 안에서 그리스도의 피로 가까워졌느니라" 자격 없는 우리들은 예수 그리스도의 은혜로 구원을 받은 것입니다. 모세는 과연 어떤 사람이기에 하나님과 대면하며 사명을 감당했을까요?

첫째, 광야 훈련을 통과해야 한다. 모세가 40세가 되었을 때, 모세는 스스로 생각했을 것입니다. '그 동안 갈고 닦은 내 실력과 경륜으로 이 백성을 충분히 구할 수 있을 것이다.' 모세는 이스라엘 사람을 압제하는 애굽 사람을 쳐 죽였고, 그 결과 민족의 구원은 고사하고 오히려 광야로 도망가는 도망자의 신세가 되고 말았습니다. 자신의 힘으로 동족을 구원하는 것은 불가능한 것이었습니다. 우리는 자신의 힘으로 살아갈 수가 없는 나약한 존재입니다. 모세가 힘이 있고, 권력이 있었어도 자기 힘으로는 아무것도 할 수 없었습니다. 하나님은 스스로 하나님 없이 아무것도 할 수 없다는 것을 체험하게 하십니다.

모세는 40년 동안 광야에서 도대체 무엇을 경험하고 배웠습니까? 어제의 영광을 다 내려놓게 됩니다. "네 하나님 여호와께서 이 사십년 동안에 너로 광야의 길을 걷게 하신 것을 기억하라. 이는 너를 낮추시며 너를 시험하사 네 마음이 어떠한지 그 명령을 지키는지 알려 하심이라"(신 8:2). 광야는 인간이 현실적으로 누릴 모든 가능성이 사라진 곳, 단절된 곳입니다. 자신의 힘으로 아무것도 할 수 없다는 것을 깨닫는 곳입니다. 자신을 죽이는 기간입니다. 광야는 내 안에 있는 욕심으로 가득 찬 손을 비우게 하십니다. 어제의 분노-억압-열등감에서 탈출을 시도하게는 하지만, 내일의 약속의 땅은 아직 현실로 오지 않은 현실입니다. 모세로 하여금 자신의 정확한 모습을 확인하게 하십니다. 자신을 감싸고 있는 거짓 치장들이 벗겨지면서, 자신의 정체성이 드러납니다. 그러나 이는 자신을 파멸시키려는 것이 아니라, 오히려 단련하여 순금같이 나오게 하심입니다. 그래야 하나님이 쓰실만한 인물이 되기 때문입니다. 찌꺼기 같은 불순물은 사라지고, 순금으로 순전하게 나올 수 있게 하기 위함입니다. "나의 가는 길을 오직 그가 아시나니 그가 나를 단련하신 후에는 내가 순금 같이 나오리라"(욥 23:10).

광야에서 모세가 배운 것은 무엇일까요? 이름 없음도 감내할 수 있는 자기 포기를 배웁니다. 세상이 내 이름을 전혀 몰라도 괜찮을 만큼 낮아져 있기 때문입니다. 홀로 있음을 견딜 수 있는 강인함을 배웁니다. 외로움을 넘어 침묵을 지키며 홀로 있는 것을 즐길 수 있어야 합니다. 하나님과 직접적으로 교통하는 방법을 배웁니다. 자기의 때가 오기까지 기다리는 법을 배웁니다. 어쩌면 그러한 기회조차도 (자신의 소원이 이루어지는) 영원히 없을 수도 있다는 것을 인정해야합니다. 섬김을 받는 것이 아니라, 섬기는 법을 배웁니다. 왕이 아니라, 목동입니다. 양을 치는 목자의 심정을 지니기 때문입니다. 양을 긍휼히 여기는 예수니(목자)의 마음을 배웁니다.

광야는 하나님께서 말씀하시며, 그분의 영으로 채움을 받는 장소입니다. "여호와께서 그를 황무지에서, 짐승의 부르짖는 광야에서 만나시고 호위하시며 보호하시며 자기 눈동자 같이 지키셨도다."(신 2:10). 하나님은 광야에서 모세를 낮추셨습니다. 겸손하게 하셨습니다. 광야라는 고난의 학교에서 자기 욕심을 버리고, 하나님에게만 집중합니다. 그분에게 기도하게 하시고, 감사하는 법을 배웁니다. 때가 이르니 하나님께서 부르십니다.

둘째, 예수님의 마음을 가져야 한다. 하나님의 음성을 듣고 순종하는 모든 사람이 구원을 받을 수 있다는 것입니다. 우리가 잘 아는 것처럼 이스라엘 백성들은 자신들만이 하나님께서 선택하신 특별한 민족이라는 선민의식이 있습니다. 선민의식은 유대인과 이방인 사이에 큰 벽이 되었습니다. 본문은 이스라엘 백성들에게 선민의식이 형성되어가는 초기였지만 선민의식 사상이 분명히 나타나고 있습니다. 아마도 미리암은 '어떻게 유대인이 이방인을 아내로 취할 수 있다는 말인가 그것도 모세는 하나님의 종이고 이스라엘 백성의 지도자인데 어떻게 이럴 수 있다는 말인가?'라고 생각했던 것이 분명합니다.

미리암과 아론은 선민의식의 틀 때문에 마음이 좁아졌습니다. 반면에 모세는 민족과 언어와 문화를 초월해서 역사하시는 하나님을 알았기 때문에 민족이나 피부색이 문제 되지 않았던 것입니다. 모세의 이 마음이 바로 주님의 마음입니다. 주님은 유대인들의 구원만을 위해서 이 땅에 오시지 않았습니다. 주님은 모든 민족의 구원을 원하십니다. 주님이 성전에 들어가셔서 성전을 성결하게 하시면서 "내 집은 만민이 기도하는 집이라"는 말씀을 하셨습니다. 사실 그 말은 유대인들을 화나게 만드는 말이었습니다. 유대인들은 이방인들은 성전에 들어올 수 없다고 생각했습니다.

그들에게는 감히 이방인들이 성전에 들어가는 것은 생각할 수도 없는 일이었습니다. 사도 바울이 유대인들의 공격을 받았던 이유 중에 하나가 이방인을 성전에 데리고 들어갔다는 거짓말 때문이었잖아요. 예수님 당시에 성전에는 이방인들에게 주는 경고문이 적혀 있었다고 합니다. 이방인이 성전에 들어오면 죽어도 책임을 질 수 없다는 내용이었다고 합니다. 유대인들은 온 세상을 구원하고 자 하시는 하나님의 마음을 몰랐습니다. 그들의 마음은 이방인들에게 좁아져있었습니다.

우리 주님은 유대인의 구원만을 위해서 이 땅에 오시지 않았습니다. 우리가 잘아는 바와 같이 가나안에 입성한 갈렙도 이방인 입니다. 모든 민족들이 구원을 받기 원하십니다. 계 7장에 보면 하늘의 예배가 나옵니다. 예배를 드리는 사람들은 유대인들 가운데 144,000명도 있었지만 각 나라와 족속과 백성과 방언에서 아무도 능히 셀 수 없는 큰 무리가 나와 흰 옷을 입고 손에 종려 가지를 들고 보좌 앞과 어린 양 앞에 서서 찬양을 합니다. 우리 주님은 유대인의 경계를 넘어서 모든 민족이 구원을 얻기를 원하시는 것입니다.

하나님은 우리가 넓은 마음을 갖기를 원하십니다. 무슨 일을 할 때도 좁은 마음으로 자기의 이익만 생각하는 것이 아니라 넉넉한 마음으로 하나님의 영광도 생각하고 이웃의 유익도 생각하는 것을 원하십니다. 하나님은 우리가 넓은 마음을 갖기를 원하십니다. 자기의 작은 유익에 집착하지 않고 하나님을 생각하고 이웃을 생각하기를 원하십니다. 우리가 그렇게 할 때 하나님은 우리의 방패가 되시고 큰 상급이 되시는 것입니다. 하나님은 우리들에게도 같은 요구를 하실 것입니다. 좁은 마음을 넓히고 넉넉한 마음으로 살아가기를 원하십니다.

셋째 온유함이 지면에 뛰어나야 한다. 민수기 12장 3절에 보니 모세는 온유함이 지면의 모든 사람보다 더했다고 말씀합니다. 온유한 모세는 온유하신 우리 주님을 보여주는 것입니다. 마 11:29에서 예수님은 "나는 마음이 온유하고 겸손하니 나의 멍에를 메고 내게 배우라"고 말씀하셨습니다. 온유함이라는 말은 따뜻하고 부드럽다는 의미가 있습니다. 히브리어를 보면 '아나우'라는 단어인데 '가난한, 고통 받는, 겸손한, 온유한' 등의 의미가 있습니다. 이 단어를 통해서 알 수 있는 것은 온유함이란 고난을 통해서 만들어지는 것이고 온유한 사람은 겸손한 사람이라는 것을 알 수 있습니다.

하나님 앞에서 온유한 사람은 하나님께 순종을 잘하는 사람입니다. 온유한 말은 주인의 말을 잘 듣습니다. 주인이 좌로 가라고 하면 좌로 가고 우로 가라고 하면 우로 가고 서라하면 서고 달리라고 하면 달리는 말이 온유한 말입니다. 야생마는 길들여지지 않아서 온유하지 않습니다. 기수가 올라타도 기수의 말을 듣지 않고 펄쩍 펄쩍 뜁니다. 기수가 원하는 대로 가지 않고 자기가 가고 싶은 대로 갑니다. 이런 말은 온유하지 못한 말입니다. 신앙생활도 같습니다. 하나님이 원하시는 대로 순종하는 사람이 온유한 사람입니다.

모세가 기록한 성경을 모세오경이라고 합니다. 모세오경은 창세기, 출애굽기 레위기, 민수기, 신명기입니다. 이 모세오경을 보면 모세가 얼마나 하나님께 순종을 잘했는지 알 수 있습니다. 모세오경에 모세가 여호와 하나님께서 명령하신 대로 했다는 말씀이 46번이나 나옵니다. 모세가 자기 생각대로 했던 일은 제가 알기로는 딱 한 번입니다. 46번은 여호와께서 모세에게 명령하신대로 했습니다.

모세가 하나님이 명령하신대로만 하니 하나님께서 모세를 충성되다고 인정해주셨습니다. 민수기 12장 7절을 보십시오. "내 종 모세와는 그렇지 아니하니 그는 내 온 집에 충성함이라" 하나님이 그의 충성을 인정하셨던 이유는 그는 하나님이 시키시는 대로 모든 일을 했기 때문입니다. 모세는 하나님께 순종을 잘했던 사람입니다.

모세가 하나님의 명령대로 순종할 수 있었던 힘은 하나님을 대면하는 데서 왔습니다. 8절을 보십시오. "그와는 내가 대면하여 명백히 말하고…" 출애굽기 33장 11절을 보면 "사람이 자기의 친구와 이야기함 같이 여호와께서는 모세와 대면하여 말씀하시며"라고 기록되어 있습니다. 신명기 34장 10절에 보면 "그 후에는 이스라엘에 모세와 같은 선지자가 일어나지 못하였나니 모세는 여호와께서 대면하여 아시던 자요"라고 말씀합니다. 모세는 날마다 하나님을 대면했습니다. 그리고 하나님께로부터 힘을 얻어서 하나님의 명령을 순종했던 것입니다.

하나님은 우리들이 모세를 통해서 순종의 비결을 배우기를 원하십니다. 일을 하려면 힘이 있어야 합니다. 기계가 움직이려면 동력이 필요합니다. 자동차가 움직이려면 연료가 있어야 합니다. 하나님께 순종하려면 순종할 수 있는 영력이 있어야 합니다. 그 영력을 어떻게 얻습니까? 하나님을 대면하는 것입니다. 하나님을 만나면 하나님이 주시는 영적인 힘을 얻게 됩니다. 그리고 그 힘으로 하나님의 말씀에 순종하게 됩니다. 그러므로 하나님을 만나는 사람이 하나님께 순종 잘 하는 온유한 사람이 될 수 있는 것입니다. 하나님 앞에 나오기를 힘쓰십시오. 그것이 저와 여러분의 영혼이 사는 길이고, 하나님 앞에 나오기를 힘쓸 때 영적인 힘을 얻어서 하나의 말씀에 순종 잘하는 온유한 사람이 될 수 있는 것입니다.

넷째, 한 영혼을 천하보다 귀하게 생각했다. 넓은 예수님의 마음으로 미리암을 위하여 기도했습니다. 모세는 자기를 비난하여 나병에 걸려 죽어가는 미리암을 위하여 하나님께 기도합니다. 13절을 읽어봅니다. "모세가 여호와께 부르짖어 이르되 하나님이여 원하건대 그를 고쳐 주옵소서" 하나님께서는 모세의 기도를 들으셨습니다. 그리고 미리암을 진 밖에 이레 동안 가두게 하신 후에 다시 회복시키셔서 진중으로 돌아오게 하셨습니다. 미리암은 모세의 중보기도 때문에 살아났고 회복되었던 것입니다. 모세는 한 영혼을 천하보다 귀하게 여겼습니다.

불 뱀 사건 때의 모세의 중보기도입니다. 이스라엘 백성이 길로 인하여 마음이 상하니까 그들은 또 다시 하나님과 모세를 원망했습니다. 민21장 5절 중반 절에서 보면, "…어찌하여 우리를 애굽에서 인도하여 올려서 이 광야에서 죽게 하는고. 이곳에는 식물도 없고 물도 없도다. 우리 마음이 이 박한 식물을 싫어하노라" 그 부모세대들이 기회만 있으면 원망했던 말이 그 자녀 세대에서 그대로 나타나고 있는 것입니다. 그들의 불만은 습관적으로 하는 것 같이 느껴집니다. '박한식물'이라고 하는데, 하늘의 음식인 만나를 멸시하고 있는 것입니다. 하나님의 은혜의 선물을 감사해야 하는데 그들은 싫어했습니다.

사실 이들에게 하나님께서는 놀라운 은혜를 베풀어 주셨습니다. 그들은 사막에서도 필요한 물을 공급받았고, 하늘로부터 내려온 떡 곧 "하늘의 양식"(시78:24)을 먹었으며, 낮에 그늘을 제공하는 구름기둥과 밤의 불기둥 덕분에 안전하고 평화롭게 지내왔습니다. 느헤미야 9장 21절에 보면, 기나긴 여정에도 불구하고 "사십 년 동안을 들에서 기르시되 결핍함이 없게 하시므로 그 옷이 해어지지 아니하였고 발이 부릍지 아니하였사오며"라고 말씀합니다.

원망의 소리를 들으신 하나님께서는 이 때 어떻게 하십니까? 즉시로 그들에게 '불 뱀'을 보내 많은 백성들이 물려 죽게 하셨습니다. 민수기 21장 6절에 보면 "여호와께서 불 뱀들을 백성 중에 보내어 백성을 물게 하시므로 이스라엘 백성 중에 죽은 자가 많은지라" 불 뱀은 광야 지역에 많이 서식하던 독사가운데 한 종류인데, 등에 '불이 타는 것과 같은 붉은 반점'이 있는 뱀을 일컫는 것입니다. 한번 물리면 강력한 독성으로 인해 즉시 온몸에 높은 열이 생기며 죽어가기 때문에 불 뱀으로 불린 것입니다. 엄청난 재앙이 일어난 것입니다.

갑자기 나타난 불 뱀으로 큰 환란을 겪게 되자 이스라엘은 모세에게 호소했습니다. 민수기 21장 7절에 보면, "백성이 모세에게 이르러 가로되 우리가 여호와와 당신을 향하여 원망하므로 범죄하였사오니, 여호와께 기도하여 이 뱀들을 우리에게서 떠나게 하소서" 그들은 즉각적으로 회개하며 모세에게 도움을 구했습니다. 사람이 급하게 되면 두말하지도 않고 하나님을 찾게 되는 것입니다. 모세가 백성들을 위하여 하나님께 기도합니다.

이때 하나님께서 모세에게 '불 뱀'을 만들어 장대에 달게 하고 그것을 보는 자마다 구원을 얻어 살게 될 것이라고 하셨습니다. 그래서 모세는 급히 불 뱀처럼 놋으로 뱀을 만들었습니다. 그리고 장대 높이 달았습니다. 민수기 21장 9절에 보면 "모세가 놋 뱀을 만들어 장대 위에 다니 뱀에게 물린 자마다 놋 뱀을 쳐다본즉 살더라." 물론 이스라엘 중 어떤 이들은 "그 놋 뱀이 무슨 효험이 있겠느냐?"고 하면서 믿지 않고 쳐다보지도 않은 사람들도 있었을 것입니다. 그런 사람들은 다 죽고 말았습니다. 그러나 쳐다본 사람은 다 살았습니다. 불 뱀이 심판과 저주의 뱀이라고 한다면, 장대에 높이 달린 놋 뱀은 은혜와 구원의 뱀입니다.

우리가 '놋 뱀'을 통해 분명히 알아야 할 것이 있는데, '놋 뱀' 자체에는 구원의 능력이 있는 것이 아니라는 것입니다. 믿음의 눈으로 하나님이 치료해주시고 회복해 주실 것이라는 확신으로 그 '놋 뱀'을 바라볼 때 효험이 있는 것입니다. 실제로 히스기야 왕 시대에 이스라엘 백성은 이 '놋 뱀'이 큰 능력과 생명력이라도 있는 신처럼 생각해서 그 앞에 분향하고 섬기는 우스운 일도 있었습니다. 그래서 히스기야 왕은 이 '놋 뱀'을 부수어 버렸습니다(왕하18:4).

중요한 것은, '놋 뱀'은 장차 십자가 위에 달려 죄로 말미암아 죽어야할 인간을 대신하여 죽으신 예수 그리스도를 예표 한다는 것입니다. 요한복음 3장 14절에 "모세가 광야에서 뱀을 든 것 같이 인자도 들려야 하리니 이는 저를 믿는 자마다 영생을 얻게…" 육체적 죽음을 당한 이스라엘이 '놋 뱀'을 바라봄으로써 구원받은 것처럼, 영적인 죽음에 처한 우리들도 믿음으로 예수 그리스도를 바라보면 구원을 얻게 되는 줄로 믿습니다.

모세는 우리의 중보자가 되시는 예수 그리스도를 보여줍니다.

미리암만 아니라 이스라엘 백성들은 광야 생활 내내 하나님께 죄를 범하여 하나님을 진노하시게 만들었습니다. 진노하신 하나님께서는 여러 번 이스라엘 백성들을 버리시거나 심판하시려고 하셨습니다. 그런데 그 때마다 모세가 하나님께 간구하여 하나님의 은혜와 긍휼을 구했습니다. 하나님은 그 때마다 모세의 중보기도를 받으시고 마음을 돌이키셔서 이스라엘 백성들과 함께 하셨고 이스라엘 백성들을 심판하지 않으셨습니다.

모세는 광야 40년 생활을 통하여 육적인 모세는 죽었고, 영적인, 하나님과 대면하는 모세로 다시 태어났습니다. 그래서 하나님께서는 "이 사람 모세는 온유함이 지면의 모든 사람보다 더하더라"(민12:3). "그와는 내가 대면하여 명백히 말하고 은밀한 말로 하지 아니하며 그는 또 여호와의 형상을 보거늘 너희가 어찌하여 내 종 모세 비방하기를 두려워하지 아니하느냐"(민12:8). 라고 말씀하심으로 모세를 확증하여 주셨습니다. 하나님께 인정받은 사람이 되었다는 것입니다. 그러나 한 번의 실수(반석에 명하지 않고 친)로 가나안에 입성하지 못한 불운의 사람이기도 합니다.

25장 하나님과 쉽게 대화하며 응답받는 비결

(요10:26-27)"너희가 내 양이 아니므로 믿지 아니하는 도다. 내
양은 내 음성을 들으며 나는 그들을 알며 그들은 나를 따르느니라."

하나님의 음성은 아무 때나 들리는 것이 아닙니다. 성령의 음성
이 들릴 수 있는 조건과 상태가 되었을 때 들리는 것입니다. 음성
을 들으려면 먼저 안정한 심령이 되어야 합니다. 산란한 가운데에
서는 음성이 들리지를 않습니다. 뇌파가 베타파에서는 음성이 들
리지를 않습니다. 최소한 알파파가 되어 마음이 안정된 상태가 되
었을 때 음성이 들립니다. 그럼 뇌파를 알파파가 되기 위해서는 어
떻게 해야 할까요? 성령으로 기도해야 합니다. 쉽게 하나님과 대화
하며 응답을 받으려면 이렇게 해보시기를 바랍니다.

첫째, 집중하는 기도하기. 잡념을 제거하고 성령의 음성듣기에
집중하기 위한 기도를 하세요. 내 생각을 포기하고 내려놓아야 합
니다(사55:8). 하나님의 음성을 들으려면 먼저 내 생각하고 관계를
끊어야 합니다. 항상 하나님의 생각은 나의 생각과 다르다는 것을
알아야 합니다. 절대로 내 생각을 가지고 있으면 하나님의 음성을
들을 수가 없습니다. 타인의 생각이나 남의 말의 묶임에서 풀려나
야 합니다.

다른 사람이 그건 이렇게 해야 합니다. 하는 사람의 소리에 관심
을 두지 말라는 것입니다. 하나님의 음성을 들으려면 사람의 소리

와 담을 쌓아야 합니다. 사탄의 생각을 분별하고 대적해야합니다. 마귀는 할 수만 있으면 성도를 미혹하려고 합니다. 말씀과 성령으로 충만하여 영의 생각을 따라가야 합니다(요13:2).

고정관념을 제거하고 그릇된 자아(그럴 거야)가 없어져야 합니다. 옛날에도 그랬으니 이번에도 그럴 것이라고 하는 것을 버려야 합니다. 마음이 잘못된 감정이 치유되고 특히 분노, 미움의 감정이 치유되어야 합니다. 마음에 응어리가 있으면 마귀가 역사하기 때문에 바른 하나님의 음성을 들을 수가 없습니다.

둘째, 외적침묵과 내적침묵 유지하기. 음성을 들으려면 외적침묵과 내적침묵이 되어야 합니다. 외적인 침묵이라는 것은 말하고 듣는 것을 절제함을 말합니다. 밖에서 무슨 일이 생기더라도 거기에 마음을 빼앗기지 않고 오직 침묵에 집중할 수 있는 안정된 심령을 말합니다. 예를 든다면 밖에서 떠드는 소리가 나더라도 거기에 마음을 빼앗기지 않고 내 안에 계신 하나님에게 집중하는 것입니다. 침묵은 깊은 기도를 하는데 기본이 되는 것이므로 중요합니다. 외적인 침묵이 되지 않으면 잡념과 산란함 때문에 깊은 기도를 할 수가 없습니다. 침묵이 되지 않으면 절대로 깊은 기도를 할 수가 없습니다. 침묵은 듣지 않고 반응하지 않고 오로지 하나님에게 집중하는 것입니다.

이제 내적인 침묵이 되어야 합니다. 내적인 침묵이라 함은 습관적인 생각과 편견(아픔, 상처)등을 모두 씻어버리게 함으로 성경의 말씀에 고요히 귀 기울이게 하는 것이며, 나의 모든 것을 하나님에게로 집중하며 인도하는 것입니다. 내 안에서 다른 생각이 올라오더라도 거기에 관심을 두지 않고 오직 하나님에게 집중하는 것입니다. 침묵의 목적은 하나님의 말씀을 보다 잘 듣고, 하나님에게 집중하고, 그 분의 현재 존재 안에 머무르는 것입니다. 말을 하지 않고 듣지 않는 것은 물론이고 생각이나 상상, 기억 등을 절제하는 것이 내적 침묵입니다. 나쁜 기억 등을 예수 이름으로 몰아내고 성령을 채우는 것을 침묵기도라고 합니다. 깊은 기도에 대해서는 본인이 써서 출판한 "깊은 영의기도 숙달하는 비결"을 읽어보시면 깊은 기도 하는데 많은 도움이 될 것입니다. 음성을 들으려면 기본적으로 이런 영적인 상태가 되어야 합니다.

셋째, 성령님의 인도와 도우심을 요청하는 기도하기. 모든 음성 듣기 위한 과정을 성령께서 지배하고 점령하여 달라고 기도해야 합니다. 생각을 성령을 사로잡아 몰입하게 해달라고 기도해야 합니다. 성령은 인격이시라 관심을 가지고 도움을 요청해야 역사하십니다. 성령님 제가 지금 성령의 감동을 받고 음성을 들으려고 합니다. 도와주시옵소서. 하면서 끊임없이 기도를 해야 합니다. 하나님은 영이십니다. 고로 내가 영적인 상태가 되어야 하나님의 응답을 받을 수 있습니다. 성령의 임재를 요청하고, 성령의 이끌림에 의하여 차츰 고요 속으로 들어가야 합니다. 절대로 하나님의 음성을 산란한 가운데 들리지를 않습니다. 오직 그분에게 집중하고 몰입해야 들리는 것입니다. 어찌하든지 음성을 들려주는 주체이신 하나님에게 몰입을 해야 합니다. 상황별 주님의 음성을 듣고 응답을 받는 비결은 다음과 같습니다.

첫째로, 음성이나 감동으로 하나님의 뜻을 알아내는 비결입니다.

성령의 감동을 받고 음성을 듣는 다는 것은 현실 문제와 주님의 뜻과 응답을 성령의 감동을 받거나 음성으로 듣는 것을 말합니다. 제가 지금까지 임상적으로 종합한 결과는 분명하게 귀로 들리는 소리로 듣는 것은 5%이내입니다. 보편적으로 마음으로 내적 음성으로 들리는 것이 95%이상입니다. 혼자 음성을 들을 때는 성령의 깊은 임재 하에 제목을 하나님에게 드리고 응답을 기다립니다. 한 가지를 가지고 집중적인 질문을 해야 합니다. 하나님 제가 왜 고생을 하고 있습니까? 이 생각 저 생각을 하다가 기발한 생각을 찾아내는 것입니다. 계속 하나님 무슨 문제 때문입니까? 하면서 지속적으로 질문을 합니다. 간절하고도 애절하게 아뢰어야 합니다. 여러 명이 할 때는 한 가지 제목을 내어놓고 몇 명이 기도하여 감동 받은 것과 들은 것을 말합니다. 리더가 종합하여 결정을 합니다. 응답을 받으려면 음성을 들으려고 노력해야 합니다. 그래야 들립니다.

의심스러우면 꼭 다시 물어 보아야 합니다. 이것이 무슨 뜻인가요. 다음은 어떻게 되는 것인가요. 하고 계속 물어보아야 합니다. 응답은 진행형으로 나타납니다. 여러 사람이 합동으로 음성을 들을 경우는 서로 들은 것과 성령님의 감동과 음성을 퍼즐 같이 맞추며 대화하면서 하나님의 뜻을 알아냅니다. 혼자 할 때는 내가 앞으로 어떻게 될지 알려(보여)달라고 요청을 하세요. 의심스러우면 자꾸 하나님께 물어보아야 합니다. 확신이 올 때까지 물어보아야 합니다. 엘리야는 갈멜산에서 7번까지 기도하여 응답을 받았습니다

(왕상18:41-46). 우리도 응답이 올 때까지 기도하며 기다려야 합니다. 모든 것을 쉽게 자기 생각으로 판단하지 말고 의심스러우면 하나님께 물어보는 것을 습성화하세요.

지금교회 임대료의 문제를 놓고 기도하여 응답을 받은 간증입니다. 이전할 장소는 정해졌는데 이제 임대료가 문제입니다. 종전에 임대했던 장소보다 장소가 두 배로 넓습니다. 당연히 임대료가 두 배로 많습니다. 임대료가 되어야 이전을 하지 않겠습니까? 그래서 하나님에게 기도를 했습니다. 몇 칠을 연속적으로 기도를 했습니다. 하나님! 이전할 장소는 정해졌는데 임대료가 문제입니다. 임대료를 조치하여 주옵소서. 하면서 밤낮으로 기도를 했습니다. 하나님 어떻게 해야 합니까? 생각나게 해주옵소서. 알려주옵소서. 하면서 지속적으로 기도를 했습니다. 한 삼일을 한 것 같습니다. 새벽 3시정도 되었는데 응답이 온 것입니다. 어디에 전화하여 보아라. 간단합니다. 어디에 전화하여 보아라. 내가 성령께서 전화하여 보라는 곳을 알았으면 기도를 했겠습니까? 저는 생각도 하지 못한 곳을 성령께서 아시고 저에게 알려주신 것입니다. 그래서 알았습니다. 하고 잠을 자고 새벽기도를 하고 일과 시간이 되어 성령께서 전화하여 보라는 장소에 전화를 했습니다. 그랬더니 임대료 부족한 액수가 된다는 것입니다. 그래서 이전한다는 공포를 하고 일을 추진하니 일사천리로 일이 술술 풀렸습니다. 기도하세요. 기도하면 하나님이 응답을 주십니다.

둘째로, 환상으로 하나님의 음성을 듣고 응답받는 비결입니다. 환상을 보려고 해야 합니다. 알아야 될 것은 정확하게 보이는 환상은 5%이내입니다. 희미하게 보이는 경우가 95%이상입니다. 음성은 소리가 직접 들리지 않고 대부분 마음에 떠오르는 것이 보통입니다. 그러므로 귀로 들으려고 하면 마귀의 음성을 들을 수 있습니다. 혼자서 음성을 들을 때는 성령의 깊은 임재 하에 제목을 하나님에게 드리고 응답을 기다립니다. 한 가지를 가지고 집중적인 질문을 해야 합니다. 하나님 내가 왜 이런 문제로 고생을 하고 있습니까? 간절하고도 애절하게 아뢰어야 합니다. 계속 하나님 어떻게 해야 합니까? 하면서 지속적으로 질문을 합니다. 집중하라는 것입니다. 그러면서 환상을 보려고 하고 들으려고 해야 합니다.

여러 명이 할 때는 한 가지 제목을 내어놓고 몇 명이 기도하여 본 것과 들은 것을 말합니다. 리더가 종합하여 결정을 합니다. 응답을 받으려면 그림을 보려고 노력해야 합니다. 그래야 보입니다. 의심스러우면 꼭 다시 물어 보아야 합니다. 이것이 무슨 뜻인가요. 다음은 어떻게 되는 가요하고 물어보라. 응답은 진행형으로 나타납니다. 여럿이 할 경우는 서로 들은 것과 성령님의 감동과 음성을 퍼즐 같이 맞추며 대화하면서 하나님의 뜻을 알아냅니다. 혼자 할 때는 내가 앞으로 어떻게 될지 보여 달라고 요청을 하세요. 의심스러우면 자꾸 하나님께 물어보아야 합니다. 확신이 올 때까지 물어보아야 합니다. 엘리야는 갈멜산에서 7번까지 기도하여 응답을 받았습니다(왕상18:41-46). 우리도 응답이 올 때까지 기도하며 기다려야 합니다. 모든 것을 쉽게 자기 생각으로 판단하지 말고 의심스러우면 하나님께 물어보는 것을 습성화하세요.

김 목사라는 분이 40일 금식을 하시고 보호식을 잘못하여 위장에 문제가 있어서 치유 받으러 오셨습니다. 이분이 질병이 어떻게 될 것인지 기도를 해달라고 하셨습니다. 그래서 하나님 알려 주시옵소서 하도 기도를 했습니다. 그랬더니 바다가 보였습니다. 바다 위에 배한척이 떠있었습니다. 그러더니 배가 계속 물속으로 들어가는 것입니다. 이게 무슨 뜻입니까? 보면 모르느냐! 앞으로 점점 병색이 깊어져서 죽는다는 것입니다. 이렇게 하나님은 기도하는 자에게 장래 일을 알려주십니다.

셋째로, 문제를 해결하는 지혜를 받는 비결입니다. 혼자서 음성을 들을 때는 성령의 깊은 임재 하에 제목을 하나님에게 드리고 문제를 푸는 방법을 기다립니다. 한 문제를 가지고 계속 하나님에게 기도를 합니다. 기도를 하면 이 생각 저 생각이 떠오릅니다. 떠오르는 생각 중에 지금까지 자신이 생각했던 방법이 아닌 기발한 생각이 떠오릅니다. 생각하지도 않은 아이디어가 떠오릅니다. 이것이 하나님의 뜻입니다. 여러 명이 할 때는 한 가지 제목을 내어놓고 몇 명이 기도하여 본 것과 들은 것을 말합니다. 리더가 종합하여 결정을 합니다. 문제를 푸는 비결을 받으려면 하나님에게 집중하며 기다려야 합니다. 그래야 문제를 푸는 방법이 떠오릅니다. 의심스러우면 꼭 다시 물어 보아야 합니다. 이것이 무슨 뜻인가요. 다음은 어떻게 되는 가요하고 물어보라. 응답은 진행형으로 나타납니다. 여럿이 할 경우는 서로 들은 것과 성령님의 감동과 음성을 퍼즐 같이 맞추며 대화하면서 하나님의 뜻을 알아냅니다. 혼자 할 때는 내가 앞으로 어떻게 될지 보여 달라고 요청을 하세요. 의심스러우면 자꾸 하나님께 물어보아야 합니다. 확신이 올 때까지 물어

보아야 합니다. 엘리야는 갈멜산에서 7번까지 기도하여 응답을 받았습니다(왕상18:41-46). 우리도 응답이 올 때까지 기도하며 기다려야 합니다. 모든 것을 쉽게 자기 생각으로 판단하지 말고 의심스러우면 하나님께 물어보는 것을 습성화하세요. 확신이 올 때까지 기도하는 것입니다. 기도할 때는 이 생각, 저 생각을 다해보다가 마음에 확 잡히는 생각을 잡는 것입니다.

지금 교회를 인테리어 작업을 할 때입니다. 지금 교회는 지하에 있습니다. 우리가 형편이 좋지 못해서 지하에 있는 것이 아닙니다. 서울도 강남에서 성령치유사역을 하려니 소음이 문제가 됩니다. 주변에서 시끄럽다고 민원이 들어가면 신경이 쓰여서 집회를 못합니다. 그래서 지하에 들어와 있는 것입니다. 그런데 지하답지 않게 환기가 잘됩니다. 그래서 이 장소를 임대하였습니다. 그런데 문제가 있었습니다. 화장실이 없는 것입니다. 화장실이 있어야 하는데 없으니 문제가 생긴 것입니다. 인테리어 작업을 할 때 화장실 문제를 해야 편리하게 용변을 볼 수가 있지 않습니까? 여성분들이 지하에서 나와서 일층까지 가서 볼일을 본다면 얼마나 불편하겠습니까? 그래서 인테리어 하는 집사님에게 화장실이야기를 했습니다. 그랬더니 자신은 할 수가 없다는 것입니다. 지하에 화장실을 만드는 것은 전문가 외에 할 수 있는 일이 아니라는 것입니다. 그래서 제가 사는 부근에 설비하는 곳이 있어서 사장보고 와서 보고 견적을 내보라고 했습니다. 그랬더니 800만원을 주어야 화장실을 만들 수가 있다는 것입니다. 비싼 이유를 물으니 공사비는 2-300만원 들지만, 기술 값이 500만 원 이상이라는 것입니다.

기술 값이 500만원 이상이라고 하여 하도 기가 막혀서 어떻게 하는 것이냐고 물으니 일층 화장실하고 연결을 하면 될 것이라는 것입니다. 제가 원래 안 되는 것을 도전하여 되게 하는 것을 즐기는 사람입니다. 일단 알았다고 하고 좀더 생각을 해야 겠다고 하고 설비하는 사장을 보냈습니다. 하나님에게 기도하여 응답을 받아야 되겠다는 감동이 왔습니다. 하나님에게 기도하기 시작을 했습니다. 하나님! 어떻게 했으면 좋겠습니까? 계속 방법을 알려 달라고 기도했습니다. 이틀을 기도했습니다. 밤에도 잠을 거의 자지 않고 기도를 했습니다. 이튿날 밤이 되었습니다. 새벽 4시쯤 되었을 때 성령의 감동이 왔습니다. 지금 인테리어 작업하는 사람들에게 하라고 해라! 지금 인테리어 작업하는 사람들에게 하라고 해라! 그래서 오전에 인테리어 하는 노 집사님에게 어떻게 하면 화장실을 만들 수 있는지 방법을 생각하라고 했습니다. 대신 방법을 생각하여 일을 하여 화장실을 와성하면 일당을 두 배로 주겠다고 했습니다.

원래 하루하루 벌어서 사는 사람은 돈에 약합니다. 일당을 두 배로 주겠으니 일을 하지 말고, 기발한 방법을 생각하라고 했습니다. 그날 일을 하고 갔습니다. 다음날 오전에 제가 성전 작업하는 곳에 왔습니다. 그랬더니 일하시는 집사님이 이렇게 하면 된다고 합니다. 자신이 집에 돌아가서 여기저기 동업종하는 사람들에게 전화하여 방법을 물어본 것입니다. 그래서 알아낸 것입니다. 방법을 설명하는데 아주 간단합니다. 그래서 작업을 시작하여 품삯까지 포함하여 300만원 들이고 지금 화장실을 만들어서 아주 잘 사용하고 있습니다. 하나님이 지혜를 주셔서 500만원을 번 것입니다. 하나님에게 지혜를 구하면 돈도 벌게 하십니다. 무엇이든지 자신의 짧은 지식으로 하려고 하지 말고 하나님에게 기도하여 지혜를 구하세요. 하나님은 무한한 지혜를 가지고 계십니다. 우리가 믿는 하나님은 대단하십니다. 하나님은 사람이 생각하지 못한 방법으로 화장실을 만들도록 해주셨습니다. 어려운 일이든지 쉬운 일이든지 막론하고 하나님에게 질문하여 하나님의 지혜를 받아 해결하시기를 바랍니다.

넷째로, 문제의 원인을 찾아내는 비결입니다. 상처 질병 문제를 하나님에게 물어봅니다. 왜 이런가요. 혈기를 잘 내는 데 무슨 관련이 있는 가요? 낙심을 잘하는 데 무슨 이유인가요? 서러움이 많은데 무슨 원인인가요? 상처를 잘 받는 데 무슨 이유인가요? 상처를 받으면 몇 칠씩 누워있는 데 왜 그런가요? 분노를 잘 내는 데 왜 이런가요? 잘 놀라는데 원인이 무엇인가요?

하는 요령은 이렇습니다. 성령의 임재를 깊게 유지하여 하나님에게 자꾸 물어보면 떠오르는 감동이 있는 데 감동을 받았으면 회개나 용서를 해야 합니다.

평촌에서 목회를 하시는 여 목사님이 내적치유를 받는 간증입니다. 저는 어려서부터 상처가 정말 많은 사람이었습니다. 초등학교 다닐 때 부모님이 이혼을 하셔서 마음에 큰 충격을 받았습니다. 그리고 어머니에게 들은 이야기 인데 어머니가 제가 임신이 되어서 할 수 없이 결혼을 하셨다는 것입니다. 그래서 태중의 상처도 꽝장히 많은 사람이었습니다. 그러다가 국민일보에 난 광고 예언선지 사역자 집중훈련에 왔다가 성령의 강한 역사로 성령을 체험하고,

저의 깊은 곳의 상처가 들어나고 치유되기 시작을 했습니다. 상처가 드러나 치유되기 시작하니 거의 한달 정도를 치유 받으면서 지냈습니다.

마치 감기 몸살을 앓는 사람같이 힘이 없고 미열이 나는 것 이였습니다. 그래서 목사님에게 질문을 했더니 목사님이 내면의 상처가 치유되고 있는 중에 보통 나타나는 현상입니다. 하시는 것입니다. 그러면서 하나님에게 무슨 상처로 고생을 하는 지 물어보면서 치유를 받으라는 것입니다. 그래서 성령님에게 물었습니다. 내가 왜 이렇게 몸이 약하고 힘이 없고 상처로 고생을 합니까? 내가 왜 이렇게 몸이 약하고 힘이 없고 상처로 고생을 합니까? 하고 계속 질문을 했습니다. 그러던 어느날 목사님이 안수기도를 해주시는 데 갑자기 환상이 나타났습니다. 환상으로 보이는데 하얀 옷을 입은 사람들이 3명이 나타나 나를 만져주시면서 지금까지 유아시절에 받은 마음의 상처와 질병으로 고생을 많이 했구나. 너는 몸이 약해서 고생을 한 것으로 알고 있었지만, 원인은 따로 있단다. 그 원인은 어려서 어머니와 아버지의 불화로 인하여 당한 상처 때문에 네가 지금까지 고생을 했다. 하면서 유아시절에 부모님들이 다툴 때 내가 두려워하는 것을 보여주시는 것입니다. 그 때 저는 온몸이 오그라드는 느낌을 받았습니다. 하얀 옷을 입은 어떤 분이 이제 완전하게 치유되고 있으니 조금만 더 기다려라, 하시면서 제 몸에 안수를 해주시는데 막 눈물이 나오고 울음이 참을 수 없을 정도로 나왔습니다.

그리고 난 다음이 차츰 몸이 가벼워지고 기도도 잘되고 예언도

터지고 성령의 음성도 듣고 헌금 사역도 하게 되었습니다. 저는 그냥 몸이 약한 것으로만 알고 지냈는데 성령세례를 받고 깨닫고 보니 상처 때문에 몸이 약한 것이었습니다. 치유하여 주신 하나님에게 정말 감사를 드립니다. 안수기도 해주시고 지도하여 주신 목사님에게도 감사를 드립니다.

다섯째로, 느낌으로 하나님의 뜻을 알아내는 비결입니다. 교회 개척, 부동산구입, 선교, 전도, 구제, 대학, 장사, 직장 등등을 할 때 하나님의 뜻을 구하기 위하여 성령의 임재 하에 기도를 합니다. 하는 요령은 이렇습니다. 임재를 깊게 유지하여 하나님에게 자꾸 물어보면서 뜻을 구하는 것입니다. 예를 들어 교회를 개척하려고 한다고 생각을 하시다. 교회 개척할 수 있는 장소가 세 군데가 있습니다. 그중에서 하나를 골라야 합니다. 이때 하나님의 뜻을 구하는 방법은 이렇습니다. 하나님 하나님의 뜻이면 평안하게 하여 주옵시고, 뜻이 아니면 불안하게 하여주옵소서.

그러면서 한곳 한곳을 놓고 기도를 합니다. 만약에 두 군데가 불안하고 한 군데가 평안하다면 그것이 하나님이 지정하는 곳이라는 것입니다. 그런데 두 군데가 평안하다고 하면 이때는 참으로 난감합니다. 인간적으로 생각하면 난감할지 몰라도 하나님의 편에서는 난감하지 않습니다. 이때에는 기다리라는 것입니다. 조금 기다리다가 보면 환경에 나타나는 증표가 있습니다.

한 곳에서 개척 멤버가 나타난다든지 물질의 문제가 풀린다든지 하는 환경의 증표가 나타나는 곳이 하나님이 정하신 곳이라는 것입니다. 만약에 두 군데를 놓고 하나님의 뜻을 구한다고 해도 방법은 동일합니다. 기도하는데 두 곳이 다 평안할 수가 있습니다. 이때에도 조금 기다리면 환경에 보증의 역사가 나타나게 되어 있습니다. 환경에 보증의 역사가 나타나는 곳이 하나님이 원하시는 장소입니다. 느낌으로 하나님의 음성을 들으려면 자신의 생각을 내려놓아야 합니다. 자기의 생각이 관철되기를 원하는 마음도 버려야 합니다. 전적으로 하나님의 뜻을 구하고자 하는 소원을 가지고 성령의 임재 상태에서 편안하게 기도하는 것입니다. 이는 모든 음성 듣는 원리에 기초적으로 적용이 되어야 하는 기본입니다. 하나님의 온전하신 뜻을 구하고자 하십니까? 자신의 생각을 내려놓으세요. 그러면 하나님의 뜻을 알 수가 있습니다.

넷째, 응답하여 주신 하나님에게 감사하기. 알려주신 하나님에게 영광을 돌리고 순종해야 합니다. 음성을 들었으면 무엇보다도 순종이 중요합니다. 손해가 나더라도 순종하면 복으로 돌아옵니다. 순종이 제사보다 낫습니다.

하나님은 우리의 기도를 응답하여 주십니다. 우리는 이것을 믿어야 합니다. 우리가 기도하면 하나님이 필히 응답하여 주신다는 믿음입니다. 이 믿음만 있으면 하나님의 음성을 들을 수가 있습니다. 성도가 하는 모든 일은 하나님의 일입니다.

그러므로 하나님의 뜻이 있다는 것입니다. 하나님의 뜻은 우리가 성령으로 기도할 때 알게 됩니다. 무슨 일을 하든지 자신의 독단으로 하지 말고 하나님의 뜻을 구하는 습관을 들여야 합니다. 하나님은 하나님을 인정하는 성도를 인도하여 주십니다.

이 책을 통해 예수님이 땅끝까지 전파 되기를 소원합니다.
(출판으로 인한 이익금은 문서선교와 개척교회 선교에 사용합니다.)

하나님과 기도하며 대화하기

발 행 일 l 2019.02.08초판 1쇄 발행

지 은 이 l 강요셉

펴 낸 이 l 강무신

편집담당 l 강무신

디 자 인 l 강무신

교정담당 l 강무신

펴 낸 곳 l 도서출판 성령

신고번호 l 제22-3134호(2007.5.25)

등록번호 l 114-90-70539

주   소 l 서울 서초구 방배천로 4안길 20(방배동)

전   화 l 02)3474-0675/ 3472-0191

E-mail l kangms113@hanmail.net

유   통 l 하늘유통. 031)947-7777

ISBN l 978-89-97999-72-9 부가기호 l 03230

가   격 l 16,000원